IMMANUEL KANT

ÜBER PÄDAGOGIK

Anleitung zur Freiheit

Herausgegeben von
Jürgen Overhoff
Mit einem Vorwort von
Manfred Geier

KLETT-COTTA

MIX
Papier | Fördert gute Waldnutzung
FSC® C083411
www.fsc.org

Klett-Cotta
www.klett-cotta.de

Cover: Rothfos & Gabler, Hamburg
unter Verwendung einer Abbildung von © Stocksy /
Bruce and Rebecca Meissner
Gesetzt von C.H.Beck.Media.Solutions, Nördlingen
Gedruckt und gebunden von CPI – Clausen & Bosse, Leck
ISBN 978-3-608-98752-2
E-Book ISBN 978-3-608-12211-4

Bibliografische Information der Deutschen Nationalbibliothek
Die Deutsche Nationalbibliothek verzeichnet diese Publikation in der Deutschen Nationalbibliografie; detaillierte bibliografische Daten sind im Internet über http://dnb.d-nb.de abrufbar.

INHALT

VORWORT
VON MANFRED GEIER

Am dritten Sonntag nach Ostern erschien zur Jubilatemesse 1803 im Königsberger Buchverlag von Friedrich Nicolovius die Originalausgabe von *Immanuel Kant über Pädagogik*. Schon der Titel sagt, dass er sie nicht selbst verfasst hat. Er wird nicht als Autor dieses Buches genannt, sondern als der berühmte Kant erwähnt, dessen Gedanken über Pädagogik es wert waren, einem interessierten Lesepublikum bekannt gemacht zu werden. Denn der greise Kant, der etwa ein Jahr später am 12. Februar 1804, bald achtzig Jahre alt, starb, hatte sich selbst nicht mehr in der Lage gesehen, systematisch und argumentativ streng durchgearbeitet zu Papier zu bringen, was er über die »Erziehungskunst« dachte und als Professor der Philosophie an der Königsberger Universität auch vorgetragen hatte, nachdem die Ostpreußische Regierung am 13. Juni 1774 zur Verbesserung des Schulwesens die acht Professoren der Philosophischen Fakultät dazu verpflichtet hatte, reihum regelmäßig die Studenten über die Prinzipien, Methoden und Ziele von Erziehung und Bildung zu unterrichten. Auch Immanuel Kant, seit 1770 Professor für Logik und Metaphysik, hat viermal diese ministeriell verordnete Pädagogik-Vorlesung gehalten, erstmals im Wintersemester 1776/77, dann nochmals im Sommer 1780, im Winter 1783/84 und im Winter 1786/87.

Zwar sollten sich die Professoren dabei an Lehrbüchern orientieren, die an der Zeit waren und als grundlegend anerkannt wurden. Aber Kant war ein zu kritisch denkender Philosoph, der seinen eigenen Verstand zu gebrauchen wusste, um sich streng an diese vorgegebenen Kompendien halten zu können. Zwar ließ er sich durch sie anregen. Aber dann entwickelte er im freien Vortrag seine pädagogisch relevanten Gedanken, die er geschickt mit seinen anthropologischen Erkenntnisinteressen am Menschen als einem frei handelnden Wesen zu verknüpfen wusste, ebenso mit seinen ethischen Ideen über ein gutes Leben in moralischer Hinsicht und mit seiner geschichtsphilosophischen Perspektive, die auf ein friedliches kosmopolitisches Zusammenleben freier Menschen ausgerichtet war.

Gern hätte Kant selbst noch in einem Handbuch zusammengefasst, was er in seinen vier pädagogischen Lehrveranstaltungen entwickelt und vorgetragen hatte. Mit seiner *Anthropologie in pragmatischer Hinsicht*, die ihm jahrzehntelang als Lehrverpflichtung aufgetragen worden war, war es ihm noch gelungen, sie 1798, ebenfalls für Nicolovius in Königsberg, eigenständig abzufassen. Doch nun, gegen Ende seines Lebens, hatte er nicht mehr die geistige Kraft, seine philosophischen Gedanken *Über Pädagogik* zusammenhängend in einer Publikation darzustellen. Schon seit einigen Jahren klagte er über die Schwäche seines Alters (»*ob infirmitatem senilem*«), die keine Lehrtätigkeit mehr zuließ. Auch glaubte er zunehmend unter »Kopfbedrückungen« zu leiden. Auf seinem Gehirn fühlte er eine Last, die er auf eine atmosphärische Elektrizität zurückführte, die in den letzten Jahren seines Lebens in Europa besonders stark gewesen war und auch den merkwürdigen Tod sehr vieler Katzen, Hunde und Vögel provoziert haben soll. Oft mehrmals täglich informierte Kant seine Freunde über diese Quelle seines Leidens, wobei er sich nur von einer Abschwächung der Luftelektrizität eine Stärkung seiner Gesundheit und geistigen Energie erhoffte. Seine Freunde widersprachen ihm nicht, sondern ließen ihn im Glauben an eine mögliche gesundheitliche Besserung, obwohl sie davon überzeugt waren, dass der große Denker nur wegen seiner Altersschwäche aufhörte, selbst denken zu können.

Auch Friedrich Theodor Rink, der sich 1786 zwar an der Theologischen Fakultät der Königsberg Universität immatrikuliert hatte, aber auch Kants philosophische Vorlesungen besuchte, seit 1792 sein befreundeter Tischgenosse und seit 1794 als außerordentlicher Professor für Orientalische Sprachen sein Kollege an der Philosophischen Fakultät war, musste sich wiederholt Kants Klagen über die elektrische Disposition der Luft anhören, die ihn am Denken hindere. Und auch wenn er nichts zur Minderung seines Leidens beitragen konnte, so wollte er ihm doch bei der Bearbeitung seines schriftlichen Nachlasses helfen. So hatte er bereits Kants Vorlesungen über *Physische Geographie* lektoriert und herausgegeben; und er war sich sicher, dass auch die Publikation dessen sinnvoll und nützlich war, was *Immanuel Kant über Pädagogik* zu sagen hatte.

Das betraf nicht nur den *systematischen* Zusammenhang zwischen Gedanken zur Erziehungskunst und Kants kritischer Philosophie, die sich der Programmidee der Aufklärung verschrieben hatte, dem Anspruch nämlich, dass es jedem Menschen gelingen könne, sich aus der fremd geleiteten oder selbst verschuldeten Unmündigkeit seiner Lebensform und Verstandestätigkeit zu befreien, also seinen eigenen Weg zu gehen und seinen eigenen Verstand zu gebrauchen, wobei Kant sich sicher war, dass dazu Erziehung nötig sein musste. Denn jeder neue Mensch kann sich nicht auf einen tierischen Instinkt verlassen, der ihn am Leitfaden der Natur durchs Leben führt. Schritt für Schritt muss er lernen, seine praktischen und geistigen Fähigkeiten und Anlagen für sich selbst zu entwickeln, wobei er zunächst von anderen geleitet wird. Er muss erzogen werden, um Mensch sein zu können. – Auch Kant selbst ging es in dieser pädagogischen Hinsicht nicht anders. Und deshalb ist bei ihm das Zusammenspiel von Philosophie und Pädagogik nicht nur systematisch interessant, sondern ebenso *lebenspraktisch* aufschlussreich. Wie wurde Kant als Lehrer der Aufklärung selbst erzogen und unterrichtet? Und welche Spuren hinterließen diese biographischen Erfahrungen in seiner Philosophie, deren geistige Form und intellektuelle Kraft nicht allein dem objektiven Erkenntnisideal der Wahrheit gefolgt sind, sondern sich auch der subjektiven Dynamik des eigenen Lebens verdankt haben.

KANTS ERZIEHUNG UND SELBSTBILDUNG. 1724–1761

Bereits in Kants Todesjahr 1804 hat der Verleger Friedrich Nicolovius ein Projekt initiiert, das drei Theologen, die mit Kant in dessen verschiedenen Lebensphasen gut vertraut gewesen waren, dazu motivierte, sein Leben, seine Werke und seinen Charakter darzustellen. So entstanden die drei Erinnerungsbücher von Ludwig Ernst Borowski, Reinhold Bernhard Jachmann und Ehregott Andreas Wasianski mit dem Gesamttitel *Über Immanuel Kant*. Bereits ein Jahr später erschienen 1805 auch Friedrich Theodor Rinks *Ansichten aus Immanuel Kants Leben*. Diese ersten biographischen Versuche können uns noch immer als reichhaltige Quellen dienen, die uns einen Einblick in seine frühe Entwicklung und Erziehungsgeschichte bieten, von seiner Geburt bis zu seinen ersten Tätigkeiten als akademischer Lehrer an der Königsberger Universität.

Der Neugeborene. Am frühen Morgen des 22. April 1724 wurde Emanuel Kandt wie sein Name im Familienbuch geschrieben steht, in Königsberg geboren. An seine Geburt konnte er sich später nicht mehr erinnern, wofür er in seiner *Anthropologie* einen guten Grund nannte: Jedes neugeborene Kind sei zwar schon eine Person, die mit Vernunft begabt sei. Aber in seiner frühen Lebenszeit fühle es nur eine diffuse sinnliche Wahrnehmungs- und Erlebnisfülle, die noch durch keine Ich-Identität erfahren und erkannt werden könne. Es muss ihm erst gleichsam ein Licht aufgegangen sein, um durch Ich sprechen und denken zu können; und erst ab dieser Zeit sei es ihm möglich, sich an Sachverhalte erinnern zu können, die es erfahren hatte.

Doch diese anfängliche Unfähigkeit hinderte Kant nicht daran, noch im hohen Alter Mutmaßungen und Überlegungen über die Geburt und früheste Kindheit des Menschen anzustellen, die sich wie nachträgliche Reflexionen über seinen eigenen ersten Schritt in die Welt lesen lassen. Das betraf zunächst vor allem das Schreien, mit dem das Kind, kaum aus dem Mutterschoß in die Welt entlassen, lautstark seine Unzufriedenheit mit dem Zustand der Unfreiheit und bedingungslosen Abhängigkeit ausdrücke. Aber es wirkte auch bis in seine letzten rechtsphilosophische Schriften nach, in denen Kant über das Ehe- und Elternrecht nachdachte, das es erlaubt, ein Kind in die Welt zu setzten, ohne es gefragt zu haben, ob es geboren werden will. War das nicht ein Akt der Willkür, der dem ursprünglichen Wesen jedes Menschen widersprach, als eine autonome Person mit eigenem Willen anerkannt und behandelt zu werden? War das Elternrecht nicht ein Elternunrecht? Jedenfalls leitete Kant aus dieser anfänglichen Problemsituation eine notwendige Verpflichtung der Eltern ab: Sie haben sich fürsorglich um die Folgen zu kümmern, für die sie mit der Geburt ihres Kindes verantwortlich sind. Von ihnen wird eine Art emotionaler Wiedergutmachung gefordert. Sie müssen den neuen Weltbürger mit seinem Zustand zufrieden machen, so gut sie es können.

Kant hat seinen Eltern niemals einen Vorwurf für seine Existenz gemacht. So weit er sich erinnern konnte, war er ein zufriedenes Kind gewesen. Das betraf zu allererst die notwendige *Pflege* des Säuglings und Kleinkinds, die Kant später auch Verpflegung, Versorgung, Unterhaltung oder Wartung nannte. Er hat sie nicht biologisch oder naturalistisch begründet, sondern als Elternpflicht nach pädagogischen Kriterien beurteilt. Um die Menschwerdung des Menschen zu ermöglichen, habe sich schon die elterliche Pflege an der Idee der Mündigkeit zu orientieren, die es erzieherisch anzustreben gelte, weil sie von Anfang an die humane Wesensmöglichkeit einer Person bestimme, die weder wie ein Ding behandelt noch wie ein Tier abgerichtet werden sollte.

Seinen Vater Johann Georg Kandt hat Kant hoch geschätzt und geachtet, diesen rechtschaffenen Handwerksmeister, der mit der Herstellung von Lederriemen für Pferde, Wagen und Schlitten sein Geld verdiente und seinen Sohn zu einem fleißigen und ehrlichen Menschen zu erziehen versuchte. – Und er liebte seine Mutter Anna Regina, die mit ihren Kindern gern die pietistischen Bet- und Bibelstunden besuchte, um ihnen eine echte Herzensreligiosität zu vermitteln, ohne theologische Dogmen oder schwärmerische Überspanntheit. Sie starb schon früh, als ihr Sohn erst dreizehn Jahre alt war, der sich sein Leben lang dankbar an sie erinnerte: »Ich werde meine Mutter nie vergessen, denn sie pflanzte und nährte den ersten Keim des Guten in mir, sie öffnete mein Herz den Eindrücken der Natur; sie weckte und erweiterte meine Begriffe, und ihre Lehren haben einen immerwährenden heilsamen Einfluß auf mein Leben gehabt.«

Der Schüler und Student. Einen nachhaltigen Einfluss auf seinen weiteren Lebensweg übte auch der Pfarrer Franz Albert Schultz aus, dessen Bibelstunden das kleine »Manelchen« an der Hand seiner Mutter gern besuchte. Er erkannte die große Begabung des Jungen und half ihm, als er gerade acht Jahre alt war, von einer einfachen Elementarschule auf das *Collegium Fridericianum* zu wechseln, ein allgemein hoch geschätztes Königliches Pietisten-Gymnasium, auf dem er sich auf ein späteres Universitätsstudium vorbereiten konnte. Vor allem der Lateinunterricht, als Zentrum der Ausbildung, regte den lernbegierigen und äußerst fleißigen Schüler an. Doch eigenartig widersprüchlich verband sich seine Dankbarkeit für den ersten gelehrten Unterricht am Friedrichs-Kolleg mit seiner später oft geäußerten Klage, dass ihm auf dem Collegium sein Weg zur Selbstständigkeit stärker blockiert als eröffnet worden war. Er habe es als einen schrecklichen Ort der Jugendsklaverei empfunden, an dem er sich, wie in einem Gängelwagen von Regeln, übermäßig diszipliniert fühlte.

Jedenfalls gelang es ihm, nach seiner Schulzeit im September 1740 sein Studium an der Albertina zu beginnen, der einzigen Universität im östlichen Preußen, in der auch sein Mentor Franz Albert Schultz als Professor für Theologie lehrte. Es ist unklar, welches Studienfach er belegte. Theologe wollte er jedenfalls nicht werden. Er schien sich für alle Wissenschaften zu interessieren, aber auch für Philosophie und klassische Kultur. Wieder hatte er das Glück, einen Lehrer zu finden, der ihn auf seinem Bildungsweg unterstützte: den Professor für Logik und Metaphysik Martin Knutzen, der ihn mit den neuesten mathematisch-naturwissenschaftlichen Forschungsergebnissen bekannt machte und ihn dazu anleitete, nicht das verfügbare Wissen nachzubeten, sondern als Selbstdenker seinen eigenen Verstand zu gebrauchen. Auch gab er ihm Bücher zum Selbststudium zu lesen, die nicht zum Lehrkanon gehörten, darunter die 1687 veröffentlichten *Philosophiae Naturalis Principia Mathematica* von Isaac Newton.

Diese *Mathematischen Grundlagen der Naturphilosophie* begeisterten den Studenten, weil es Newton zum ersten Mal gelungen war, den Anspruch auf strenge mathematische Berechnungen mit dem mechanistischen Erkenntnisinteresse an kausalen Erklärungen von Ursache-Wirkungs-Zusammenhängen zu verbinden. Und so legte Kant 1746 statt eines ordentlichen Studienabschlusses seine Arbeit vor, in der er ein mathematisch-naturwissenschaftliches Problem zu lösen versuchte: Wie lassen sich die Verhältnisse zwischen körperlicher Masse, Geschwindigkeit und Bewegungskraft messen und berechnen? Und was ist überhaupt »Kraft«? Auf diese strittigen Fragen versuchte »Immanuel Kant«, wie er sich nun nannte, mit seinen *Gedanken von der wahren Schätzung der lebendigen Kräfte* eine eigenständige Antwort zu geben, wobei er sich die Freiheit nahm, es mit den Großmeistern der naturphilosophischen Erkenntnis aufzunehmen, vor allem mit René Descartes, Isaac Newton und Gottfried Wilhelm Leibniz. Dabei brache der 22-jährige Kant auch seine eigenen Kräfte ins Spiel. Mit großem Selbstbewusstsein blickte er in die Zukunft: »Hierauf gründe ich mich. Ich habe mir die Bahn schon vorgezeichnet, die ich halten will. Ich werde meinen Lauf antreten und nichts soll mich hindern, ihn fortzusetzen.« Vor sich sah er ein Gelehrtenleben in größtmöglicher Freiheit, das sich gegen alle Widerstände zu behaupten wusste.

Hauslehrer, Publizist, Magister. Im März 1746, während Kant über die natürlichen Kräfte von Körpern nachdachte, starb sein Vater an völliger Entkräftung. Er war nun Vollwaise und musste sich auch um seine jüngeren Geschwister kümmern. Ohne richtigen Studienabschluss an einer der drei oberen Universitätsfakultäten konnte er weder Jurist, noch Theologe oder Mediziner werden. Was blieb ihm anderes übrig, als Hauslehrer zu werden, um sich um die Erziehung von Kindern aus begüterten Familien zu kümmern. 1748 verdingte er sich beim Pfarrer Daniel Andersch im Dörfchen Judtschen; danach unterrichtete er die jungen Herren von Hülsen in Groß-Arnsdorf, südlich von Königsberg. Sechs lange Jahre brachte er als Hauslehrer auf dem Lande zu. Später pflegte er über seine Tätigkeit als Erzieher zu scherzen und zu versichern, »daß in der Welt vielleicht nie ein schlechterer Hofmeister gewesen wäre als er. Er hielt es für eine große Kunst, sich zweckmäßig mit Kindern zu beschäftigen, und sich zu ihren Begriffen herabzustimmen, aber er erklärte auch, daß es ihm nie möglich gewesen wäre, sich diese Kunst zu eigen zu machen.« Das kann nicht die ganze Wahrheit gewesen sein. Denn warum sonst hätten seine Arbeitgeber und seine Schüler sich auch viele Jahre später noch so wohlwollend und dankbar an seine Tätigkeit erinnern sollen, wenn er den Ansprüchen eines guten und erfolgreichen Erziehers nicht genügt hätte?

Neben seiner pädagogischen Arbeit nutzte Kant seine freie Zeit, um sich in der Provinz durch das Studium neuer naturwissenschaftlicher Publikationen selbst weiterzubilden. Er wollte auf der Bahn weiterkommen, die er sich vorgezeichnet hatte. Es waren vor allem kosmologische Neuerscheinungen, die ihn interessierten. Beruflich war er zwar auf eine kleine ländliche Existenz eingeschränkt. Aber geistig versuchte er das ganze Universum in seiner Entstehung und Struktur zu begreifen.

Im August 1754 kehrte Kant in seine Heimatstadt zurück. Freiberuflich begann er als wissenschaftlicher Publizist zu arbeiten. Das gebildete Königsberger Publikum las gern, was er in den *Wöchentlichen Königsbergischen Frag- und Anzeigungsnachrichten* über naturkundliche Themen veröffentlichte: *Über die Achsendrehung der Erde* oder über *Die Frage, ob die Erde veralte, physikalisch erwogen*, über die Eigenart des Feuers und die Entstehung von Windbewegungen, über die physikalische Eigenarten von Ruhe und Bewegung. Auch wollten die Leser von Kant, der als Autorität auf geologischem Gebiet galt, wissen, was das schreckliche Erdbeben verursacht haben könnte, das 1755 ganz Lissabon in Schutt und Asche gelegt hatte. Doch all diese Arbeiten verblassten gegenüber jenem genialen Werk, dessen Publikation 1755 eine Sternstunde in der Kosmologie war: *Allgemeine Naturgeschichte und Theorie des Himmels, oder Versuch von der Verfassung und dem mechanischen Ursprunge des ganzen Weltgebäudes nach Newtonischen Grundsätzen abgehandelt.* In diesem Werk war er durch den unbegrenzten Tiefenraum des ganzen Kosmos und durch die Tiefenzeit einer Naturgeschichte gereist, in der neue Welten entstehen und alte untergehen, in der sich ein anfängliches Chaos zu wohlgeordneten Systemen bildet, die wieder vom Abgrund der Ewigkeit verschlungen werden.

Neben seiner publizistischen Tätigkeit dachte Kant weiterhin auch an eine universitäre Karriere. Die Laufbahn, die er für sich selbst in seiner akademischen Abschlussarbeit entworfen hatte, sollte ihn auf eine Professur führen. Deshalb legte er im April 1755 seine Magisterarbeit *De igne* (Über das Feuer) vor und reichte einige Monate später seine Habilitationsschrift ein: *Principiorum primorum cognitionis metaphysicae nova dilucidatio* (Neue Erhellung der ersten Grundsätze metaphysischer Erkenntnis), die den naturkundlichen Forschungen und Theorien eine wissenschaftstheoretisch abgesicherte Grundlage bieten sollte. Diese Arbeiten ermöglichten es Kant, nun als Magister an der Albertus-Universität in Königsberg zu unterrichten.

Auf die Professur, die 1756 durch den Tod seines universitären Mentors Martin Knutzen frei geworden war, bewarb er sich jedoch vergeblich. Seine Laufbahn, auf der ihn nichts halten sollte, geriet ins Stocken. Er hatte zwar viel geschrieben, aber beruflich kam er damit bislang nicht voran. Als Privatdozent, der seine universitären Verpflichtungen zu erfüllen hatte, kam er sich zunehmend wie ein Arbeiter am Amboss vor. Jahraus, jahrein hatte er die gleichen Lehrveranstaltungen anzubieten und durchzuführen. Doch seiner Befürchtung, wegen dieser zeitraubenden akademischen Lehrtätigkeit selbst nicht mehr kreativ sein zu können, schien die große Anerkennung seitens der Studenten zu widersprechen, die seinen Unterricht genossen. Im freien Diskurs, mit viel Witz und guter Laune gewürzt, regte er sie dazu an, ihre eigenen geistigen Kräfte zu entwickeln und zu stärken. Anleitung zum Selbstdenken und -forschen war Kants hochschuldidaktisches Programm, an das sich viele seiner Studenten lebenslang dankbar erinnern konnten.

ERKENNTNISINTERESSE AM MENSCHEN. 1762–1780

Doch auch in dieser frühen Phase seiner universitären Magistertätigkeit, in der er sich durch streng geregelte Lehrverpflichtungen eingeengt fühlte, gab es ein überraschendes intellektuelles Erlebnis, das ihn auf neue Ideen brachte und zu einer Neuausrichtung seiner geistigen Interessen motivierte. Es geschah im Herbst 1762. Gerade war die deutsche Übersetzung von Jean-Jacques Rousseaus Hauptwerk erschienen: *Émile oder Über die*

Erziehung. Schon die ersten Sätze fesselten Kants Aufmerksamkeit: »Alles, was aus den Händen des Schöpfers kommt, ist gut; alles entartet unter den Händen des Menschen. Nichts will er so, wie es die Natur gemacht hat, nicht einmal den Menschen. Er muß ihn dressieren wie ein Zirkuspferd.« Kants Lesehunger war stärker als die Befolgung alltäglicher Regeln, und so hielt ihn die Lektüre von Rousseaus Erziehungswerk einige Tage sogar von seinen gewöhnlichen Spaziergängen zurück.

Dieses Lektüreerlebnis veränderte Kant. Seine Erkenntnisinteressen begannen sich zu verlagern, und sein Denken nahm eine neue Wende. Fast die ganze erste Hälfte seines Lebens hatte er dem theoretischen Studium der Natur gewidmet, und er war stolz darauf, was er geleistet hatte. Doch nun sah er eine neue Welt, und er wurde ein anderer Mensch. Er wollte nicht mehr der »Ehrsucht« eines Gelehrten folgen, der sich einbildete, so viel mehr zu wissen als der gemeine »Pöbel, der von nichts weiß«. Er wurde zu einem Erforscher der menschlichen Natur, voller »Ehrfurcht« gegenüber allen Menschen, die gleiche Rechte haben: »Rousseau hat mich zurecht gebracht«, bekannte er. Kant lernte die Menschen zu ehren, und den Wert seiner Arbeit sah er von nun an darin, »die Rechte der Menschheit herzustellen.« Das praktische Erkenntnisinteresse an der menschlichen Existenz rückte in den Vordergrund. Es galt die Menschenrechte aufzuklären und zu verwirklichen. Und deshalb könne es ja auch im Bereich der Erziehung nicht darauf ankommen, den Menschen wie ein Tier abzurichten, sondern vor allem darauf, seine natürlich gegebene Freiheit zu kultivieren.

Das war der entscheidende geistig-moralische Umbruch in Kants Leben. Er dokumentierte sich in mehreren Arbeiten, die er in den kommenden Jahren veröffentlichte. Er stellte *Beobachtungen über das Gefühl des Schönen und Erhabenen* an. Er konzentrierte sich auf die *Krankheiten des Kopfes*, die Menschen in die Irre leiten können. Er untersuchte die *Deutlichkeit der Grundsätze der natürlichen Theologie*, die den ursprünglichen religiösen Impuls der Menschen anerkannte und sie nicht durch theologische Dogmatik und kirchliche Autorität zu dressieren versuchte. Und er versuchte sich über die Grundlagen und Antriebskräfte einer *»moralischen Freiheit«* klar zu werden, die sich an den menschlichen Empfindungen des Guten orientiert, statt nur vorgeschriebenen Gesetzen und Regeln zu folgen.

Der junge Johann Gottfried Herder war einer der ersten Zeugen von Kants Wandlung. Sein Leben lang hat er sich mit dankbarer Freude daran erinnert, was er während seiner Königsberger Studienzeit 1762 bis 1764 von Kant lernen konnte. Es betraf nicht nur dessen Einführungen in die Hauptströmungen der Philosophie und seine Vermittlung neuer Natur-Entdeckungen. Wichtiger war Herder, dass Kant, dieser wahre *»Lehrer der Humanität«*, in seinem Unterricht immer wieder auf den *»moralischen Wert des Menschen«* zurück kam; und dass er seine Studenten dazu anleitete, ihren eigenen Verstand zu gebrauchen. »Er munterte auf, und zwang angenehm zum *Selbstdenken*: Despotismus war seinem Gemüth fremde.«

Ein pädagogisches Schmuckstück in dieser Hinsicht ist *M*(agister) *Immanuel Kants Nachricht von der Einrichtung seiner Vorlesungen in dem Winterhalbenjahre von 1765–1766.* Denn sie klärte die interessierten Studenten nicht nur darüber auf, was Kant in seinen vier Semestervorlesungen über Metaphysik, Logik, Ethik und Physische Geographie vorzutragen und zu behandeln beabsichtigte. Sie stellte anfänglich auch sehr klar dar, welche pädagogische Absicht er verfolgte und wie er seinen philosophischen Unterricht gestalten wollte. Mit Jean-Jacques Rousseau war er sich bewusst, dass eine große Schwierigkeit des Lehrenden darin bestehe, den Lernenden etwas vortragen oder vermitteln zu wollen, was ihrem erfolgreichen Nachvollzug zu weit voraus eile, um von ihnen wirklich verstanden werden zu können. So könne es zu einer frühklugen Geschwätzigkeit kommen und zu der Einbildung, mehr zu wissen, als tatsächlich gewusst wird. Das Wissen ist gleichsam nur angeklebt worden, ohne gewachsen zu sein. Um diesem Irrweg vorzubeugen, komme es darauf an, den Unterricht an den natürlichen Entwicklungsprozessen des menschlichen Verstandes auszurichten. Er sollte dem Dreischritt folgen, der für jeden erfolgreichen Erkenntnisprozess charakteristisch ist: zunächst gelte es, auf das zu achten, was durch die Sinne gegeben wird, und es durch verstehbare Erfahrungsurteile festzuhalten; durch sie gelange man zu Begriffen, teils mit niederer Anschaulichkeit, teils mit höherem Abstraktionsgrad, welche die Vernunft zum Nachdenken herausfordern; und schließlich komme es darauf an, diese Begriffe mitsamt ihren Gründen und Folgen zu einem wissenschaftlich wohlgeordneten Ganzen zu verknüpfen. Nur so ließe sich der universitäre Bildungsprozess eines Gelehrten effektiv einrichten und zielstrebig orientieren.

Was sich auf den ersten Blick wie eine vorgegebene Regel lesen lässt, die es streng zu befolgen gilt, war von Kant methodisch gemeint. Der Dreischritt von Erfahrung, Vernunftgebrauch und Gelehrsamkeit schreibt nicht vor, was gelernt werden soll. Er trichtert den Lernenden nicht ein, was der Lehrende schon zu wissen meint. Er eröffnet ihm nur einen Weg (griechisch: *methodos*), auf dem er sich selbst zum Gelehrten bilden kann. »Kurz, er soll nicht *Gedanken* sondern *denken* lernen; man soll ihn nicht *tragen*, sondern *leiten*, wenn man will, daß er in Zukunft von selbsten zu *gehen* geschickt sein soll.« Auch seine philosophischen Vorlesungen im Wintersemester 1765/66, über deren Einrichtung Kant die interessierten Teilnehmer vorweg informiert hat, sollten dieser Methode folgen, selbst wenn sie sich an vorgegebenen Lehrbüchern/Kompendien auszurichten haben. »Der den Schulunterweisungen entlassene Jüngling war gewohnt zu *lernen*. Nunmehro denkt er, er werde *Philosophie lernen*, welches aber unmöglich ist, denn er soll jetzt *philosophieren lernen*. (...) Die eigentliche Methode des Unterrichts in der Weltweisheit ist *zetetisch*, wie sie einige Alten nannten, d. i. *forschend* und wird nur bei schon geübterer Vernunft in verschiedenen

Stücken *dogmatisch*, d. i. *entschieden*. Auch soll der philosophische Verfasser, den man etwa bei der Unterweisung zum Grunde legt, nicht wie das Urbild des Urteils, sondern nur als eine Veranlassung, selbst über ihn, ja so gar wider ihn zu urteilen, angesehen werden, und die Methode, *selbst* nachzudenken und zu schließen, ist es, deren Fertigkeit der Lehrling eigentlich sucht, die ihm auch nur allein nützlich sein kann.«

Vorgegebene Gedanken von anderen sind also keine Dogmen, die man anzuerkennen hat, sondern nur Anregungen zum Nachdenken. Und das »Selbst«, an das Kant wiederholt appelliert, ist kein an und für sich existierendes, solipsistisches Subjekt, das sich in seine eigene, private Gedankenwelt versponnen hat. Es nimmt teil an einem überindividuellen Denkprozess, wobei es, Kants Trias der menschlichen Erkenntnismöglichkeit entsprechend, drei Fragen zu beantworten gilt: Ist die empirische Basis stark und verlässlich genug, um die elementaren Erfahrungsurteile abzusichern; sind die verwendeten Begriffe so klar und deutlich entwickelt, dass sie einen sicheren Gedankengang ermöglichen; und ist das systematisch entwickelte Ganze der Theorie so wohlgeordnet, das es sich nicht durch innere Widersprüche, Ungereimtheiten oder Antinomien selbst zerstört. Kants Hochschätzung des eigenen Denkens und Philosophierens richtet sich an ein menschliches Urteilsvermögen, das sich weder einer vorgegebenen Dogmatik unterwirft, noch einer alles auflösenden Skepsis ausliefert. Sie setzt auf die Kraft einer Kritik, der sich jeder Wissensanspruch und Erkenntnisprozess stellen muss.

Die siebziger Jahre: Der schweigsame Kant und sein pädagogisches Engagement. Am 31. März 1770 wurde Kant durch eine königliche Kabinettsorder Friedrichs II. endlich zum *Professor Ordinarius für Logik und Metaphysik* ernannt. Er war bald 46 Jahre alt. Nach fünfzehn Jahren einer schlecht bezahlten Magistertätigkeit schien er sein Ziel erreicht zu haben. Aber um welchen Preis! Eigentlich hatte er sich darum bemüht, eine Professur für Ethik und Sittlichkeit zu erhalten, in der seine eigentliche moralphilosophische Bestimmung und sein universitäres Berufsziel glücklich hätten zusammenfallen können. Sie wurde ihm verwehrt. Was konnte er tun, um seine professorale Verpflichtung zur theoretischen Philosophie der Welterkenntnis mit seinem praktischen Erkenntnisinteresse der Menschenforschung zu verbinden, das durch die Rousseau-Lektüre 1762 geweckt worden war?

Als Kant am 21. August 1770 seine neue Stellung antrat, musste er noch eine lateinisch verfasste Inaugural-Dissertation vorlegen. Dazu wählte er sich ein Thema, in dem er seine Wende von der Welt zu den Menschen unausgesprochen zur Geltung bringen konnte. Logisch-metaphysisch konzentrierte er sich auf die Form der Sinnen- und der Verstandeswelt und ihre Gründe – *De mundi sensibilis atque intelligibilis forma et principiis*. Es war ein folgenschwerer Gedanke, den Kant in dieser Arbeit entwickelte. Zwar sprach er weiterhin von der Welt (*mundus*). Aber das war nicht mehr die Welt als Forschungsobjekt einer Naturwissenschaft à la Newton, auf die er sich bis 1762 bezogen hatte, von den lebendigen Kräften einzelner bewegter Körper bis hin zur Struktur des unbegrenzten kosmischen Weltgebäudes. Jetzt waren es die zwei Welten, die menschlichen Subjekten sinnlich erscheinen und durch ihren Verstand gedacht werden können. Kants Aufmerksamkeit hatte sich von einer objektiv gegebenen Welt als alles, was tatsächlich der Fall ist, auf die subjektiven Fähigkeiten des Menschen verlagert.

Aus Isaac Newtons Raumzeit, die auch existieren sollte, wenn sich nichts in ihr befindet und ereignet, kippte Kant 1770 in eine subjektbezogene *Phänomenologie* räumlicher und zeitlicher Vorstellungen, deren Formen und Gründe es aufzuklären galt. Denn wenn man die Welt als eine Wahrnehmungsgegebenheit betrachtet, dann seien Raum und Zeit nur subjektive Bedingungen, mit denen der Mensch Ordnung in seine sinnlichen Erfahrungen bringe. Weder gebe es eine objektive, reale Zeit, noch einen objektiven, realen Raum. Zeit und Raum seien ideale Schemata, die der Mensch brauche, um sich mit seiner Art der Sinneswahrnehmung und Verstandestätigkeit in seiner Welt orientieren zu können.

Mit diesem Gedanken, den Kant als neu ernannter Professor vortrug, glaubte er sich als Logiker und Metaphysiker qualifiziert zu haben. Ahnte er bereits, dass er sich mit seiner Wende zu den Fähigkeiten und Leistungen menschlicher Subjekte in eine Problemsituation begeben hatte, die nicht einfach zu lösen war? Jedenfalls konnte er nicht bei der Behauptung stehen bleiben, dass Raum und Zeit nicht etwas Objektives und Reales seien. Er musste das Spannungsverhältnis klären, das zwischen Objektivität und Subjektivität besteht. Das brauchte seine Zeit. Zehn Jahre lang dachte Kant über das Problem nach, in das er sich verstrickt hatte. Nur wenigen engen Freunden teilte er mit, woran er philosophisch arbeitete. Öffentlich gab er dazu nichts bekannt. Er publizierte nichts. Der »schweigende Kant« des Jahrzehnts von 1770 bis 1780 ließ das Lesepublikum die Frage stellen: Hatte Kant nichts mehr zu sagen? War sein Gedankenfluss versiegt, nachdem er sein Ziel einer Professur erreicht hatte?

Mit seinen neuen Gedanken zur theoretischen Vernunft, die sich am Muster von Isaac Newtons mathematisch-mechanistischer Naturerkenntnis orientierten, hatte Kant für sich selbst genug zu tun. Erst 1781 wird er sie in seiner *Kritik der reinen Vernunft* veröffentlichen. Wie sehr ihn dagegen, auf den Spuren Jean-Jacques Rousseaus, weiterhin die praktische Vernunft des Menschen beschäftigte, seine Moralität und Religiosität, seine Neigungen und Fähigkeiten, sein Bildungstrieb und Freiheitsdrang, und wie es gelingen könne, ihn so zu erziehen und zu bilden, wie es seinem Wesen entspreche, zeigte er mit seinen pädagogischen Interessen, die in den 1770er Jahren einen Höhepunkt erreichten. Sie sind sowohl in studentischen Nachschriften einiger Vorlesungen zur praktischen Philosophie dokumentiert, in der es Kant um die Erziehbarkeit des Menschen und seine moralische Bestimmung ging, als auch in seinem Engagement für das philanthropische Erziehungsinstitut in Dessau, von dessen Arbeit er sich eine Revolutionierung der Erziehungskunst erhoffte. Und nicht zuletzt war es ein glücklicher Zufall, dass er zur gleichen Zeit, Wintersemester 1776/77, durch einen ministeriellen Erlass dazu verpflichtet worden war, eine philosophische Vorlesung *Über Pädagogik* zu halten.

Studentische Vorlesungsnachschriften. Bereits in seinem Vorlesungsprogramm für das Wintersemester 1765/66 hatte Kant angekündigt, dass er in der »Ethik« sich nicht auf die falsche Sicherheit bloßer Gefühle und Herzensregungen verlassen wolle, sondern dass er die Vernunftgründe freizulegen versuche, die sich nur durch eine Moralphilosophie erkennen ließen. Deshalb wollte er die Ethik nach der neuen Methode lehren, die besonders durch Rousseau entwickelt und bekannt gemacht worden war. Dabei wollte er keinen historischen Blick auf die sich stets wandelnden Gestalten des praktisch-moralischen menschlichen Handelns werfen. Vielmehr wollte er sich auf »die *Natur* des Menschen, die immer bleibt« konzentrieren, sofern er moralisierbar ist und zwischen dem Guten und dem Bösen richtig zu unterscheiden lernen kann. Als Moralphilosoph verfolgte er ein anthropologisches Erkenntnisinteresse, das auf das Wesen des Menschen gerichtet war.

Dass es ihm dabei auch um Probleme der Erziehung und ihre vernünftige Lösung ging, lässt sich an den Vorlesungsnachschriften ablesen, die ein Jahrzehnt später Simon Friedländer für die *Anthropologie* (WS 1775/76) und Gottlieb Bernhard Powalski für die *Praktische Philosophie* (SS 1777) angefertigt haben. Kant hat sie nicht autorisiert, und es ist nicht gesichert, was dabei Originalton ist oder variierende Nachbearbeitung. Bemerkenswert ist jedenfalls, dass Kant in diesen Vorlesungen ein pädagogisches Entwicklungsmodell vorgetragen hat, das in vier Etappen der Erziehung ausdifferenziert ist. Er hat es nicht auf der empirischen Basis umfangreicher entwicklungspsychologischer Forschungen fundiert. Es waren vor allem Lektüreerfahrungen, die er verarbeitet hat, um eine rationale Rekonstruktion des kindlichen Erziehungsprozesses vorzutragen, wie er am besten geleitet und gelingen könne. Die wichtigsten Anregungen entnahm er aus John Lockes *Some Thoughts concerning Education* von 1693 und aus Rousseaus *Émile oder Über die Erziehung* (1762). Aber in Grundzügen noch erkennbar war auch seine eigene Entwicklung, wie er sie von der anfänglichen elterlichen Pflege über schulische Disziplinierungen bis zur selbstständigen geistigen Arbeit und selbstverantworteten Charakterbildung durchlaufen hatte.

Zunächst kommt es darauf an, sich um die natürliche Entwicklung des Kleinkindes zu sorgen. Es soll sich gesund entwickeln können, seine Kräfte spielerisch erproben und auch bestimmte Beschwerlichkeiten auszuhalten lernen. – Dann ist es notwendig, seinen Freiheitsdrang so zu disziplinieren, dass er seine natürliche Wildheit und Rohheit verliert und sich nicht tyrannisch gegen andere Menschen richtet. – Auch der kindliche Verstand muss maßvoll diszipliniert werden. Das Kind muss lernen, Irrtümer zu erkennen, und es muss ihm ein Weg gezeigt werden, wie es zu richtigen Einsichten in die Welt der Tatsachen gelangen kann. »Kein Thier braucht Unterweisung, sondern was es thun soll, das thut es aus Instinct. Der Mensch aber, der Verstand hat, muß unterwiesen werden.« – Schließlich müssen seine Vernunft und sein Charakter gebildet werden, um frei räsonieren zu können und das moralisch Richtige tun zu wollen, wobei es auch bei der Moralisierung auf eine Anleitung zur Freiheit ankommt. »Die Freiheit ist die einzige Bedingung, wo der Mensch aus eigener Gesinnung was gutes thun kann, wer ein Sklav ist, der thut nichts von sich selbst, als aus Gehorsam und nicht aus eigener Gesinnung. Das Kind kann also frey seyn, aber dergestalt, daß es andere auch frey läßt.«

Doch was das Kind autonom als moralisch gut anzuerkennen lernen muss, um es von sich selbst aus tun zu wollen, kann sich nicht automatisch ohne Disziplinarmacht ausbilden. »Es muß bey aller Freiheit gehorchen lernen.« Wie dieses Spannungsverhältnis zwischen moralischer Freiheit und moralischem Zwang gelöst werden kann, stand auch im Zentrum von Kants Vorlesung über *Praktische Philosophie*, Sommersemester 1777, die Powalski protokolliert hat. Denn Kant war sich ja völlig klar darüber, dass in jedem gesellschaftlichen Zustand, in dem Menschen nicht als solitäre Einzelgänger nur ihren eigenwilligen Impulsen folgen, sondern als Mitbürger friedlich und gesittet zusammenleben sollten, die Moralisierung ein Erziehungsauftrag ist, in dem Selbstbildung und Fremdsteuerung, Autonomie und Heteronomie dialektisch zusammenspielen. Jeder einzelne Mensch benötigt andere, die ihn vom Bösen abhalten und zum Guten anleiten, wobei Kant in dieser Hinsicht der »Bürgerlichen Gesellschaft« eine Vorzugsstellung zusprach, weil in ihr der äußere Zwang der Obrigkeit am geringsten, der Spielraum der bürgerlichen Freiheiten dagegen am größten sei.

Besonders für die Moralisierung als letzte Etappe des Erziehungsprozesses ist wesentlich, was Kant von Rousseau 1762 gelernt hat, als er sich durch die Lektüre von *Émile oder Über die Erziehung* »zurecht gebracht« fühlte. Friedländer hat es so mitgeschrieben: »Ferner muß das Kind zur Menschlichkeit angehalten werden, daß es nicht Thiere quäle, denn dieses macht harte Seelen, und daß es auch Menschlichkeit gegen andere auszuüben bereit sey; das letzte ist, daß es das Recht der Menschen hoch achten lerne, und die Würde der Menschheit in seiner Person. Dieses sind die zwey Stücke in der Welt, die heilig sind.«

Das Philanthropinum in Dessau (1774–1793). Bemerkenswerterweise hat Simon Friedländer in seiner *Anthropologie*-Mitschrift vom WS 1775/76 neben Rousseaus Gedanken zur Erziehung eine zweite wichtige Quelle erwähnt, aus der Kant seine zentralen pädagogischen Einsichten geschöpft hat. Er erwähnte das Basedowsche Philanthropin als eine Erziehungsanstalt, über deren vorbildliche und maßgebende Bedeutung Kant sich begeistert, ja überschwänglich geäußert haben soll: »Dieses ist das größte

Phaenomen, was in diesem Jahrhundert zur Verbesserung der Vollkommenheit der Menschheit erschienen ist, dadurch werden alle Schulen in der Welt eine andere Form bekommen, dadurch wird das menschliche Geschlecht aus dem Schulzwange gezogen, es ist zugleich eine Pflantzschule vieler Lehrmeister. Es belohnt sich also der Mühe einige Betrachtungen *darüber* zu verlieren.«

Die treibende Kraft zur Gründung des Philanthropins, dieser »Schule der Menschenfreundschaft«, war der mit Kant gleichaltrige Johann Bernhard Basedow, der sieben Jahre lang als Professor für Moralphilosophie, Rhetorik und deutsche Sprache an der dänischen »Ritterakademie« in Sorö gearbeitet hatte, bevor er dann von 1761 bis 1768 als Lehrer am Gymnasium im ebenfalls dänischen Altona, außerhalb Hamburgs, unterrichtete. Mit seiner 1768 erschienenen *Vorstellung an Menschenfreunde*, in der er sich für eine grundlegende Reform des Schulwesens ausgesprochen hatte, machte er den rousseaubegeisterten Leopold III. Friedrich Franz, Herzog und Fürst von Anhalt-Dessau auf sich aufmerksam, der von aller Welt vereinfachend »Fürst Franz« tituliert wurde und einer jener Herrscher in deutschen Landen war, dem der friedliche Fortschritt, die Beförderung der moralischen Interessen und die Sorge um das soziale Wohl seiner Untertanen wichtiger waren als der Ruhm der Waffen zur Sicherung oder Erweiterung seiner Macht. Basedow nahm das Angebot des Fürsten gern an, in Dessau, der Haupt- und Residenzstadt seines kleinen Fürstentums, eine Erziehungsanstalt im Geist der Aufklärung zu gründen. Dort sollte er praktisch erproben können, was er theoretisch durchdachte und bereits in mehreren pädagogischen Schriften publiziert hatte, zuletzt in seinem *Methodenbuch für Väter und Mütter der Familien und Völker*, das 1770 in Altona und Bremen erschienen war. Im Herbst 1771 kam er mit Frau und Kindern in Dessau an; und nach drei Jahren war es ihm gelungen, hier am 27. Dezember 1774 das pädagogische *Philanthropinum* zu eröffnen. Seine Werke zur Bildung und Erziehung stießen überall auf großes Interesse. An den Ostertagen 1774 war sein voluminöses, aus vier Büchern bestehendes *Elementarwerk* erschienen, anschaulich bebildert mit Kupfertafeln von Daniel Chodowiecki. Sein publizistisches Angebot *Für Cosmopoliten etwas zu lesen, zu denken und zu thun* wurde 1775 von vielen Lesern begeistert angenommen. Es war das Manifest eines weltbürgerlichen Geistes, der sich nicht nur in gesellschaftlicher, politischer und nationaler, sondern vor allem in religiöser Hinsicht für Vielfalt und Toleranz aussprach. Am Philanthropin sollte die Jugend aus den verschiedenen Kirchen »das Menschliche und Bürgerliche gemeinschaftlich lernen«, ohne Widerspruch einer dogmatisch festgelegten Geistlichkeit.

Auch Immanuel Kant war ein begeisterter Leser von Basedows Schriften. Seine pädagogischen Gedanken sprachen ihm aus dem Herzen. Deshalb wollte er zum Gelingen des Dessauer Erziehungs- und Bildungsprojekts beitragen, und es hat den Anschein, als ob er in diesem Jahrzehnt seines philosophischen Schweigens sich stärker um finanzielle und organisatorische Problemlösungen für das Dessauer Institut kümmerte, als um die geistige Klärung der Schwierigkeiten, in die er sich 1770 mit seiner professoralen Wende von der real existierenden Welt zu *der Form der Sinnen- und Verstandeswelt und ihren Gründen* begeben hatte. Statt die gelehrte Gesellschaft mit einem philosophischen Werk zum Mitdenken aufzufordern, schrieb er in den siebziger Jahren nur zwei kurze, zunächst anonym publizierte Werbe-Artikel für die *Königsbergische Gelehrte und Politische Zeitungen*.

Am 28. März 1776 richtete er sich an die »Väter und Mütter, welche Kinder ins *Dessauische Philanthropin* senden wollen.« Er pries es an als eine »ächte, der Natur sowohl als allen bürgerlichen Zwecken angemessene Erziehungsanstalt«. Nach jahrhundertlangen Anstrengungen, die über ein bloßes »Brüten« nicht hinausgekommen seien, weil sie sich immer wieder in den gleichen alten Gleisen bewegten, sei nun endlich »eine ganz neue Ordnung menschlicher Dinge« in den Blick gerückt worden. Man könne sich darüber durch Basedows Schriften informieren lassen, vor allem durch sein *kosmopolitisches* Lese-, Denk- und Handlungsangebot. Oder durch Informationen über eine öffentlich veranstaltete Prüfung der philanthropischen Zöglinge, die unter Basedows Leitung am 13. Mai stattfinden werde. »Auf denselben ladet der seiner Sache gewisse Mann die gelehrteste und einsehendste Männer benachbarter Städte und Universitäten zum *Schauen* desjenigen ein, was sie bloßen Erzählungen zu *glauben* schwerlich würden bewogen werden können. Das Gute hat eine unwiderstehliche Gewalt, wenn es angeschauet wird.« Aber auch praktisch gelte es das Philanthropin zu unterstützen, sei es durch die Anmeldung von neuen Schülern, solange es noch genügend Plätze gebe, durch die aktive Teilnahme interessierter und geschickter Pädagogen, »um sich in der philanthropischen Erziehungsart zu belehren und zu üben«, oder durch den Kauf und das Studium der Basedowschen Schriften und der von ihm herausgegebenen Schulbücher.

Ein Jahr später, am 27. März 1777, wandte sich Kant noch einmal in der Königsberger Zeitung an die Weltöffentlichkeit, *An das gemeine Wesen* aller Länder, um nachdrücklich auf das Dessauer Erziehungsinstitut hinzuweisen, das in seiner Vortrefflichkeit nicht nur für Europäer von Interesse sei, sondern »welches der Menschheit und also der Theilnehmung jedes Weltbürgers gewidmet ist«. Begeistert gab er seiner Hoffnung Ausdruck, dass durch die philanthropische Pädagogik ganz andere Menschen erzogen und ausgebildet werden könnten als durch die alten Erziehungsmaßnahmen, die durch Dressur und sklavische Nachahmung gekennzeichnet seien. Man kann die Ungeduld spüren, mit der Kant das Dessauer Experiment verfolgt hat. Es ging ihm zu langsam voran und dauerte zu lang. Ungewohnt war der radikale Ton, mit dem er die Leser aufzurütteln versuchte. Wenn pädagogisch etwas wirklich Gutes entstehen soll, das doch in der Natur des Menschen angelegt sei und erzieherisch heraus gezogen werden könne, dann ist eine »allmähliche Schulverbesserung« unzureichend. »Nicht eine langsame *Reform*, sondern eine schnelle *Revolution* kann dieses bewirken.« Und wenn sie auch nicht überall zugleich stattfinden könne, so vertraute Kant doch auf das mustergültige Vorbild dieser »*einen* Schule« in Dessau. Denn sie könne gleichsam wie ein Samenkorn wirken, »vermittelst dessen sorgfältiger Pflege in kurzer Zeit eine Menge wohl unterwiesener Lehrer erwachsen kann, die ein ganzes Land bald mit guten Schulen bedecken werden.«

Am Ende seines enthusiastischen Appells *An das gemeine Wesen* begnügte Kant sich mit einer vergleichsweise kleinen Bitte. Wenn »die Regierungen jetziger Zeit zu Schulverbesserungen kein Geld zu haben scheinen«, dann helfe bereits ein Abonnement der *Pädagogischen Unterhandlungen* ein wenig weiter, in denen man sich über die pädagogischen Ideen und praktischen Erziehungsmaßnahmen des Philanthropins informieren könne. Der Königsberger Philosoph wollte sich um die Vorauszahlung (*Pränumeration*) der abonnierten Exemplare kümmern. Man könne sie »bei Herrn Prof. Kant in den Vormittagsstunden von 10 bis Nachmittag gegen 1 Uhr in der Kanterschen Buchhandlung zu aller Zeit gegen Pränumerationsschein abgeben.«

Auch die Briefe, die Kant zwischen März 1776 und August 1778 an verschiedene Philanthropisten in verantwortlichen Positionen schrieb, kreisten wiederholt um dieses mühsame, recht erfolglose Geschäft, Geld und Kunden für die Dessauer Pädagogikzeitschrift zu besorgen. Man spürt, wie es ihn zunehmend ermüdet hat und wie froh er war, es nach zwei Jahren endlich loszuwerden. Aber in diesen privaten Mitteilungen gibt es doch auch bemerkenswerte Passagen, die den konkreten Anlass des Briefverkehrs übersteigen und von philosophisch-pädagogischer Relevanz sind.

So mag Kants Brief vom 28. März 1776 an Christian Heinrich Wolke, der zunächst als engster Mitarbeiter und -organisator Basedows am Philanthropin tätig war und später selbst sein Leiter wurde, sich vordergründig nur wie eine kleine Bitte lesen lassen. Sein guter Freund in Königsberg, der englische Kaufmann Robert Motherby, sei daran interessiert, seinen erst fünfjährigen Sohn in Dessau erziehen zu lassen. Der kleine George habe also noch nicht das üblicherweise geforderte Eintrittsalter erreicht. Aber Kant nannte gute Gründe, in diesem besonderen Fall eine Ausnahme zu machen. Er charakterisierte den jungen Motherby als einen idealen Zögling, als wäre George die leibhaftige Verkörperung von Émile, dieser Phantasiegestalt Rousseaus, die dem natürlichen Wesen des Menschen entsprechend erzogen werden sollte. »Man hat die Natur und den gesunden Verstand seinen Jahren gemäß sich ohne Zwang entwickeln lassen und nur alles abgehalten, was ihnen und der Gemütsart eine falsche Richtung geben könnte. Er ist frei erzogen, doch ohne beschwerlich zu fallen. Er hat niemals die Härte erfahren und ist immer lenksam in Ansehung gelinder Vorstellungen erhalten worden. Ob er gleich nicht zu Manieren dressiert worden ist, so hat man doch die Ungezogenheit verhütet, ohne ihn durch Verweise verschämt oder blöde zu machen.«

Und wie eine Wiederholung von Rousseaus Erziehungsgedanken zu einer natürlichen Religiosität, die nicht durch kirchlich-autoritäre Dogmen und zeremonielle Handlungen beherrscht wird, sondern sich nur in einem guten Lebenswandel in moralischer Hinsicht manifestieren kann, klingt auch Kants Mitteilung an Wolke: »Denn daß die Religion nichts als eine Art von Gunstbewerbung und Einschmeichelung bei dem höchsten Wesen sei, ist ein Wahn, der, er mag auf Satzungen oder frei von Satzungen gestimmet sein, alle moralische Gesinnung unsicher macht und auf Schrauben stellt, dadurch, daß er, außer dem guten Lebenswandel, noch etwas anderes als ein Mittel annimmt, die Gunst des Höchsten gleichsam zu erschleichen.«

Erste Vorlesung über Pädagogik, Wintersemester 1776/77. Zeitlich eingegliedert zwischen die *Vorlesung Anthropologie Friedländer. WS 1775/76* und die *Praktische Philosophie Powalski. SS 1777* und mit beiden thematisch eng verbunden, zugleich auch angeregt durch die philanthropische Erziehungstheorie und -praxis, hielt Kant im WS 1776/77 seine Vorlesung *Über Pädagogik*. Als Lehrbuch, an dem er sich in seinem Unterricht orientierte, um daran seine eigenen Gedanken zu entwickeln, benutzte er Johann Bernhard Basedows populärste und pädagogisch hilfreichste Publikation: sein *Methodenbuch für Väter und Mütter der Familien und Völker*, in der dritten Auflage, Altona/Bremen 1773. Wir werden darauf zurückkommen, wenn es um Friedrich Theodor Rinks Darstellung *Immanuel Kant über Pädagogik* geht, die erst 1803 veröffentlicht worden ist. Hier muss zunächst der Hinweis genügen, dass Rink zufolge Kant in seinen Vorlesungen mehrfach das Dessauische Institut lobend erwähnt hat, das als »einzige Experimentalschule« neue pädagogische Wege eröffnet habe, auf denen das Kind nicht wie ein Tier abgerichtet wird. Sein Philanthropismus ziele darauf ab, die Rechte der Menschheit zur Geltung zu bringen, die in jedem individuellen Erziehungs- und Bildungsprozess stets aufs Neue vermittelt und behauptet werden müssen.

PHILOSOPHIE IN PÄDAGOGISCHER HINSICHT. 1781–1798

Seit seiner professoralen Inaugural-Dissertation über die subjektiven Formen und Gründe der Sinnen- und der Verstandeswelt, die er am 20. August 1770 beim Königsberger Buchhändler und Verleger Kanter drucken ließ, hat das gebildete Publikum nichts mehr von dem Professor für Logik und Metaphysik lesen können. Seine beiden kurzen journalistischen Hinweise auf das Dessauer Philanthropin waren anonym erschienen. Hatte Kant nichts mehr zu sagen? Schließlich tauchte er 1779 sogar als Witzfigur in einem humoristischen Roman auf, in dem ein gebrechliches altes Männchen als »Professor Großvater« über alles Mögliche auf eine reichlich verwirrte Weise philosophierte, wobei er sich oft in höheren Unsinn verlor. Dabei wurde nicht zur Kenntnis genommen, dass Kant in diesem Jahrzehnt des Schweigens intensiv darüber nachdachte, wie er sein Drei-Welten-Problem lösen könnte. Es galt die komplexen Beziehungen zwischen sinnlicher Wahrnehmung, theoretischer Verstandestätigkeit und objektiv existierender Wirklichkeit systematisch zu klären. Nur seinen engsten Freunden teilte Kant mit, was ihn als philosophisches Problem beunruhigte. Er arbeite an einer »Kritik der Vernunft«, um die Grundlagen und die Grenzen der menschlichen Erkenntnis in ihrer Eigenart zu bestimmen.

Sein konzentriertes Nachdenken hielt ihn sogar davon ab, sein Versprechen zu halten, selbst einen kleinen Beitrag für die philanthropischen *Pädagogischen Unterhandlungen* zu verfassen, um deren Verkauf er sich kümmerte. Am 26. August 1777 informierte er Joachim Heinrich Campe, der seit Dezember 1776 als Nachfolger Basedows Leiter des Dessauer Philanthropins war, dass er nichts schreiben könne, weil er sich nicht von einer Arbeit ablenken lassen könne, »welche alle meine Gedanken in Nebenstunden beschäftigt.« Um 1780 muss für Kant der Drang immer stärker geworden sein, seine vernunftkritischen Gedanken, die er für sich seit 1770 entwickelte, ans Licht der Öffentlichkeit zu bringen. Mit einer ungeheuren Energie brachte er sein Werk zu Ende. Im Herbst war das Manuskript abgeschlossen, und endlich war es dann so weit: Im Mai 1781 erschien auf der Leipziger Ostermesse die erste Auflage der *Critic der reinen Vernunft, von Immanuel Kant, Professor in Königsberg*, der seit diesem Jahr als der *kritische* Kant nach seiner langen *vor-kritischen* Phase die Philosophie revolutionierte und eine Spitzenstellung in der Welt des Geistes einzunehmen begann.

Seine folgenreiche Wende von der Naturforschung zur Menschenkunde, die 1762 durch die Lektüre von Rousseaus *Émile* angeregt worden war, vollzog Kant 1781 als Erkentnistheoretiker. Er richtete die philosophische Aufmerksamkeit auf die reine theoretische Vernunft des Menschen, der sich nicht durch seine stets sich ändernden empirischen Erfahrungen von Welttatsachen gängeln lässt, sondern konstruktiv Modelle oder Theorien entwirft, die er selbst zu verantworten hat. Damit hat das menschliche Erkenntnissubjekt eine führende Rolle im Spiel der theoretischen Welterkenntnis gewonnen. Denn es legt aufgrund seiner eigenen Erkenntnisinteressen und -möglichkeiten der Natur die Fragen vor, auf die sie zu antworten hat. Das war Kants gewagte Revolution, die er nun mit dem Namen »Nikolaus Kopernikus« signierte. Wie in dessen 1543 publizierten Büchern *De revolutionibus orbium coelestium* (Über die Umdrehungen der himmlischen Kugelschalen) hat sich auch in Kants *Kritik der reinen Vernunft* eine Umdrehung der Positionen des Menschen und seiner Erkenntnisobjekte ergeben.

Aber Kants *kopernikanische Wende* war zugleich anti-kopernikanisch. Denn sie war eine Wiedergutmachung der Kränkung, die mit der planetarischen Dezentrierung verbunden war. Der Mensch schien bedeutungslos geworden zu sein, weggerollt aus dem Mittelpunkt des Sonnensystems in eine bloße Umlaufbahn. Dagegen hat der kritische Kant den Menschen als Erkenntnissubjekt wieder neu zentriert. Mit großem Selbstbewusstsein ließ er ein autonomes Subjekt die Bühne der Philosophie betreten, dessen eigene Schöpferkraft der Welt- und Selbsterkenntnis einen sicheren Gang ermöglicht.

Es war eine späte Erfolgsgeschichte, zu der in den beiden letzten Jahrzehnten seines Lebens auch seine anderen großen Werke beitrugen. Denn er sah sich nun dazu herausgefordert, nicht nur die reine theoretische Vernunft über sich selbst aufzuklären, sondern den ganzen Menschen mit all seinen wesentlichen Eigenarten in den Blick zu nehmen. Und so begann Kant nun, das weite Feld der Philosophie zu bearbeiten: von der Ethik bis zur Anthropologie, von Denken und Urteilskraft bis zum religiösen Glauben, von der Gesetzgebung bis zur Geschichte und zur Politik. Auf all diesen Gebieten vollendete er die Bahn eines selbstdenkenden, kritischen Gelehrten, die er sich schon zum Ende seines Studiums 1746 mit großem Selbstbewusstsein vorgezeichnet hatte. »Ich werde meinen Lauf antreten und nichts soll mich hindern, ihn fortzusetzen.«

Doch ebenso bedeutsam wie diese unaufhaltsame geistige Energie ist die nachhaltige Wirkung einer *pädagogischen* Intention, die selbst noch in der hochgradig abstrakten, metaphysischen *Systematik* seiner Werke nach 1782 als treibende Kraft mitspielt. Denn immer wieder musste sich Kant die doppelsinnige Frage stellen: Wie kann das, was den Menschen auszeichnet, von ihm selbst gelernt werden? Und wie kann ihm das beigebracht werden, was ihn als vernünftiges und moralisch handelndes Wesen auszeichnet? Kurze Stichworte zu Kants später Philosophie in pädagogischer Hinsicht müssen hier genügen, deren Subtilität und Gedankenführung sich nur durch eigene Textlektüre nachvollziehen lässt.

Philosophie der Geschichte. Die Entwicklungsgeschichte des einzelnen Menschen hat Kant mit der allgemeinen Weltgeschichte verbunden. Individuelle Ontogenese folge dem Muster der gattungsgeschichtlichen Phylogenese. Was jedes menschliche Individuum zu lernen hat, analysierte Kant 1784 im Licht seiner *Idee zu einer allgemeinen Geschichte in weltbürgerlicher Absicht*. Zwei Jahre später ergänzte er sie durch seine Vermutungen über *den Anfang der Menschengeschichte*. Er behauptete dabei nicht, dass er tatsächlich so stattgefunden habe. Stattdessen nahm er die biblische Geschichte von der Austreibung des Menschen aus dem Paradies zum Anlass, um über den Anfang und den Verlauf der Menschheitsgeschichte nachzudenken.

Auch der neugeborene Mensch ist zwar ein Geschöpf der Natur, das über natürliche Anlagen verfügt. Aber bereits durch seine Geburt wird er aus dem Mutterschoß der Natur entlassen und in den Stand der Freiheit gesetzt. Er wird nicht mehr instinktmäßig wie ein Tier geleitet, sondern muss lernen, als vernunftbegabtes Lebewesen in einer Welt zurecht zu kommen, die kein Paradies ist. Es ist ein verworrenes Spiel menschlicher Dinge, das sich ihm zeigt, je einsichtsvoller er wird. Die

Menschen sind aus krummem Holz gemacht, aus dem nichts Gerades gezimmert werden kann. Sie bieten kein besonders liebenswürdiges Bild. Oft handeln sie gegeneinander, »getrieben durch Ehrsucht, Herrschsucht oder Habsucht«. Sie kämpfen um Macht über andere, selbstsüchtig auf ihren eigenen Vorteil bedacht, und wollen immer mehr haben. Wenn sie sich gesellig zusammenfinden, bleiben sie doch zugleich ungesellig. Sie leben im antagonistischen Zustand »ungeselliger Geselligkeit«.

Die Weltgeschichte, in die der Mensch mit seiner Freiheit entlassen worden ist, scheint nur eine ewige planlose Abfolge von stets neuen quälenden Herausforderungen zu sein.

Doch Kant wollte sich nicht auf eine empirische Anschauung beschränken. Er entwarf eine »philosophische Geschichte«, wobei er sich an einem Leitfaden der Vernunft orientierte. Er verdrängte die Tatsachen nicht. Aber es kam ihm darauf an, prognostisch und hoffnungsvoll in den historischen Erfahrungen etwas von dem zu entdecken, was den Lauf der Geschichte als einen mühseligen langen Gang zu einem allgemeinen Zustand der Menschheit begreifen lässt, in dem die Gleichheit und Freiheit aller Menschen als Wesen, die vernünftig denken und moralisch handeln können, endlich zu ihrem Recht kommen kann. Als Aufklärer nahm er selbst dialektisch an diesem Prozess teil. Er wollte dazu beitragen, die *Idee* dessen zu verwirklichen, was er *in weltbürgerlicher Absicht* entworfen hatte. Und er plädierte dabei auch für eine Erziehung, in der die Zöglinge als vernunftbegabte Wesen den Freiraum haben, durch »Versuche, Übung und Unterricht von einer Stufe der Einsicht zur andern allmählich fortzuschreiten«, um sich dabei selbst zu Kosmopoliten bilden zu können.

Praktische Vernunft. Im Wintersemester 1784/85 hielt Kant seine *Vorlesung über Moralphilosophie*, die Georg Ludwig Collins festgehalten hat. Im April 1785 wurde seine *Grundlegung zur Metaphysik der Sitten* veröffentlicht, die er 1788 in der *Kritik der praktischen Vernunft* systematisch ausarbeitete. Wie in einer Parallelaktion zum geschichtsphilosophischen Denken entwickelte er seine ethischen Überlegungen, die 1762 durch die Lektüre von Rousseaus Erziehungsschrift angeregt worden waren: Der Mensch sei von Natur aus gut und entarte unter den Händen der Menschen. Also musste Kant versuchen, den Wesensgrund menschlicher Sittlichkeit und Moralität frei zu legen. Was sollen Menschen tun, wenn sie gut in moralischer Hinsicht sein wollen? Kant wollte sich bei der Beantwortung dieser Frage weder durch göttlich gegebene Gesetze oder theologische Doktrinen leiten lassen, noch durch natürliche, gleichsam instinktmäßig leitende Antriebskräfte. Die Menschen sind weder Tiere, noch Heilige oder Engel. Es sind Geschöpfe mit einem freien Willen, der ihnen freie Handlungen und freies Verhalten ermöglicht. Und diese Freiheit betrifft auch ihre moralische Unabhängigkeit von dem, was in der Welt von Menschen tatsächlich getan wird. Als Moralphilosoph löste sich Kant von den gleichsam »unreinen« Kontingenzen menschlichen Tuns und Wollens. Schritt für Schritt befreite er zwei Jahrzehnte lang seine Gedanken von empirischen Erfahrungen, bis er am Ende zu einem »reinen guten Willen« gelangte, der durch eine »reine praktische Vernunft« erkannt werden kann. Seine *Grundlegung zur Metaphysik der Sitten* zielte auf das moralisch Unbedingt-Notwendige, das nicht hypothetisch vermutet und versuchsweise angestrebt werden könne, sondern kategorisch als Prinzip anerkannt und befolgt werden solle. In seinem berühmt-berüchtigten Kategorischen Imperativ hat er es auf die Formel gebracht: »Handle so, daß die Maxime deines Willens jederzeit zugleich als Prinzip einer allgemeinen Gesetzgebung gelten könne.« Dabei stellten sich auch ihm zwei Fragen, die es philosophisch zu beantworten galt.

Erstens: War diese abstrakte Formel, die inhaltlich völlig leer zu sein scheint, nur ein Hirngespinst, das mit der Realität nichts zu tun hatte? Es gibt keine Anzeichen, dass Kant sich in eine transzendente Welt verstiegen hat, die ihm den Blick auf das wirkliche Leben versperrte. Denn er wusste ja, wie Menschen handeln. Unmoral ist an der Tagesordnung, seit es Menschen gibt, die nicht mehr instinktgeleitet sind, sondern in die Freiheit des Handelns und Wollens entlassen worden sind. Sie folgen ihren Triebregungen oder Neigungen, um ihre Ehrsucht, Herrschsucht und Habsucht zu befriedigen. Sie lügen, betrügen und stehlen, wenn es ihnen nützlich und vorteilhaft erscheint. Autokraten und Despoten befolgen keinen kategorischen moralischen Imperativ, sondern sind am Erhalt und Ausbau ihrer Machtposition interessiert. – Es war jedoch nicht Kants Absicht als Philosoph, zu erfahren, was von Menschen tatsächlich alles gewollt wird und wie von ihnen praktisch gehandelt wird, um mehr oder weniger geschickt durchs Leben zu kommen. Er war kein Psychologe. Auch ging es ihm nicht darum, wie ein Jurist einzelne Handlungen unter Gesetze zu fassen und danach zu beurteilen, ob sie zulässig oder verboten sind. Das war die Aufgabe der Rechtslehre. Als Moralphilosoph versuchte Kant zu begründen, warum »Maximen«, das heißt: subjektive Prinzipien des Handelns und Wollens wie Ehrlichkeit, Verlässlichkeit, Wohlwollen, Wahrhaftigkeit und Friedfertigkeit, als sittlich gut gelten können, dagegen Maximen wie Unehrlichkeit, falsches Versprechen, Missgunst, Lust zur Lüge und Gewalttätigkeit verworfen werden sollten. Und diese Grundlegung konnte nicht im Hinblick auf die konkreten, räumlich und zeitlich eingebundenen Erfahrungen der unübersehbar vielen Menschen gelingen. Sie war nur möglich in der kosmopolitischen Perspektive einer Gesetzgebung für alle Menschen zu jeder Zeit.

Wie im Fall der allgemeinen Menschheitsgeschichte fand Kant auch in einer zweiten Hinsicht nur eine Lösungsmöglichkeit für den Konflikt zwischen Idee und Erfahrung. Weil ethische Prinzipien dem Menschen weder biologisch angeboren sind, noch sich einer transzendenten, göttlichen Eingebung verdanken, müssen sie erworben werden. Notwendig ist ein moralischer Lernprozess, wobei sie sich nicht nur auf sich selbst verlassen können. Kinder müssen zum Guten erzogen werden.

Tugend muss gelehrt werden. Moralisierung ist eine pädagogische Erziehungsaufgabe und Verpflichtung. Das imaginäre Ziel einer moralischen Vervollkommnung, das Menschen vorgegeben ist, kann nur pädagogisch angestrebt werden, also durch eine Anleitung, die das lernfähige Kind auf seinem Weg zum moralischen Handeln aus freiem Willen begleitet und lenkt. Wie sie erfolgreich gelingen kann, hat Kant in seinen Vorlesungen über Moralphilosophie vorgetragen. 1788 hat er sie in seiner *Methodenlehre der reinen praktischen Vernunft* aufgezeigt und exemplarisch verdeutlicht, mit welchen erzieherischen Mitteln es möglich ist, »um ein entweder noch ungebildetes, oder auch verwildertes Gemüt zuerst ins Gleis des moralisch-Guten zu bringen«, das allen Menschen als Weltbürgern zugesprochen werden kann. Und noch in einem seiner letzten großen Werke, der *Metaphysik der Sitten*, hat er 1797 eine *ethische Methodenlehre* entwickelt, wie Tugend gelehrt und erworben werden kann. Er hat dazu einen *moralischen Katechismus* entworfen und am Gespräch zwischen einem Lehrer und einem Schüler exemplifiziert; und er hat dabei auch eine Art von *Diätetik* für den Menschen empfohlen, wie es ihm gelingen könne, »sich moralisch gesund zu erhalten«.

Denkvermögen und Urteilskraft. Auch der Philosoph einer reinen theoretischen und einer reinen praktischen Vernunft war davon überzeugt, dass sich diese Reinheit in keinem außerirdischen oder übermenschlichen Jenseits befindet, das mit unserer Welt nichts zu tun hat. Sie ist keine Eigenschaft von transzendenten, übersinnlichen Dingen oder Ereignissen, von denen nur Phantasten und Geisterseher, Erleuchtete und Abergläubige schwärmen oder träumen können. Als Idee, die für die theoretische Erkenntnis als anzustrebende Wahrheit, für die Geschichtsbetrachtung als erhoffter weltbürgerlicher Zustand und für das moralische Handeln als unbedingte Verpflichtung gilt, ist sie nur ein regulatives Postulat, das menschliche Subjekte in ihrer Erfahrungswelt vernünftig und frei denken und handeln lässt.

Deshalb konnte auch Professor Kant seinen Studenten wiederholt ankündigen und versprechen, dass sie bei ihm kein philosophisches System lernen sollten, sondern zu philosophieren. Er wollte ihnen keine Gedanken eintrichtern, sondern sie zum Selbstdenken anleiten. Sie sollten bei ihm lernen können, ihren eigenen Verstand frei zu gebrauchen. Kant verstand sich also in seiner Lehrtätigkeit als ein Pädagoge; und auch in seinen publizistischen Zeitschriftenbeiträgen, mit denen er sich als gelehrter Aufklärer öffentlich zu Wort meldete, bemühte er sich, das Publikum der Leserwelt zum eigenen Nachdenken anzuregen.

Wie dieser Prozess erfolgreich praktiziert werden kann, hat Kant nicht nur in seiner eigenen Tätigkeit demonstriert, sondern selbst als philosophisches Problem zur Sprache gebracht. In der *Berlinischen Monatsschrift*, dem Zentralorgan der Spätaufklärung in Preußen, beantwortete er im Oktober 1786 die Frage: *Was heißt: sich im Denken orientieren?* Dabei machte er die Bedingungen klar, welche »die Freiheit zu denken« ermöglichen. Man muss seine Gedanken anderen *mitteilen* können; man muss seine *eigenen Argumente* entwickeln und vortragen dürfen und sich nicht, wie im Fall des religiösen Gewissenszwangs, durch Vormünder und ihre Glaubensformeln gängeln lassen; und man sollte die Vernunft nur den Gesetzen unterwerfen, »*die sie sich selbst gibt*«. Sich im Denken orientieren heißt also »*Selbstdenken*: den obersten Probierstein der Wahrheit in sich selbst (d. i. in seiner eigenen Vernunft) suchen; und die Maxime, jederzeit selbst zu denken, ist die *Aufklärung*.« Kant blieb jedoch bei dieser Antwort nicht stehen. Er zog aus ihr eine pädagogische Konsequenz, wobei er sowohl Erfolgsaussichten als auch Schwierigkeiten erwähnte: »Aufklärung in *einzelnen Subjekten* durch Erziehung zu gründen, ist also gar leicht; man muß nur früh anfangen, die jungen Köpfe zu dieser Reflexion zu gewöhnen. Ein *Zeitalter* aber aufzuklären, ist sehr langwierig; denn es finden sich viel äußere Hindernisse, welche jene Erziehungsart teils verbieten, teils erschweren.« – Auch in seiner 1790 publizierten *Kritik der Urteilskraft* dachte Kant darüber nach, wie man im Prozess des Denkens zu vernünftigen Urteilen gelangen kann, sei es über die ästhetischen Qualitäten von Dingen und Ereignissen; über die teleologischen Zweckmäßigkeiten von Naturobjekten und -vorgängen; oder über die moralisch-praktischen Regeln, »die sich gänzlich auf dem Freiheitsbegriffe, mit Ausschließung der Bestimmungsgründe des Willens aus der Natur, gründen«.

Anthropologie. Bereits seit Mitte der 1790er Jahre bemerkte Kant, dass seine geistigen Kräfte nachließen. Es gelang ihm jedoch noch, seine *Metaphysik der Sitten* (1797) zu vollenden; und er sah sich auch noch in der Lage, schriftlich ein Handbuch seiner *Vorlesung über Anthropologie in pragmatischer Hinsicht* (1798) auszuarbeiten, die er dreißig Jahre lang, jeweils im Wintersemester, gehalten hatte. Sein Erkenntnisinteresse war nicht auf das gerichtet gewesen, was die *Natur* aus dem Menschen als ihrem Geschöpf macht, sondern pragmatisch »auf das, was *er*, als freihandelndes Wesen, aus sich selber macht, oder machen kann und soll«.

Kant schloss sein letztes großes Werk mit einer Schilderung des Charakters der Menschengattung ab. Dabei charakterisierte er nicht nur die Art und Weise, wie der Mensch als mit Vernunft begabtes Lebewesen sich selbst erhalten und regieren kann. Er stellte auch dar, wie er sich selbst belehrt und für das gesellschaftliche Zusammenleben erzieht. Wie gelingt es ihm, durch fortschreitende Kultivierung seine *technischen* Fähigkeiten zur mechanischen Bearbeitung von Sachen weiter zu entwickeln, seine *pragmatischen* Anlagen im Prozess der Zivilisation zu entfalten und seine *moralische* Begabung auszubilden, wobei er sich darum bemühen müsse, seine guten Impulse zu stärken und seinen Hang zum Bösen unwirksam werden zu lassen.

Es sind also keine Zustände, sondern Prozesse, die Kant gattungsbezogen zu charakterisieren versucht hat. Sie finden nicht automatisch nach mechanischen Naturgesetzen statt, und sie werden auch nicht instinktmäßig gesteuert. Eine anthropologische Charakterkunde muss sich den pädagogischen Herausforderungen der Charakterbildung stellen. Sie ist per se auf die theoretische und praktische Lösung von Erziehungs- und Bildungsproblemen gerichtet. Kant hat diese Intention programmatisch so zusammengefasst: »Der Mensch ist durch seine Vernunft bestimmt, in einer Gesellschaft mit Menschen zu sein, und in ihr sich durch Kunst und Wissenschaften zu *kultivieren*, zu *zivilisieren* und zu *moralisieren*; wie groß auch sein tierischer Hang sein mag, sich den Anreizen der Gemächlichkeit und des Wohllebens, die er Glückseligkeit nennt, *passiv* zu überlassen, sondern vielmehr *tätig*, im Kampf mit den Hindernissen, die ihm von der Rohigkeit seiner Natur anhängen, sich der Menschheit würdig zu machen. – Der Mensch muß also zum Guten *erzogen* werden; der aber, welcher ihn erziehen soll, ist wieder ein Mensch, der noch in der Rohigkeit der Natur liegt, und nun doch dasjenige bewirken soll, was er selbst bedarf. Daher die beständige Abweichung von seiner Bestimmung, mit immer wiederholten Einlenkungen zu derselben.«

IMMANUEL KANT ÜBER PÄDAGOGIK. 1803

Vielleicht war es nur seine zunehmende Altersschwäche, die Kant an der publizistischen Bearbeitung seiner pädagogischen Vorlesungen hinderte, vielleicht auch die intensive Luftelektrizität, über deren schädliche Auswirkung auf sein Gehirn Kant täglich klagte; jedenfalls beauftragte er Dr. Friedrich Theodor Rink, der 1800 zum ordentlichen Professor für Theologie ernannt worden war, seine Gedanken zur Pädagogik aufzubereiten und für eine Monographie zu kompilieren. So kam die Originalausgabe mit dem Titel zustande: *Immanuel Kant über Pädagogik. Herausgegeben von D. Friedrich Rink. Königsberg, bei Friedrich Nicolovius, 1803.*

Ist das ein Text, den man zu Kants authentischen Werken zählen darf? Oder nur eine Kompilation aus verschiedenen Textbausteinen, die Rink nicht herausgegeben, sondern recht eigenwillig ausgewählt und arrangiert hat? Kants *Pädagogik* ist ein großer Streitfall der Gelehrten. Es wurden detaillierte intertextuelle Vergleiche angestellt, um die Frage nach der Originalität der Schrift zu beantworten. Dabei hat sich besonders Traugott Weisskopf als Meisterdetektiv und Spurenleser profilieren können, der 1970 in seinem mehrere hundert Seiten langen Forschungsbericht *Immanuel Kant und die Pädagogik. Beiträge zu einer Monographie* zu dem Ergebnis kam, dass Teile von Rinks Publikation zu einer Vorlesung Kants über *Ethik* gehören, andere auf Kollegentwürfen zur *Anthropologie* basieren. Besondere Aufmerksamkeit richtete Weisskopf auf die ausführlichen Exzerpte Kants aus Rousseaus *Émile oder Über die Erziehung*, die er in seinem Vortrag benutzt habe. Auch habe Kant in seiner ersten Pädagogik-Vorlesung, Wintersemester 1776/77, als Kompendium das *Methodenbuch für Väter und Mütter der Familien und Völker* des Philanthropen Johann Bernhard Basedow benutzt, dessen dritte Auflage 1773 erschienen war und ihm als Orientierungsgrundlage beim Selbstdenken half. Das Ganze sei aber bei fast jedem Abschnitt von Rink stilistisch überarbeitet und von Fall zu Fall sinngemäß erweitert worden, wobei er die verschiedenen Teile nach eigenem Gutdünken zusammengefügt habe. Die Schrift könne also nicht als authentisches Werk Kants angesehen werden und sei deshalb aus der Akademie-Ausgabe seiner *Gesammelten Schriften* zu entfernen.

Dagegen lässt sich einwenden, dass es Rink gar nicht um die genaue Rekonstruktion und Herausgabe einer Schrift von Kant zur Pädagogik ging. Er wollte ein Gesamtbild von Kants Gedanken zur Erziehung und Bildung vermitteln, wobei er vor allem auf dessen Vorlesungen und Veröffentlichungen zur Anthropologie und zur Praktischen Philosophie zurückgriff, aber auch zur Geschichtsphilosophie, zur philosophischen Methodenlehre und zur Einrichtung seiner Lehrveranstaltungen. Nicht zuletzt ließ sich Kant durch die Erziehungspraxis am Philanthropinum in Dessau anregen, die er aufmerksam zur Kenntnis nahm. Wir können hier nur fünf Punkte herausgreifen, die für Kants philosophische Überlegungen zur Erziehungskunst wesentlich sind und von Rink geschickt, wenn auch nicht immer systematisch oder folgerichtig, arrangiert worden sind.

Physische Erziehung. Der Mensch ist kein Tier. Er ist mit Vernunft begabt, und seine menschliche Erziehung muss sich bevorzugt darauf konzentrieren, diese Vernunftfähigkeit zu entwickeln, sie also von einer bloßen Disposition zur Wirklichkeit werden zu lassen. Aber auch er ist, wie das Tier, ein Geschöpf der Natur. Er ist kein reines Geistwesen, sondern hat einen Körper. Um dessen Fähigkeiten und Ansprüche hat sich die physische Erziehung des Menschen zu sorgen. In rein körperlicher Hinsicht geht es dem Menschen anfänglich wie jedem Tier. Er muss als Säugling versorgt und ernährt werden. »Die physische Erziehung ist eigentlich nur Verpflegung.« Wenn er größer wird, muss er zunehmend lernen, seinen Körper selbst zu erhalten und zu gebrauchen. Er wird angeleitet, seine Kräfte zu entwickeln und seinen Körper willkürlich zu bewegen, aufrecht zu gehen und schnell zu laufen, sicher zu klettern und befreit zu springen. Dabei sollte auf den Einsatz technischer Hilfsmittel, wie Leitband oder Gängelwagen, möglichst verzichtet werden. Am besten sei es, »das Kind auf der Erde herumkriechen zu lassen, bis es von selbst gehen lernet, und dann wird es desto sicherer gehen«. An solchen pädagogischen Empfehlungen ist bemerkenswert, dass damit schon für die ersten Schritte im Leben ein Entwicklungsziel angedeutet wird: auch die physische Erziehung ist auf Selbstständigkeit ausgerichtet. Das Kind muss sich selbst zu helfen lernen, und es ist die Aufgabe der Erzieher, es dabei hilfreich zu unterstützen; und Kant war darüber erfreut, dass es bereits zu seiner Zeit einige erfolgreiche Versuche gab, diesen Auftrag zu erfüllen.

Er verwies auf die bewunderungswürdige Fähigkeit »der Schweizer«, die schon früh gelernt haben, auf Berge zu klettern und sich auf ihren zerklüfteten Höhen sicher zu bewegen. Vermutlich hat er dabei an Rousseau gedacht, diesen stolzen, freiheitsliebenden »Bürger von Genf«, der in seinem Erziehungsbuch großen Wert darauf legte, dass der kleine Émile vor allem draußen, bei frischer Luft und durch viel Bewegung, laufen, springen und klettern lernen soll. Dabei hat sich der Erzieher darauf zu beschränken, die Kraft und Geschicklichkeit des Kindes genau in dem Maße zu ergänzen, die ihm fehlt, im Wissen darum, dass es sich nach dem Augenblick sehnt, »da es darauf verzichten und sich voller Stolz selbst helfen kann«. – Und aus dem gleichen Grund wies Kant auch auf die philanthropische Erziehungsbewegung hin: »Seit das Dessauische Philanthropin hierin mit seinem Muster voranging, werden nun auch in andern Instituten viele Versuche der Art gemacht.«

Etappen der praktischen Erziehung. Bei ihr geht es, im Unterschied zur rein physischen Erziehung, von Beginn an um das, was der Mensch als vernunftbegabtes Lebewesen zu lernen hat. Diese praktische Erziehung hat Kant in vier Schritte ausdifferenziert. – Sie beginnt als *Disziplinierung*, die jedoch streng von den Maßnahmen zu unterscheiden ist, mit denen man Hunde oder Pferde abrichtet. Die Disziplinierung des Zöglings, die er besonders in seinen ersten Schuljahren erfährt, ist keine Tierdressur. Kant stellte zwar fest: »Disziplin oder Zucht ändert die Tierheit in die Menschheit um.« Aber sie ist nicht tierisch begründet oder auf den Menschen als körperliches Lebewesen ausgerichtet. Mit biologischen oder physischen Kategorien ist sie nicht adäquat zu bestimmen. Denn auch in ihr ist schon ein Vorgriff auf das Erziehungsziel impliziert: der junge Mensch soll befähigt werden, das praktisch-geistig-moralische Regelsystem zu erlernen und zu befolgen, das ihn als Menschen auszeichnet. Dazu aber ist es notwendig, seine ursprüngliche natürliche Ungebundenheit unter Kontrolle zu bekommen. Sein großer Hang zur Freiheit muss in die richtigen Bahnen gelenkt werden. »Disziplin ist also bloß Bezähmung der Wildheit.« Kant hat diese Wildheit als radikale Unabhängigkeit von jenen Gesetzen verstanden, die ein menschliches Zusammenleben ermöglichen. Dass ein Mensch sich diszipliniert zu verhalten lernen muss, bedeutet deshalb nicht, seinen eigenen Willen zu brechen und einem anderen, despotischen Willen zu unterwerfen. Es heißt nur, ihn in seiner Entwicklung zu lenken und auf den richtigen Weg zu bringen. Es ist nur ein erster Schritt in einem zielgerichteten Erziehungsprozess, der den nächsten ermöglicht.

»Zweitens muß der Mensch *kultiviert* werden. Kultur begreift unter sich die Belehrung und die Unterweisung.« Kultivierung verschafft die geistige Geschicklichkeit, sich in der Sachwelt orientieren zu können. Kinder müssen *denken* lernen, wobei besonders der Erwerb von Kulturtechniken wie Lesen und Schreiben hilfreich ist, um an einer Schriftkultur teilnehmen zu können.

Um sich in der sozialen Mitwelt klug bewegen zu können, ist drittens *Zivilisierung* erforderlich. Erzieherisch sollte man darauf Wert legen, »daß der Mensch auch klug werde, in die menschliche Gesellschaft passe, daß er beliebt sei, und Einfluß habe. Hiezu gehört eine gewisse Art von Kultur, die man *Zivilisierung* nennet. Zu derselben sind Manierlichkeit, Artigkeit und eine gewisse Klugheit erforderlich.« Der zivilisierte Mensch hat gelernt, sich den jeweils herrschenden Gewohnheiten und Gebräuchen anzupassen, um in seiner jeweiligen Mitwelt zurecht kommen zu können.

Die letzte und höchste Stufe, auf die Kants Pädagogik ausgerichtet ist, übersteigt die Etappen der kultivierten Geschicklichkeit und der zivilisierten Klugheit. »Viertens muß man auf die *Moralisierung* sehen. Der Mensch soll nicht bloß zu allerlei Zwecken geschickt sein, sondern auch die Gesinnung bekommen, daß er nur lauter gute Zwecke erwähle.« Jetzt geht es nicht mehr darum, daśs der Mensch lernt, wie er Welttatsachen erkennen kann und wie er zu denken vermag. Es handelt sich auch nicht darum, in der Gesellschaft seinen Platz finden zu können und anerkannt zu werden. Kultivierte Geschicklichkeit und zivilisierte Klugheit, utilitaristische Nützlichkeitserwägung und talentierte Begabung mögen zweckvoll sein für ein erfolgreiches Leben. Moralisierung hat es dagegen mit »guten Zwecken« in moralischer Hinsicht zu tun und mit jenem »reinen guten Willen«, auf den sich Kant in seinen philosophischen Gedanken zur »reinen praktischen Vernunft« konzentrierte. Es geht um die »Gesinnung« und um die Charakterbildung des Menschen. Moralisierung bedeutet Ausbildung von Maximen, also von subjektiven Prinzipien, die sich an der Idee des Guten orientieren. Sie sind nicht angeboren, sondern müssen gelehrt und gelernt werden. »Die erste Bemühung bei der moralischen Erziehung ist, einen Charakter zu gründen. Der Charakter besteht in der Fertigkeit, nach Maximen zu handeln. Im Anfang sind es Schulmaximen, und nachher Maximen der Menschheit.«

Pädagogik in kosmopolitischer Absicht. Kants philosophische Ethik intendierte auf gute Zwecke, »die notwendigerweise von jedermann gebilligt werden« und im Kategorischen Imperativ als Grundlagen eines allgemeinen Gesetzes gemeint waren. Die Maximen der Ehrlichkeit, Wahrhaftigkeit und Verlässlichkeit, des Wohlwollens und der Friedfertigkeit sollten nicht nur an einzelnen Orten zu einer bestimmten Zeit unterschiedliche Menschen charakterisieren. Sie beanspruchten eine universelle und überzeitliche Geltung. Es ist die Aufgabe einer guten Pädagogik, diesem kosmopolitischen Anspruch gerecht zu werden und ihn im mühsamen Prozess der Moralisierung des kindlichen Willens zu verwirklichen.

Auch Kants allgemeine Geschichtsphilosophie *in weltbürgerlicher Absicht* folgte der gleichen Idee. Sie eröffnete eine tröstende, auch hoffnungsvolle Aussicht in die Zukunft, »in welcher die Menschengattung in weiter Ferne vorgestellt wird, wie sie sich endlich doch zu dem Zustande empor arbeitet, in welchem alle

Keime, die die Natur in sie legte, völlig können entwickelt und ihre Bestimmung hier auf Erden kann erfüllet werden«. Sie imaginierte eine Weltbürgergesellschaft, in der bürgerliche Freiheiten zum Besitz aller Menschen geworden sind und es endlich Schluss ist mit dem großen Narrenspiel auf der Weltbühne, das durch Ehrsucht, Herrschsucht oder Habsucht, durch Torheit und Zerstörungswut bestimmt ist. In seiner Pädagogik hat Kant diese menschheitsgeschichtliche Perspektive auf den Erziehungsprozess übertragen. Er skizzierte den Plan für eine wissenschaftlich begründete Erziehungskunst, die nicht durch gegenwärtige, widrige Verhältnisse bestimmt wird. Es komme vielmehr darauf an, dass die Kinder »dem zukünftig möglich bessern Zustande des menschlichen Geschlechts, das ist: der Idee der Menschheit, und deren ganzer Bestimmung angemessen, erzogen werden. Die Anlage zu einem Erziehungsplane muß kosmopolitisch gemacht werden. Und ist dann das Weltbeste eine Idee, die uns in unserm Privatbesten kann schädlich sein? Niemals!«

Erziehung zur Freiheit. In der Einleitung von *Immanuel Kant über Pädagogik* ist zu lesen: »Eines der größesten Probleme der Erziehung ist, wie man die Unterwerfung unter den gesetzlichen Zwang mit der Fähigkeit, sich seiner Freiheit zu bedienen, vereinigen könne. Denn Zwang ist nötig! Wie kultiviere ich die Freiheit bei dem Zwange? Ich soll meinen Zögling gewöhnen, einen Zwang seiner Freiheit zu dulden, und soll ihn selbst zugleich anführen, seine Freiheit gut zu gebrauchen.«

Mehrfach ist von Kommentatoren oder Kritikern festgestellt worden, dass Kants pädagogisches Programm unbefriedigendwidersprüchlich, paradox oder antinomisch sei. Es widerstreite sich selbst, weil es zugleich auf Freiheit und Zwang setze. Deshalb könne es unmöglich befolgt werden und verstricke Lehrer und Lernende in eine Verwirrung, so dass sie sich nicht auskennen können und nicht wissen, was sie tun sollen. Kants Pädagogik leide an einem performativen Widerspruch und sei so paradox wie die Aufforderung: »Sei spontan!« Denn wer dem Befehl folgt, der Spontaneität fordert, handelt ja gerade nicht spontan, sondern nur nach Vorschrift.

Kant selbst hat den Widerstreit zwischen Zwang und Freiheit nicht als unauflösbare Paradoxie oder Antinomie gesehen. Er sprach nur von »einem der größten Probleme der Erziehung« und bot dafür eine reflektierte Problemlösung an. Er unterschied zwei Formen der Freiheit: eine ursprünglich undisziplinierte, wilde und rohe Willkür-Freiheit, die auch im neugeborenen Menschen wie ein blinder Naturtrieb wirksam ist; und eine disziplinierte und kultivierte Willens- und Handlungsfreiheit, die überlegt oder vernünftig gebraucht werden kann. Auch sie ist als Naturanlage in jedem Menschen angelegt. Aber sie lässt sich nicht durch Dressur, Abrichtung oder mechanischen Unterricht entwickeln. Sie muss »aufgeklärt« werden. Als Philosoph der Aufklärung versuchte Kant klar zu machen, was den Menschen als solchen auszeichnet. Und als Lehrer der Aufklärung engagierte er sich für eine Pädagogik, die das Kind von Anfang an als vernunftfähiges Lebewesen respektiert und in seiner Entwicklung zur Mündigkeit anleitet. Selbst seine ersten, noch unmündigen Lebensphasen der physischen Versorgung und der praktischen Disziplinierung müssen im Licht von menschlicher Freiheit und Vernunft gesehen werden, die ihm wesentlich zu eigen sind.

Kant hat die Spannung zwischen Freiheit und Zwang als eines der größten Probleme der Erziehung behandelt, das es zu lösen galt. Aber er gab auch zu bedenken, dass der ganze Erziehungsprozess selbst, wenn man ihn in seiner geschichtlichen Dimension betrachtet, als solcher hochproblematisch ist. Er ist die größte Herausforderung schlechthin. Denn wenn der Mensch nur Mensch werden kann durch Erziehung, und wenn man reiflich überdenkt, »daß der Mensch nur durch Menschen erzogen wird, durch Menschen, die ebenfalls erzogen sind«, dann wird man finden, »daß dieses sehr schwer sei. Daher ist die Erziehung das größeste Problem, und das schwerste, was dem Menschen kann aufgegeben werden. Denn Einsicht hängt von der Erziehung, und Erziehung hängt wieder von der Einsicht ab. Daher kann die Erziehung auch nur nach und nach einen Schritt vorwärts tun, und nur dadurch, daß eine Generation ihre Erfahrungen und Kenntnisse der folgenden überliefert, diese wieder etwas hinzu tut, und es so der folgenden übergibt, kann ein richtiger Begriff von der Erziehungsart entspringen.«

Es war Immanuel Kants große Aufgabe, an dieser Entwicklung in doppelter Hinsicht teilzunehmen. Zum einen bemühte er sich, der Pädagogik eine philosophische Grundlegung zu bieten. Was er *Über Pädagogik* dachte, vortrug oder schrieb, konnte nicht im Rahmen von reinen Erziehungsfragen bleiben, die eine didaktisch umsetzbare Antwort forderten. Kant musste sich auf das weite Feld der philosophischen Anthropologie, der reinen praktischen Vernunft und der Geschichtsphilosophie begeben, um dort zu finden, was in pädagogischer Hinsicht bedeutsam oder wegweisend sein konnte. Zum anderen wollte er damit seinen eigenen Beitrag zur Erziehung der Erzieher liefern. Er wollte ihnen eine philosophische Einsicht bieten, die sie bei ihrer schwierigen, verantwortungsvollen pädagogischen Arbeit anleiten konnte, und sei es auch nur, um den Mut aufzubringen, den ersten Schritt vorwärts zu wagen.

Sexualerziehung und Geschlechterdifferenz. Zum Schluss von *Immanuel Kant über Pädagogik* hat der Herausgeber Friedrich Theodor Rink noch einige Bemerkungen Kants referiert, »die vorzüglich von der Jugend, bei ihrem Eintritte in die Jünglingsjahre, sollten beachtet werden«. Sie betrafen, neben den Hinweisen auf die sozialen Unterschiede zwischen den Ständen und die herrschende Ungleichheit der Menschen, den »Unterschied des Geschlechts«. Vor allem über die Sexualität hätte er gern die Decke eines Geheimnisses gelegt, »als wäre diese Sache etwas, das dem Menschen nicht ganz anständig, und bloß Bedürfnis der Tierheit in dem Menschen ist«. Kant erkannte zwar an, dass auch der

Mensch ein Geschöpf der Natur ist, und dass die menschliche Geschlechtsneigung zur natürlichen, angeborenen Triebkraft des Menschen gehört. Mit dem »Instinkt zum Geschlecht« sorgt die Natur für die Erhaltung der Gattung Mensch. Mehr wollte er dazu eigentlich nicht sagen. Denn wichtiger war ihm die Einsicht, dass der Mensch aus der Vormundschaft der Natur in den Stand der Freiheit versetzt worden ist, aus dem Gängelwagen des Instinkts zur Leitung der Vernunft.

Gern hätte Kant über die sexuellen Beziehungen zwischen Mann und Frau geschwiegen. Aber in pädagogischer Hinsicht musste er sich dazu äußern, wenn er seinen Anspruch auf Aufklärung erfüllen wollte. »Es ist also unmöglich, den Jüngling hier in der Unwissenheit, und in der Unschuld, die mit ihr verbunden ist, zu bewahren. Durch Schweigen macht man das Übel nur noch ärger. Dieses ist die Erziehung unserer Vorfahren. Bei der Erziehung in neuern Zeiten nimmt man richtig an, daß man unverhohlen, deutlich und bestimmt mit dem Jünglinge davon reden müsse.« Vor allem die lustvolle Selbstbefriedigung der jungen Männer, die mit dem Beginn ihrer Pubertät besonders dringlich werde, war ein delikater Punkt, den es sensibel und »mit würdigem Ernst« zu behandeln galt. Und so wich Kant lieber in eine allgemeine Empfehlung aus, die mehr mit Sittlichkeit, Kultivierung und Wertschätzung zu tun hat, als mit den Anstoß erregenden Tatsachen des Triebschicksals: »Der Jüngling lerne frühzeitig, eine anständige Achtung vor dem andern Geschlechte hegen, sich dagegen, durch lasterfreie Tätigkeit, desselben Achtung erwerben, und so dem hohen Preise einer glücklichen Ehe entgegenstreben.«

Kants Schlussbemerkungen sollten zwar bevorzugt »von der Jugend« beachtet werden. Aber auffällig ist, dass er die Jugend sofort auf »die Jünglinge« eingegrenzt hat. Mädchen oder Frauen wurden nur als »das andere Geschlecht« thematisiert, wobei Kant sich auf die Geschlechterdifferenz bezog, die er zum ersten Mal, nach seinem Rousseau-Erlebnis von 1762, in seinen

Beobachtungen über das Gefühl des Schönen und Erhabenen typisiert hatte: »Von dem Unterschiede des Erhabenen und Schönen in dem Gegenverhältnisse beider Geschlechter«. Zwar sollten auch Männer weibliche Eigenschaften besitzen können und die Frauen männliche, aber für beide ließen sich dennoch phänotypische Eigenarten feststellen. Während Kant die Frauen, dem Zeitgeist entsprechend, als das »*schöne* Geschlecht« charakterisierte, das in körperlicher, empfindsamer, moralischer und ästhetischer Hinsicht zum Schönen neige, dränge es den Mann zum *Erhabenen*, das sich in körperlicher Stärke, beruflichem Erfolgsstreben, sexuellem Drang und geistiger Tiefe manifestiere. Beide zusammen, im ehelichen Leben als vereinigtes Paar gleichsam eine einzige moralische Peron ausmachend, befolgen die Zwecke der Natur, und es wäre Kant zufolge läppisch oder Ausdruck eines plumpen Geschmacks, in einem solchen Verhältnis einen Vorzugsstreit anzuzetteln.

Kant hat seine Unterscheidung der Geschlechter nicht diskriminierend gemeint. Es ging ihm nicht um Besseres und Schlechteres, Herrschende und Unterdrückte, Hochschätzung und Abwertung. Vieles davon mag heute zwar als antiquiert erscheinen oder als Zeichen einer binären chauvinistischen Überspitzung. Bemerkenswert sind jedenfalls die beiden pädagogischen Konsequenzen, die Kant bereits aus seinen frühen Gefühls-Beobachtungen der Geschlechterdifferenz gezogen hat.

Zum einen: Zwar habe die Frau ebenso Verstand wie der Mann, nur sei es »ein *schöner* Verstand, der zu seinen Gegenständen alles wählt, was mit dem feinern Gefühl nahe verwandt ist, und überlässt abstrakte Spekulationen oder Kenntnisse, die nützlich aber trocken sind, dem emsigen, gründlichen und tiefen Verstande«. Die Weltweisheit der Frau sei nicht Vernünfteln, sondern Empfinden, nicht mühsames Studieren oder Grübeln, sondern verfeinerter Geschmack und moralische Sensibilität. Das sei jedoch kein Mangel, sondern von großem Nutzen, nicht zuletzt für den Mann. Denn es sei vor allem die Frau, die zur Kultivierung des Mannes beitrage und ihn durch ihre Charaktereigenschaft aus seiner männlichen Grobheit oder Einfalt befreien könne. Und sie biete auch für seine sittliche Moralisierung eine wichtige Anregung, die nicht hoch genug geschätzt werden könne.

Zum andern: Wenn man die Geschlechterdifferenz ernst nimmt, müssen auch Erziehungsmaßnahmen und Unterrichtsformen darauf Rücksicht nehmen. Sie werden umso erfolgreicher und gewinnbringender sein können, je mehr sie die emotionalen Fähigkeiten oder Dispositionen der Lernenden berücksichtigen. Sie sollten also nicht nur nützliche Kenntnisse vermitteln und den Verstand schulen, sondern auch die feineren Gefühle zu entwickeln und das moralische Bewusstsein zu sensibilisieren helfen. Deshalb hat Kant den »Unterschied des Geschlechts« mit einem schwierigen pädagogischen Anspruch verknüpft: »Niemals ein kalter und spekulativer Unterricht, jederzeit Empfindungen und zwar die so nahe wie möglich bei ihrem Geschlechtsverhältnisse bleiben. Diese Unterweisung ist darum so selten, weil sie Talente, Erfahrenheit und ein Herz voll Gefühl erfordert.«

Es ist Kant vorgeworfen worden, dass seine Pädagogik bevorzugt auf männliche Kinder und Jugendliche ausgerichtet war. Doch das lässt sich streng genommen nur im Hinblick auf seinen kleinen Beitrag zur Sexualerziehung feststellen, in deren Fokus die »Jünglingsjahre« des Mannes im erotisch aufgeladenen Spannungsfeld der Geschlechterdifferenz standen. Denn in all seinen pädagogisch relevanten Schriften ist immer von der Erziehung des Menschen die Rede, von Jugendlichen und Kindern, von der Bestimmung des Menschen und einer allgemeinen Geschichte in weltbürgerlicher Absicht. Es wird kein Zufall gewesen sein, dass Kant dabei nicht auf die Verschiedenheit der Geschlechter eingegangen ist, im Gegenteil. Denn seine philosophisch-pädagogische Konzentration auf »den Menschen« widersprach ja mit Absicht den realen gesellschaftlichen Verhältnissen, in denen schulische Bildung und universitäres Studium bevorzugt für männliche Kinder und Jugendliche reserviert waren. Selbst das Dessauer Philanthropin, das Kant als Musteranstalt für eine Erziehung im Geist der Aufklärung anpries, bildete in dieser Hinsicht keine Ausnahme – wenn man einmal davon absieht, dass der innovative Schulleiter Basedow dort im Jahr 1776 seine damals erst siebenjährige Tochter Emilie beim öffentlichen Schulexamen auftreten ließ, wo sie, einem weiblichen Wunderkind gleich, mit größeren Kenntnissen brillierte als die Jungen.

Bis über die Mitte des 18. Jahrhunderts hinaus war Mädchenerziehung im Grunde ausschließlich eine häusliche Angelegenheit. Erst ab den 1780er Jahren wurden an verschiedenen Orten Deutschlands Mädchenschulen gegründet, und es dauerte noch mehr als ein Jahrhundert, bis jungen Frauen der Zugang zur Universität eröffnet wurde. Jedenfalls kann als sicher gelten, dass Kant dem weiblichen Geschlecht das volle Recht auf Mündigkeit und Freiheit zugestand. In seiner *Beantwortung der Frage: Was ist Aufklärung?* hat er 1784 besonders die Frauen aufgefordert, mutig und entschlossen am Prozess der Aufklärung als Ausgang des Menschen aus seiner Unmündigkeit teilzunehmen. Und mit scharfer Ironie kritisierte Kant die männlichen Vormünder, welche »die Oberaufsicht über sie gütigst auf sich genommen haben. Nachdem sie ihr Hausvieh zuerst dumm gemacht haben, und sorgfältig verhüteten, daß diese ruhigen Geschöpfe ja keinen Schritt außer dem Gängelwagen, darin sie sie einsperrten, wagen dürften: so zeigen sie ihnen nachher die Gefahr, die ihnen drohet, wenn sie es versuchen, allein zu gehen.« Kants Erziehung zur Freiheit war für alle Menschen gedacht, »nachdem sie von der Natur längst von fremder Leitung frei gesprochen (naturaliter maiorennes)« worden waren, auch wenn sie immer wieder durch gesellschaftliche Machtverhältnisse und patriarchalische Herrschaft daran gehindert werden, dieses natürliche Recht der Mündigkeit für sich in Anspruch zu nehmen.

IMMANUEL KANT

ÜBER PÄDAGOGIK.

ANLEITUNG ZUR FREIHEIT

I.

KANTS ERZIEHUNG UND SELBSTBILDUNG. 1724–1761

DIE ERSTEN BIOGRAPHISCHEN DARSTELLUNGEN

LUDWIG ERNST BOROWSKI: DARSTELLUNG DES LEBENS UND CHARAKTERS IMMANUEL KANT'S. 1804

[...] Unser Kant ward zu Königsberg in Preußen 1724 am 22. April geboren. Von dem Orte der Geburt, von unsern Eltern, von der Schule, die man besucht, von manchen äußern, oft ganz unbedeutend scheinenden Umständen, unter welchen man aufwuchs, von unsern frühern Lehrern und Mitschülern u. dgl. hängt größtenteils die ganze Richtung ab, die unsre Denk- und Verfahrensart unser ganzes Leben hindurch nimmt. Ob dies der Fall auch bei Kant war, wird sich gleich zeigen. – Der Vater unsers Weltweisen war ein sehr rechtschaffener Bürger unsers Orts, der seinem Sohn zwar keine eigne Beihilfe, um dessen Verstand auszubilden, geben konnte, der aber des offnen geraden Verstandes völlig genug hatte, um für diesen fremde und gute Beihilfe aufzusuchen und auch Willigkeit, dazu einen solchen Kostenaufwand zu machen, als sein Handwerk (er war ein Sattlermeister, in der sogenannten Sattlergasse wohnhaft) ihm zuließ. Seine Mutter hatte einen mehr ausgezeichneten Charakter. Bei einem richtigen Verstande – empfindungsvoll, – zum Aufschwunge zu warmen Gefühlen im Christentum geneigt, – durch den damals unter uns viel geltenden Pietismus für förmliche Betstunden, die sie strenge beobachtete und dazu sie auch ihre Kinder anhielt, gestimmet –, eine unablässige Zuhörerin und herzliche Anhängerin des sel. Dr. Franz Albert *Schultz*, der gerade damals der Kaltblütigkeit der Orthodoxen, die diese gegen tätiges, eifriges Christentum ihm zu beweisen schienen (sie kämpften wirklich nur immer für Rechtgläubigkeit und hatten damit alle Hände voll zu tun) – durch Anempfehlung festgesetzter Betstunden, der Aufsuchung des Bekehrungstermins, des Kampfs bis zum Durchbruche u. f. entgegen ging, obwohl er sonst ein sehr kluger, vortrefflicher Kopf und ein durchaus rechtschaffener Mann war. Von diesen Eltern bekam K[ant] seine früheste Bildung. Der Vater – drang auf einen fleißigen und durchaus redlich denkenden Sohn; die Mutter wollte in ihm auch einen – frommen Sohn, nach dem Schema, das sie sich von Frömmigkeit machte, haben. Der Vater forderte Arbeit und Ehrlichkeit, besonders Vermeidung jeder Lüge; – die Mutter auch noch *Heiligkeit* dazu. So wuchs K[ant] vor ihren Augen auf, bei dem gerade das, was ich eben von seiner Mutter erzählte, dahin gewirkt haben mag, in seiner Moral eine unerbittliche Strenge, wie ganz recht ist, zu beweisen und das Prinzip der Heiligkeit hoch aufzustellen, das bei seiner Unerreichbarkeit uns die Gewißheit einer andern Welt zusichert. Diese Forderung seiner reinen praktischen Vernunft, heilig zu sein, war schon sehr frühe die Forderung seiner guten Mutter an ihn selbst.

Mir ist K[ant] – aber auch in einem ähnlichen Grade sind mir seine Eltern ehrwürdig. Wie oft hab' ich es aus seinem Munde gehöret: »Nie, auch nicht ein einzigesmal hab' ich von meinen Eltern irgend etwas Unanständiges anhören dürfen, nie etwas Unwürdiges gesehen.« Er gesteht selbst, daß vielleicht nur wenigen Kindern, besonders in diesem unsern Zeitalter der Rückblick auf ihre Eltern in der Folge, so wohltuend sein dürfte, als er ihm immer war und noch ist. Er genoß die Aufsicht derselben lange genug, um über das Ganze ihrer Denkart richtig urteilen zu können. Seine Schwestern waren alle jünger – und sein einziger Bruder bezog erst die Universität, da unser K[ant] Lehrer auf derselben ward.

Bei der Anhänglichkeit seiner Mutter an D. Schultz, der Direktor des Collegium Fridericianum war, und bei dem Rufe, den diese Erziehungsanstalt damals aller Orten hatte, daß in ihr nicht nur geschickte, sondern auch fromme Jünglinge durch *Schiffert*, der Inspektor war, durch *Rau*, *Steinkopf* u. a.m gebildet würden, war es wohl ganz natürlich, daß K[ant], der anwachsende Knabe, nicht irgend einer andern öffentlichen Schule, sondern gerade dieser anvertrauet ward. Er trat 1732 in sie ein und besuchte sie bis ins Jahr 1740, da er um Michaelis auf die Universität kam. Unter der Anführung eines vorzüglichen Lehrers, des guten *Heydenreich*, dessen Kenntnisse und Unterricht alle seine Schüler dankvoll ehreten, war K. besonders auf der ersten Klasse dieser Friedrichsschule zu dem Studium der römischen Klassiker so initiiert, daß Liebe für diese ihm immer eingedrückt blieb. [...]

K[ant] kam, wie gesagt, 1740 auf die hiesige Universität. Martin *Knutzen*, durch mehrere zu seiner Zeit wohl aufgenommene Schriften rühmlichst bekannt, ward gleich am Anfange der akademischen Laufbahn der Lehrer, an den sich Kant vorzüglich anknüpfte. Seinem Unterricht in Philosophie und Mathematik wohnte er unausgesetzt bei. Außer diesem hörte er die Vorlesungen des Prof. der Physik, Kons.-R. *Teske*, eines gelehrten und überaus wackern Mannes. Dieser gab nachher bei der Magisterpromotion unsers K[ant], da er der philosophischen Fakultät eine Probeschrift von der Elastizität eingereicht hatte, das ihm rühmliche Zeugnis, daß er selbst vieles aus diesem Spezimen gelernt hätte. – Späterhin hörte er die Vorträge des schon oben erwähnten D. Schulz über Dogmatik unausgesetzt; wiederholte auch diese und die philosophischen Kollegia, um des Gelderwerbs willen mit andern Studierenden, die etwa nicht so gut vorbereitet, als er, auf die Universität gekommen waren. –

Aber sein Knutzen galt ihm doch vor allen Lehrern am meisten. Dieser zeichnete ihm und mehreren die Bahn vor, auf der sie nicht Nachbeter, sondern dereinst Selbstdenker werden könnten. – Schade, daß dieser Knutzen durch Ungerechtigkeit des Schicksals in seinem Vaterlande kein glücklicheres Los fand. Er starb 1756 als extraordinärer Professor der Philosophie – obgleich allgemein verehrt und geliebt von dem großen Kreise seiner Schüler, die, so wie K[ant], ihm den größten Teil ihrer philosophischen und mathematischen Kenntnisse verdankten. Wie außerordentlich tätig unser K[ant] in diesen Fächern, in dem ersten Quinquennium seines akademischen Lebens gewesen, beweist wohl am unwidersprechlichsten sein 1746 schon herausgegebenes ausführliches Werk von der Schätzung der lebendigen Kräfte u. f., davon hernach noch Rede sein wird. Unter seinen Kommilitonen waren *Wlömer*, der nochmalige Geh. Finanzrat; dann *Heilsberg*, hiesiger Kriegs- und Domänenrat und *Trummer*, D. Medic diejenigen, mit welchen er näher umging und sich Stunden der Erholung erlaubte.

K[ant] ward durch die Lage seiner Umstände genötiget, Hauslehrer erst in einem Predigerhause außer Königsberg zu werden; dann führte er einen jungen von Hülsen aus Arnsdorf, auch einige Zeit hindurch einen Grafen von Kaiserlingk. Der stille ländliche Aufenthalt diente ihm zur Förderung seines Fleißes. Da wurden schon in seinem Kopfe die Grundlinien zu so manchen Untersuchungen gezogen, manches auch beinahe vollständig ausgearbeitet, womit er, wie wir weiter unten anzeigen werden, in den Jahren 1754 u. f. zur Überraschung vieler, die das von ihm, wenigstens nicht in dem Maße erwartet hatten, aus einmal und schnell aufeinander hervortrat. Da sammelte er sich in seinen Miszellaneen aus allen Fächern der Gelehrsamkeit das, was ihm fürs menschliche Wissen irgend erheblich zu sein schien – und denkt heute noch mit vieler Zufriedenheit an diese Jahre seines ländlichen Aufenthalts und Fleißes zurück.

Unser K[ant] bestimmte sich, da er das dreißigste Jahr zurückgelegt hatte, immer eigentlicher dem Dienste der Universität. Um die gesammelten Kenntnisse für die Jünglinge, die auf derselben leben, nützlich anwenden zu können, suchte er die Magisterwürde. Ganz gerne hätte die philosophische Fakultät sie ihm schon sechs Jahre früher erteilt. Nach dem gewöhnlichen Examen ward er 1755 am 12. Juni öffentlich promoviert. Es war, ich erinnere rnich's noch lebhaft, bei dem Promotionsakt ein seltener Zusammenfluß von hiesigen angesehenen und gelehrten Männern und bei der lateinischen Rede, die K[ant] nach der Promotion hielt, legte das ganze Auditorium durch ausgezeichnete Stille und Aufmerksamkeit die Achtung an den Tag, mit der es den angehenden Magister aufnahm. Er disputierte am 27. Sept. desselben Jahres mit Beifall, fing bald darauf an, seine Vorlesungen über Logik nach *Meier*; – über Metaphysik zuerst nach *Baumeister*, dann nach dem gründlichern, aber schwerern *Baumgarten*; – über Physik nach *Eberhard*; über Mathematik nach *Wolf* zu halten; stellte auch Disputierübungen mit seinen Schülern an und ein ganz geräumiger Hörsaal faßte gleich am Anfange die Menge nicht ganz, die ihm zuströmte. Er war auch schon damals der äußerst drückenden Armut (von der *Denina* spricht, der überhaupt von vielem spricht, das er nicht recht weiß) nicht ausgesetzt, wohnte ganz anständig und lebte, zwar nicht das Leben des, der Überfluß – aber doch eines Mannes, der für seinen Bedarf völlig genug hat, der keines, als seiner selbst bedurfte, den außerdem viele suchten und gerne in ihren Häusern und an ihrem Tische bei sich hatten, nicht etwa um seinen Hunger zu stillen, sondern weil er – Kant – war. Am liebsten und öftersten befand er sich in den damaligen Jahren bei dem, auch von Denina namentlich angeführten englischen Kaufmanne *Green*. – Zu jenen oben angezeigten Vorlesungen tat er in der Folge nach Vorträge über Naturrecht, Moral, natürliche Theologie, späterhin über Anthropologie und physische Geographie hinzu. Sein Lehrerfleiß ward von den Aufsehern und Lehrern der Universität ganz anerkannt, und doch blieb er 15 Jahre hindurch Magister, ohne zum Professor aufsteigen zu können. Er suchte im April 1756 nach Knutzens Tode in dessen Stelle zu der extraordinären Profession der Philosophie zu kommen. Es war ohne Erfolg, denn man hatte damals bei Hofe die Idee, die Art Professuren eingehen zu lassen. [...]

Als Lehrer der ihm zuströmenden Jünglinge auf unsrer Universität, was war da das hervorstechendste Prinzip, nach welchem Kant handelte? Hier kann ich mich auf mehrere Tausende berufen. Kein anderes als Pünktlichkeit und die gewissenhafteste Treue. Daß um seiner Autorschaft oder um Spazierreisen oder andrer Zerstreuungen willen nie eine Vorlesungsstunde versäumt wurde, ist oben schon gesagt. Außer den einmal bestimmten akademischen Ferien ward nie das Lehren ausgesetzt. Bis 1797 hielt er die öffentlichen Vorlesungen mit exemplarischer Treue; die Privatkollegia hatte er schon 1793, weil die Kräfte zu erschöpft waren, um ein paar Stunden nacheinander reden zu können, aufgegeben. Er verwies diejenigen, die noch immer bei ihm Unterricht nachsuchten, an die Professoren Pörschke, Gensichen und M. Jesche. Wie sehr hatte K[ant] durch vorherigen, unablässigen Eifer es verdient, daß ihm dennoch sein Gehalt bis ans Ende ungekürzt gelassen ward!

Ich hörete ihn im Jahre 1755 in seiner ersten Vorlesungsstunde. Er wohnte damals in des Prof. Kypke Hause, auf der Neustadt und hatte hier einen geräumigen Hörsaal, der samt dem Vorhause und der Treppe mit einer beinahe unglaublichen Menge von Studierenden angefüllt war. Dieses schien K. äußerst verlegen zu machen. Er, ungewöhnt der Sache, verlor beinahe die Fassung, sprach leiser noch als gewöhnlich, korrigierte sich selbst oft: aber gerade dieses gab unserer Bewunderung des Mannes, für den wir nun einmal die Präsumtion der umfänglichsten Gelehrsamkeit hatten und der uns hier bloß sehr bescheiden, nicht furchtsam vorkam, nur einen desto lebhafteren Schwung. In der nächstfolgenden Stunde war es schon ganz anders. Sein Vortrag war, wie er's auch in der Folge blieb, nicht allein gründlich, sondern auch freimütig und angenehm. Das Kompendium, welches er etwa zum Grunde legte, befolgte er nie strenge und nur insoferne, daß er seine Belehrungen nach der Ordnung des Autors anreihete. Oft führte ihn die Fülle seiner Kenntnisse auf Abschweifungen, die aber doch immer sehr interessant waren, von der Hauptsache. Wenn er bemerkte, daß er zu weit ausgewichen war, brach er geschwind mit einem »Und so weiter« oder »Und so fortan« ab und kehrte zur Hauptsache zurück. Oft brachte er ein besonderes handschriftliches Heft außer dem Kompendium mit. In diesem hatte er sich Marginalien beigezeichnet. – Freilich war rege Aufmerksamkeit bei seinen Vorträgen nötig. Die manchem Gelehrten ganz eigene Gabe, die vorkommenden Begriffe und Sachen ganz ins klare für jeden zu setzen, sie etwa durch Wiederholung in andern Ausdrücken auch dem versäumtern und zerstreutern Zuhörern doch faßlich zu machen, diesen, nach dem jetzt in Gang gebrachten Ausdrucke, gleichsam *zum Verstehen zu zwingen*, war K[ant] freilich nicht eigen. Es mußte auf alles, wie billig, genau gemerkt werden. – Dem Nachschreiben war er nicht hold. Es störte ihn, wenn er bemerkte, daß das Wichtigere oft übergangen und das Unwichtigere aufs Papier gebracht ward, so wie auch manche andre Kleinigkeit, z. E. eine auffallende Kleidungsart u. dgl. ihn störete. »Sie werden, das wiederholte er seinen Schülern unablässig, bei mir nicht Philosophie lernen, aber – *philosophieren*; nicht Gedanken bloß zum Nachsprechen, sondern *denken*.« Aller Nachbeterei war er herzlich gram. Selten mögen Lehrer so oft und so ernstlich dafür warnen, als Kant tat. Dennoch hat er der Nachbeter seiner Meinungen, ohne diese selbst zu prüfen, vielleicht mehr gehabt, als irgendeiner: gewiß ist es, daß er sie nicht haben *wollte*. Selbst denken – selbst forschen, – auf seinen eigenen Füßen stehen, – waren Ausdrücke, die unablässig wieder vorkamen. Zweifel, die ihm zur Auflösung vorgelegt wurden; Bitten um etwas nähere Auseinandersetzungen nahm er in seinen jüngern Jahren sehr freundlich an. Sonst war seine Vorlesung – freier Diskurs, mit Witz und Laune gewürzt. Oft Zitate und Hinweisungen zu Schriften, die er eben gelesen hatte, bisweilen Anekdoten, die aber immer zur Sache gehörten. Nie habe ich eine Schlüpfrigkeit, durch die wohl mancher andrer Lehrer seinen Vortrag beleben will und gute, wohlgezogene Jünglinge aus seinem Hörsaal wegtreibt, in seinen Vorlesungen gehört. Dieses bezeugen mir auch seine späteren Schüler. Einer von diesen, jetzt ein Mann, gegen den K[ant] bis an sein Ende sehr freundschaftlich dachte, lobte mir in diesen Tagen nur noch, daß K[ant] in seinen Lehrstunden so höchst sorgfältig alles umgangen habe, was irgend der Jugend hätte nachteilig werden können. Z. B. in der physischen Geographie mußte er freilich der aqua tofana erwähnen, aber er verschwieg die Zubereitung und sagte nachher bei Tische: »Es könnte doch irgendeiner einmal davon Gebrauch machen.« Dagegen hörten wir oft väterliche Anmahnungen zum guten moralischen Sinn und Wandel, obwohl er sonst bei Jünglingen eine anständige Freiheit und manche Arten von Vergnügungen wohl begünstigte. Treibhauszucht wollte er, wie aus seiner Anthropologie bekannt ist, bei jungen Leuten nicht angewandt wissen. Oben ist in der Skizze gesagt, was er in jüngern und spätern Jahren aus dem Umfange der Wissenschaften vortrug. Das Zutrauen zu seinen Kenntnissen und der Wunsch, von ihm Unterricht zu erhalten, ging in seinen ersten Magisterjahren so weit, daß man glaubte, er könne und müsse *alles*, was man nur irgend zum Gebiet der sogenannten philosophischen Fakultät rechnet, lehren. So baten ihn einige, besonders kurländische Studierende damals um ein ästhetisches Kollegium und Übungen in Wohlredenheit und im deutschen Stil. Er hätte es gewiß vortrefflich gelesen, aber es lag ihm zu weit aus seinem Wege; er übertrug es aus gutem Zutrauen mir und unter seiner Direktion erteilte ich die beiden Winter 1759 und 1760 hindurch, einem Kreise von 15 bis 18 jungen Leuten, davon einige noch leben, Unterricht dieser

Art. Vierzig Jahre und drüber war er ein durchaus verehrter Lehrer an unserm Orte, dessen Hörsaal man nie leer sah. Viele kamen freilich nur, um sagen zu können, daß sie bei ihm gehört hätten. [...]

REINHOLD BERNHARD JACHMANN: IMMANUEL KANT GESCHILDERT IN BRIEFEN AN EINEN FREUND. 1804

[...] Kant wurde am 22. April 1724 zu Königsberg in Preußen in der vordern Vorstadt, in dem Hause neben der Sattlerstraße, von Eltern aus dem niedern Bürgerstande geboren. Sein Vater war ein Riemermeister, namens Johann George Kant, und seine Mutter hieß Regina Dorothea geb. Reuter. Sein Vater war bei Memel gebürtig und seine Voreltern väterlicher Seite stammten aus Schottland ab. Der Vater seiner Mutter war aus Nürnberg gebürtig. Kants Eltern verehelichten sich im Jahre 1715 und erzeugten sechs Kinder, vier Töchter und zwei Söhne. Das erstgeborne Kind war eine Tochter, die schon in der Jugend starb. Dann wurde unser Weltweise im neunten Jahre der Ehe geboren. Sein Bruder, der vor einigen Jahren als Prediger in Kurland starb und Kinder hinterließ, war der jüngste unter den Geschwistern. Seine Schwestern waren an Kleinbürger in Königsberg verheiratet und leben noch jetzt mit ihren Familien. Seine Mutter starb im Jahre 1737, als Kant dreizehn Jahre alt war, und sein Vater 1746. Von seinem Oheim mütterlicher Seite, einem wohlhabenden Schuhmachermeister, namens Richter, wurde Kant noch bei Lebzeiten seiner Eltern in seinen Studien und nachmals selbst bei seiner Magisterpromotion unterstützt.

Den ersten Unterricht im Lesen und Schreiben genoß er in der Vorstädtischen Hospitalschule; nachher besuchte er das Collegium Fridericianum, dem damals der bekannte Pietist Schiffert als erster Inspektor vorstand; aus welchem er auch im Jahre 1740 auf die Universität dimittiert wurde. Seine Erziehung sowohl im väterlichen Hause, als auch in der Schule war ganz pietistisch.

Kant pflegte dies öfters von sich anzuführen und diese pietistische Erziehung als eine Schutzwehr für Herz und Sitten gegen lasterhafte Eindrücke aus seiner eigenen Erfahrung zu rühmen. Von seinen jugendlichen Lieblingsbeschäftigungen und Spielen ist mir ebensowenig etwas bekannt, als von seiner jugendlichen Gemütsstimmung und herrschenden Neigung. Er muß als Knabe zerstreut und vergeßsam gewesen sein; [...]

Daß Kant in seinen Schuljahren vielen Eifer für Wissenschaften gehabt habe, folgere ich unter andern aus einem Gespräche, welches wir über die Mittel führten, wodurch ein Lehrer sich bei seinen Schülern in Ansehen setzen könne. Er versicherte, daß unter seinen Lehrern, die alle durch Strenge Ruhe und Ordnung in den Klassen zu erhalten suchten und sie bei der schlechten Schuldisziplin doch nicht erhielten, ein Lehrer mit einem gebrechlichen und possierlich gestalteten Körper gewesen wäre, dem er und einige andere Schüler immer sehr viele Aufmerksamkeiten, Folgsamkeit und Achtung bewiesen hätten, weil sie in seinen Lektionen viel hätten lernen können. Schwerlich würde auch der Vater und der Oheim Kants in ihrem Stande ihn zum Studieren bestimmt haben, wenn sie und die Lehrer nicht ausgezeichnete Fähigkeiten und besondere Fortschritte an ihm bemerkt hätten. Höchstwahrscheinlich war der damalige Direktor des Collegii Fridericiani, der berühmte Pietist D. Albert Schulz, der Kants Eltern ihrer Frömmigkeit wegen liebte und unterstützte, die vorzüglichste Veranlassung, daß Kant studierte. Aber gewiß ahnete man damals ebensowenig in ihm den größten Weltweisen seiner Zeit, als man bei dem damaligen Zustande des Schulwesens methodisch auf eine zweckmäßige Ausbildung seines Geistes hinarbeitete. Kant gehörte zu den Menschen, die keiner Erziehung fähig, aber auch keiner bedürftig sind. Er ward alles durch sich selbst.

In meinem vorigen Briefe begleiteten wir unsern Weltweisen bis zur Universität, welche er im Jahre 1740 bezog. Der Professor der Philosophie, welcher wahrscheinlich auf seine Geistesbildung den meisten Einfluß gehabt hat, war damals Knutzen, ein Mann, der sich als Lehrer und als Schriftsteller einen großen Ruf auf der Universität erworben hatte. Was Kant für einen Studienplan befolgte, ist seinen Freunden unbekannt geblieben. Selbst sein einziger mir bekannter akademischer Freund und Duzbruder, der schon längst verstorbene Doktor Trummer in Königsberg, konnte mir darüber keine Auskunft geben. Soviel ist gewiß, daß Kant auf der Universität vorzüglich Humaniora studierte und sich keiner positiven Wissenschaft widmete, besonders hat er sich mit der Mathematik, Philosophie und den lateinischen Klassikern beschäftigt. Er führte noch in seinem hohen Alter öfters Stellen aus dem Horaz und andern lateinischen Dichtern an, welche eine frühe, vertraute Bekanntschaft mit ihnen verrieten, die er auch fortwährend unterhielt.

Nach vollendeten Universitätsjahren nahm Kant eine Hauslehrerstelle bei einem Herrn v. Hüllesen auf Arnsdorf bei Mohrungen an und kehrte nach neun Jahren wieder nach Königsberg zurück. Er pflegte über sein Hofmeisterleben zu scherzen und zu versichern, daß in der Welt vielleicht nie ein schlechterer Hofmeister gewesen wäre als er. Er hielt es für eine große Kunst, sich zweckmäßig mit Kindern zu beschäftigen, und sich zu ihren Begriffen herabzustimmen, aber er erklärte auch, daß es ihm nie möglich gewesen wäre, sich diese Kunst zu eigen zu machen.

Nach seiner Zurückkunft privatisierte Kant in Königsberg, bereitete sich auf ein akademisches Lehramt vor, schrieb sein erstes Werk: Gedanken von der wahren Schätzung der lebendigen

Kräfte, Königsberg 1746, und arbeitete das wichtige Werk: Allgemeine Naturgeschichte und Theorie des Himmels nach Newtonschen Grundsätzen aus, welches er in seinem einunddreißigsten Jahre, in eben dem Jahre herausgab, als er Magister der Philosophie und Privatdozent auf der Universität zu Königsberg wurde. Als Magister schrieb er in einem Zeitraume von fünfzehn Jahren mehrere kleine Schriften, welche alle den originellen Denker verraten, obgleich in ihnen noch die dogmatische Philosophie der damaligen Zeit herrscht und keine Spur des Kritizismus zu finden ist.

In den ersten Jahren seines Privat-Lehramtes auf der Universität war der Erwerb durch seine Vorlesungen sehr klein und er mußte sich oft so sparsam behelfen, daß er über seinen Lebensunterhalt nicht selten in Verlegenheit geriet. Er hatte sich aber 20 Friedrichsd'or gesammelt, die er nie angriff, um bei einer etwaigen Krankheit vor gänzlichem Mangel gesichert zu sein. Um diesen Schatz nicht anzugreifen, sah er sich genötigt, als Magister seine damals ansehnliche und auserlesene Bibliothek nach und nach zu veräußern, weil er einige Jahre hindurch seine dringendsten Bedürfnisse von seinem Verdienst nicht bestreiten konnte. [...]

Kant hat sich durch den charakteristischen Zug aller großen Männer der Welt, durch eine ehrfurchtsvolle Liebe gegen seine Mutter ausgezeichnet, die er auch solange in seinem Herzen nährte, als er sich seiner selbst bewußt war. Es ist um so merkwürdiger, daß der große innere Wert dieser vortrefflichen Frau auf das Herz unsers Weltweisen einen so bleibenden und unvertilgbaren Eindruck gemacht hat, da er doch nur bis zum dreizehnten Jahre ihren lehrreichen Umgang genoß.

»Meine Mutter«, so äußerte sich oft Kant gegen mich, »war eine liebreiche, gefühlvolle, fromme und rechtschaffene Frau und eine zärtliche Mutter, welche ihre Kinder durch fromme Lehren und durch ein tugendhaftes Beispiel zur Gottesfurcht leitete. Sie führte mich oft außerhalb der Stadt, machte mich auf die Werke Gottes aufmerksam, ließ sich mit einem frommen Entzücken über seine Allmacht, Weisheit und Güte aus und drückte in mein Herz eine tiefe Ehrfurcht gegen den Schöpfer aller Dinge. Ich werde meine Mutter nie vergessen, denn sie pflanzte und nährte den ersten Keim des Guten in mir, sie öffnete mein Herz den Eindrücken der Natur; sie weckte und erweiterte meine Begriffe, und ihre Lehren haben einen immerwährenden heilsamen Einfluß auf mein Leben gehabt.«

Wenn der große Mann von seiner Mutter sprach, dann war sein Herz gerührt, dann glänzte sein Auge und jedes seiner Worte war der Ausdruck einer herzlichen und kindlichen Verehrung. [...]

EHREGOTT ANDREAS CHRISTOPH WASIANSKI: IMMANUEL KANT IN SEINEN LETZTEN LEBENSJAHREN. 1804

[...] Seine Eltern waren nicht reich, aber auch durchaus nicht so arm, daß sie Mangel leiden durften; viel weniger, daß Not und Nahrungssorgen sie hätten drücken sollen. Sie verdienten so viel, als sie für ihr Hauswesen und die Erziehung ihrer Kinder nötig hatten. Dem ungeachtet erinnerte sich *Kant* jener, wenn gleich für die damalige Zeit nicht eben so bedeutenden Unterstützung, und der schonenden Delikatesse, mit welcher *Schulz* sie seinen Eltern und ihm, da er auf der Akademie war, zufließen ließ, lobte seinen edlen Charakter, den er schon im Hause seiner Eltern, die *Schulz* oft besuchte, kennen gelernt hatte und verdankte ihm die Empfehlung an seine Eltern: auf die Talente ihres Sohnes aufmerksam zu sein und ihre Ausbildung zu befördern, mit vieler Rührung.

Mit den regesten Gefühlen einer aufrichtigen Verehrung und kindlichen Zärtlichkeit dachte *Kant* an seine Mutter. Ich liefere die Geschichte so, wie ich sie aus einer doppelten Quelle geschöpft habe, teils wie sie mir *Kant* in den Stunden vertrauter Unterhaltung über Familienangelegenheiten, mit Weglassung der Umstände, deren Erwähnung seine Bescheidenheit verbot, erzählte, teils aus dem, was seine jetzt noch lebende Schwester hinzufügte, der die Erzählung der zum Lobe *Kants* gereichenden Umstände eher anstand als ihm. Nach *Kants* Urteil war seine Mutter eine Frau von großem natürlichen Verstande, den ihr Sohn als mütterliches Erbteil von ihr erhielt, einem edlen Herzen und einer echten, durchaus nicht schwärmerischen Religiosität. Mit der innigsten Erkenntlichkeit verdankte *Kant* ihr ganz die erste Bildung seines Charakters und zum Teil die ersten Grundlagen zu dem, was er später wurde. Sie hatte ihre Anlagen selbst nicht vernachlässiget und besaß eine Art von Bildung, die sie wahrscheinlich sich selbst gegeben hatte. Sie schrieb, nach dem wenigen zu urteilen, was ich als Familiennachricht von ihrer Hand aufgezeichnet sah, ziemlich orthographisch. Für ihren Stand und ihr Zeitalter war das viel und selten. Durch *Schulz* aufmerksam gemacht, entdeckte sie auch selbst bald die großen Fähigkeiten ihres Sohnes, die natürlich ihr mütterliches Herz an ihn fesselten und sie veranlaßten, auf seine Erziehung alle nur mögliche Sorgfalt zu verwenden. Da sie eine durchaus rechtliche Frau, ihr Gatte ein redlicher Mann und beide Freunde der Wahrheit waren; da aus ihrem Munde keine einzige Lüge ging; kein Mißverständnis die häusliche Eintracht störte; da endlich keine gegenseitigen Vorwürfe, in Gegenwart der Kinder, die Achtung derselben für ihre gutgesinnten Eltern schwächten: so wirkte dieses gute Beispiel sehr vorteilhaft auf *Kants* Charakter. Keine Fehler der Erziehung erschwerten ihm daher das Geschäft späterer Selbstbildung, die oft unvermögend ist, es gänzlich zu verhindern, daß jene nicht durchschimmern sollten. Seine Mutter nahm früh ihre Pflicht wahr: sie wußte bei ihrem Erziehungsgeschäfte Annehmlichkeiten mit Nutzen zu verbinden, ging mit ihrem Manelchen (so verstümmelte mütterliche Zärtlichkeit den Namen Immanuel, mit dem sein Geburtstag, der 22. April, im Kalender bezeichnet ist), oft ins Freie, sie machte ihn auf die Gegenstände in der Natur und manche Erscheinungen in derselben aufmerksam, lehrte ihn manche nützliche Kräuter kennen, sagte ihm sogar vom Bau des Himmels so viel, als sie selbst wußte, und bewunderte seinen Scharfsinn und seine Fassungskraft. Bei manchen Fragen ihres Sohnes geriet sie dann freilich oft etwas ins Gedränge. Wer aber sollte eine solche Verlegenheit sich nicht sehr gern gewünscht haben? Sobald *Kant* in die Schule ging, noch mehr aber, als er auf der Akademie war, erhielten diese fortgesetzten Spaziergänge eine veränderte Gestalt. Was ihr unerklärbar war, konnte ihr Sohn ihr begreiflich machen. Daher eröffnete sich für diese glückliche Mutter eine doppelte Quelle der Freude: Sie erhielt neue, ihr unbekannte Aufschlüsse, nach denen sie so begierig war; sie erhielt sie von ihrem Sohne und mit denselben zugleich die Beweise seiner schnell gemachten Fortschritte, die ihre Aussichten für die Zukunft ungemein erheiterten. Wahrscheinlich waren bei aller mütterlichen Vorliebe, die die Erwartungen von Kindern so leicht zu vergrößern pflegt, doch dieselben nicht so weit gegangen, als *Kant* sie hernach übertraf, von denen sie aber den Zeitpunkt ihrer Erfüllung nicht erlebte. *Kant* bedauerte ihren Tod mit der liebevollen, zärtlichen Wehmut eines gutartigen und dankbaren Sohnes, und war in seinem letzten Lebensjahre bei der Erzählung der ihn veranlassenden Umstände jedesmal noch innig über ihren, für ihn so frühen Verlust gerührt. [...]

FRIEDRICH THEODOR RINK: ANSICHTEN AUS IMMANUEL KANT'S LEBEN. 1805

Es ist über Kant's väterliche Vorfahren neuerdings so Manches öffentlich erzählt worden, was ich weder zu bestätigen, noch zu widerlegen wage. Daß indessen seine Voreltern ihren Nahmen mit einem C und er selbst erst späterhin ihn mit einem K zu schreiben angefangen, glaube auch ich aus seinem eignen Munde gehört zu haben; ja, wenn man will, könnte dies allenfalls auch als Beweis gelten, daß Ruhnken, vielleicht eben der frühern Gewohnheit wegen, ihn in seinem Briefe *Cantius* nannte und schrieb, es sey denn, daß der Mann aus bloßer Liebe zur Latinität, was ich indeß nicht glaube, das teutsche K dem lateinische C opferte.

Eben so dankbar bewieß sich Kant auch gegen die Anstalt, in der er seinen ersten gelehrten Unterricht erhalten hatte, ich meyne das sogenannte *Collegium Fridericianum* zu Königsberg. Daß er manches an der damahligen Schulmethode in spätern Jahren auszusetzen fand, versteht sich von selbst; aber diese Methode war, was er selbst erkannte, nicht jener Anstalt eigenthümlich, sondern sie hatte dieselbe auch mit den besten Schulen jener Zeit gemein. Freylich wurde auf paränetische und Gebetsstunden vielleicht in der Art zu viel gehalten, daß in dem Herzen des

Knaben das Interesse für Religiosität, durch Gewohnheit, die am Ende immer Erkaltung bewirkt, verkümmert ward; vielleicht suchte man durch eine so peinliche Sorgfalt und Obhuth den Jüngling vor Verführungen sicher zu stellen, ohne in seiner Gutmüthigkeit gehörig darauf zu achten, daß dieser Weg zur Erreichung jener Absicht, nicht immer ein unfehlbarer sey, sondern später oder früher, vermöge des Mangels aller Selbstständigkeit, zur Beförderung der Uebel mitwirken könne, denen man zu begegnen wünscht. Vielleicht traten auch noch manche andre Inconsequenzen und Zweckwidrigkeiten ein, deren Apologeten ich keineswegs abgeben will: genug indessen, Kant gedachte mit Lob der damahligen Verdienste jener Anstalt, und ehrte den liebevollen, wahrhaft väterlichen Sinn, mit dem die Zöglinge in derselben waren behandelt worden, so wie den Ernst, mit welchem man damahls es sich angelegen seyn ließ, durch solide Kenntnisse der Schüler, den billigen und gerechten Anforderungen des Staates und seiner Bürger ein Gnüge zu leisten. Wurden im letztern Falle die Bedürfnisse des Kopfes vollkommener vielleicht befriedigt, als es itzt in mancher gepriesenen Schule geschehen mag, und wirklich geschieht, so eröffnete jene wohlwollende Behandlung der Untergebenen dem Lehrer zugleich einen schönen Einfluß auf die Herzensbildung der Jugend, von dem der poltende Söldner, trotz der Humanität seiner Alten, auch in unsern Tagen noch oft keine Ahndung besitzt.

Es ist so sehr Ton geworden, das, was ehedes war, zu tadeln, und nahmentlich den ältern Zustand des Friedrichs-Collegiums zu Königsberg, in Preußen selbst zu verrufen, daß es bey dem itzt herrschenden Geiste blinder Nachbeterey wohl erlaubt war, den mit unter nicht ganz ungegründeten Vorwürfen, auch die Angabe des wirklich Guten und Verdienstlichen jener Anstalt in frühern Jahren, aus Kant's eignem Munde entgegenzusetzen. Auch Ruhnken, in seinem schon vorhin angeführten Briefe an Kant, übt gleich diesem Gerechtigkeit, wenn er des dort genossenen Unterrichts, der dort erhaltenen Leitung, als einer solchen gedenkt, die, ungeachtet ihrer finstern und ernsten Außenseite, ihm doch in der Art nützlich gewesen sey, daß es ihn derselben gar nicht gereue. Und in der That lieferte das Friedrichs-Collegium Jünglinge, die fortwandelnd auf der ihnen einmal eröffneten Bahn, sich in den verschiedensten Fächern, zu den brauchbarsten Männern ausbildeten, welche nachher nicht in ihrem Vaterlande nur, sondern auch im Auslande glänzten. Unter den ersten will ich hier, außer Kant, nur den verewigten Geheimen Finanzrath Wlömer, einen warmen Busenfreund des Erstern bis zum Grabe hin, und unter den letztern, außer Ruhnken, nur Herdern noch nennen, obwohl ihre Zahl sich ohne Mühe ansehnlich vergrößern ließe.

II.

KANTS ANTHROPOLOGISCH-ETHISCHE WENDE: ERKENNTNIS-INTERESSE AM MENSCHEN. 1762–1780

BEMERKUNGEN ZU DEN »BEOBACHTUNGEN ÜBER DAS GEFÜHL DES SCHÖNEN UND ERHABENEN«. 1762/1764

[...] Ich bin selbst aus Neigung ein Forscher. Ich fühle den gantzen Durst nach Erkentnis u. die begierige Unruhe darin weiter zu kommen oder auch die Zufriedenheit bey jedem Erwerb. Es war eine Zeit da ich glaubte dieses allein könnte die Ehre der Menschheit machen u. ich verachtete den Pöbel der von nichts weis. Rousseau hat mich zurecht gebracht. Dieser verblendende Vorzug verschwindet, ich lerne die Menschen ehren u. ich würde mich unnützer finden wie den gemeinen Arbeiter wenn ich nicht glaubete daß diese Betrachtung allen übrigen einen Werth ertheilen könne, die Rechte der Menschheit herzustellen.

Es ist unnatürlich daß ein Mensch sein Leben großentheils zubringe um einem Kinde zu lehren wie es selbst dereinst leben soll. Dergleichen Hofmeister als Jean Jacques sind demnach gekünstelt. Im einfältigen Zustande wird einem Kinde nur wenig Dienst geleistet; so bald er ein wenig Kräfte hat thut er selbst kleine nützliche Handlungen des erwachsenen wie beym Landmann oder dem Handwerker und lernet allmahlig das übrige.

Es ist indessen geziemend daß ein Mensch sein Leben dazu verwende um so vielen zugleich leben zu lehren daß die Aufopferung seines eigenen dagegen nicht zu achten ist. Schulen sind daher nöthig. Damit sie aber möglich werden muß man Emile ziehen. Es wäre zu wünschen daß Rousseau zeigete wie daraus Schulen entspringen können. Prediger auf dem Lande könnten dieses mit ihren eigenen Kindern u. der Nachbarn ihren anfangen.

Einer der größesten Schaden der Wissenschaften ist daß sie so viel Zeit wegnehmen daß die Jugend vernachläßigt wird in Sitten zweytens daß sie das Gemüth so an die Süßigkeit der Speculation gewohnen daß die gute Handlungen unterbleiben.

Der Erste Eindruck den ein verstandiger Leser der nicht blos aus Eitelkeit oder zur Zeitkürtzung lieset der Schriften des Hn J. J. Rousseau bekömt ist daß er eine ungemeine Scharfsinnigkeit des Geistes einen edlen Schwung des Genies und eine gefühlvolle Seele in so hohem Grade antrift als vielleicht niemals ein Schriftsteller von welchem Zeitalter oder von welchem Volke er auch sey vereinbart mag besessen haben. Der Eindruck der hernachst folgt ist die Befremdung über seltsame u. wiedersinnische Meinungen die demjenigen was allgemein gangbar ist so sehr entgegenstehen daß man leichtlich auf die Vermuthung geräth der Verfasser habe vermoge seiner ausserordentlichen Talente nur die Zauberkraft der Beredsamkeit beweisen und den Sonderling machen wollen welcher durch eine einnehmende neuigkeit unter allen Nebenbuhlern des Witzes hervorsteche.

Man muß die Jugend lehren den gemeinen Verstand in Ehren zu halten aus so wohl moralischen als logischen Gründen.

Der Gehorsam des Kindes gegen die Eltern gründet sich nicht 1. auf Dankbarkeit, 2. nicht darauf daß sie sich nicht selbst erhalten können denn das wäre auf den Nutzen gegründet sondern weil sie keinen eignen completen willen haben u. es gut ist durch den willen anderer dirigirt zu werden. Da sie aber so fern eine Sache der Eltern sehn weil sie nur durch ihre Willkühr leben so ist es moralisch gut von ihnen regirt zu werden. Können sie sich selbst ernähren so hört der gehorsam auf.

Es gehört eine sehr große Kunst dazu bey den Kindern das Lügen zu verhüten. Denn da sie viel zu lüstern u. viel zu schwach sind abschlägige Antworten oder Strafen auszuhalten so haben sie so sehr starke anreitzungen zu lügen als die Alten niemals haben. Vornehmlich da sie sich selbst nichts verschaffen können wie die Alten sondern alles von der Art abhängt wie sie etwas vorstellen nach der neigung die sie an andern merken. Man muß sie daher nur über das Strafen was sie gar nicht läugnen können u. ihnen nicht um vorgewandter Gründe willen etwas bewilligen.

Kan wohl etwas verkehrter seyn als den Kindern die kaum in diese Welt treten gleich von der andern etwas vorzureden. [...]

JOHANN GOTTFRIED HERDER STUDIERT BEI KANT. 1762–1764

Ich habe das Glück genoßen, einen Philosophen zu kennen, der mein Lehrer war. Er in seinen blühendsten Jahren hatte die fröhliche Munterkeit eines Jünglinges, die, wie ich glaube, ihn auch in sein greisestes Alter begleitet. Seine offne, zum Denken gebauete Stirn war ein Sitz unzerstörbarer Heiterkeit und Freude; die Gedankenreichste Rede floß von seinen Lippen; Scherz und Witz und Laune standen ihm zu Gebot, und sein lehrender Vortrag war der unterhaltendste Umgang. Mit eben dem Geist, mit dem er *Leibnitz, Wolf, Baumgarten, Crusius, Hume* prüfte, und die Naturgesetze *Keplers, Newtons,* der *Physiker* verfolgte, nahm er auch die damals erscheinenden Schriften *Roußeaus's*, seinen *Emil* und seine *Heloise*, so wie jede ihm bekannt gewordene Natur-Entdeckung auf, würdigte sie, und kam immer zurück auf unbefangene *Känntniß der Natur* und auf *moralischen Werth des Menschen*. Menschen = Völker = Naturgeschichten, Naturlehre, Mathematik und Erfahrung, waren die Quellen, aus denen er seinen Vortrag und Umgang belebte; nichts Wißenswürdiges war ihm gleichgültig; keine Kabale, keine Sekte, kein Vortheil, kein Namen-Ehrgeiz hatte je für ihn den mindesten Reiz gegen die Erweiterung und Aufhellung der Wahrheit. Er munterte auf, und zwang angenehm zum *Selbstdenken*; Despotismus war seinem Gemüth fremde. Dieser Mann, den ich mit größester Dankbarkeit und Hochachtung nenne, ist *Immanuel Kant*; sein Bild steht angenehm vor mir. […]

Mit dankbarer Freude erinnere ich mich aus meinen Jugendjahren der Bekanntschaft und des Unterrichts eines Philosophen, der mir ein wahrer *Lehrer der Humanität* war. Damals in seinen blühendsten Jahren hatte er die fröliche Munterkeit eines Jünglings, die, wie ich glaube, ihn in sein greisestes Alter begleiten wird. Seine offne, zum Denken gebauete Stirn war der Sitz der Heiterkeit; und die Gedankenreichste, angenehmste Rede floß von seinem gesprächigen Munde. Scherz, Witz und Laune standen ihm zu Gebot; immer aber zu rechter Zeit, und also daß wenn jedermann lachte, er dabei ernst blieb. Sein öffentlicher Vortrag war wie ein unterhaltender Umgang; er sprach über seinen Autor, dachte aus sich selbst, oft über ihn hinaus; nie aber habe ich in den drei Jahren, da ich ihn täglich und über alle Philosophische Wißenschaften gehört, den kleinsten Zug der Arroganz an ihm bemerket. Er hatte einen Gegner, der ihn widerlegt haben wollte, und an den Er nie dachte; eine seiner Schriften, die um den Preis gestritten, und ihn [im höchsten Grad] sehr verdient hatte, bekam nur das accessit, welche Nachricht er [ohne Verziehung einer Gebehrde] mit der heitern Erklärung empfing, daß ihm nur um die Bekanntmachung seiner Sätze durch eine Akademie, mit nichten aber am Preise gelegen wäre. Ich habe seine Urtheile über *Leibnitz, Newton, Wolf, Crusius, Baumgarten, Helvetius, Hume, Roußeau*, deren einige damals neuere Schriftsteller waren, von ihm gehört, den Gebrauch den er von ihnen machte, bemerkt, und nichts anderen als [den edelsten] einen edlen Eifer für die Wahrheit, den schönsten Enthusiasmus für wichtige Entdeckungen zum Besten der Menschheit, die Neidloseste, nur aus sich wirkende Nacheiferung alles Großen und Guten in ihm gefunden. Er wußte von keiner Kabale; der Parthei- und Sectengeist war ihm ganz fremde; sich Jünger zu erwerben, oder gar seinen Namen einer Jüngerschaft zu geben, war nicht der Kranz, wornach er strebte. Seine Philosophie weckte das eigne Denken auf, und ich kann mir beinah nichts Erleseners und Wirksameres hiezu vorstellen, als sein Vortrag war; seine Gedanken schienen eben jetzt in ihm zu entspriessen, man mußte mit ihm fortdenken; vom Dictiren, Dociren und Dogmatisieren wußte er nichts. Naturgeschichte und Naturlehre, Menschen und Völkergeschichte, Mathematik und Erfahrung waren seine Lieblingsquellen des menschlichen Wißens, aus denen er schöpfte, aus denen er alles belebte. Auf sie wieß er zurück; seine Seele lebte in der Gesellschaft, und noch erinnere ich mich der freundschaftlichen Worte, die er mir darüber beim Abschiede sagte – Dieser Mann, m. Fr., hieß *Immanuel Kant*; so steht sein Bild vor mir.

PRAKTISCHE PHILOSOPHIE HERDER. SOMMERSEMESTER 1764

[...] Man muß nicht blos Mensch, sondern auch Geschlecht und im Geschlecht, Alter betrachten Kindheit, Mündigkeit, Männlichkeit – Alter, Abnehmend Kindheit infans, puer bei den Alten: uberhaupt, daß der Mensch blos leidend leben, blos von andern sich unterhalten; (daher sind Weiber stets Kinder, und viele Männer auch) 1) weil die Organe noch nicht ausgebildet sind 2) Verstand noch nicht; dort nicht Kraft, hier nicht Mittel. Unsere Kindheit ist länger als bei den Wilden denn die bilden eher aus 1) die Organe 2) Verstand; jenes durch Uebung, dies durch Erfahrung – das gesellige Leben hat die Tüchtigkeit jeder einzelnen Person sehr zu Grunde gerichtet; insondernheit bei uns; so wie Bücher das Gedächtniß, und Pulver Tapferkeit zu Grunde gerichtet. Zwar bekomt der gesellschaftliche Mensch mehr allgemeine Begriffe, aber diese sind nicht Verstand; sondern blos Phantasie; nicht Erfahrungsurteile, sondern Vernunfturteile, diese sind fremd künstlich unbrauchbar: – der natürliche Mensch hat mehr Verstand und wenig und späte Vernunft, der gesittete Mensch hat viel Vernunft und wenig Verstand; zur Selbsterhaltung gehört aber nicht Vernunft, sondern Verstand; über das, was unmittelbar in meinen Erfahrungen ist: und da ist der Wilde nicht lange Kind. Wie kann die Natur den Menschen zum Narren gemacht haben, daß wenn sich die Triebe zum Weibe (Mannlichkeit) entwickeln, bei uns man noch ein Kind ist; nach der Natur ist man alsdenn schon machtig; – man muß ein Kind nicht als Jüngling erziehen, sondern als Kind; da ich die Natur nicht ändern kann; und dies durch eigne Erfahrung; nicht durch erzalung andern, dieß macht sehr abhängig und oft falsch. Unsere Erziehung ist also bei uns negativ, die Vernunftbegriffe zu removiren (bei dem Wilden dies nicht nothig, der sie nicht hat) Daher 1) nicht Abstrakte Begriffe 2) Begriff der Sittlichkeit, der sich auf Freiheit gründet, und diese fuhlt nicht das Kind. Verbindlichkeit komt blos dem zu, der sich complet eigen ist, und das ist blos in den Jahren der Selbsterhaltung etc. Gehorsam nicht; sondern das Gesez der Nothwendigkeit. Daher 1) mit Kindern nicht vernünfteln; über warum? denn es hangt absolut von mir ab. So bald es wächst; so entwickelt sich die Freiheit Gradweise und ich muß 2) das Gesez der Nothwendigkeit nicht so ausbreiten, daß es sehen kann, es geschehe alles aus Kaprice: blos wegen des Gesez der Nothwendigkeit; – sondern deutlich und ohne Pardon, ohne Ausnahme; – Seine Freiheit einzuschränken ist sehr schwer.

NACHRICHT VON DER EINRICHTUNG SEINER VORLESUNG IN DEM WINTERHALBENJAHRE 1765–1766

Alle Unterweisungen der Jugend hat dieses Beschwerliche an sich, daß man genötigt ist, mit der Einsicht den Jahren vorzueilen, und, ohne die Reife des Verstandes abzuwarten, solche Erkenntnisse erteilen soll, die nach der natürlichen Ordnung nur von einer geübteren und versuchten Vernunft könnten begriffen werden. Daher entspringen die ewige Vorurteile der Schulen, welche harnäckichter und öfters abgeschmackter sind als die gemeinen, und die frühkluge Geschwätzigkeit junger Denker, die blinder ist, als irgend ein anderer Eigendünkel und unheilbarer als die Unwissenheit. Gleichwohl ist diese Beschwerlichkeit nicht gänzlich zu vermeiden, weil in dem Zeitalter einer sehr ausgeschmückten bürgerlichen Verfassung die feinere Einsichten zu den Mitteln des Fortkommens gehören, und Bedürfnisse werden, die ihrer Natur nach eigentlich nur zur Zierde des Lebens und gleichsam zum Entbehrlichschönen desselben gezählet werden sollten. Indessen ist es möglich, den öffentlichen Unterricht auch in diesem Stücke nach der Natur mehr zu bequemen, wo nicht mit ihr gänzlich einstimmig zu machen. Denn da der natürliche Fortschritt der menschlichen Erkenntnis dieser ist, daß sich zuerst der Verstand ausbildet, indem er durch Erfahrung zu anschauenden Urteilen und durch diese zu Begriffen gelangt, daß darauf diese Begriffe in Verhältnis mit ihren Gründen und Folgen durch Vernunft und endlich in einem wohlgeordneten Ganzen vermittelst der Wissenschaft erkannt werden, so wird die Unterweisung eben denselben Weg zu nehmen haben. Von einem Lehrer wird also erwartet, daß er an seinem Zuhörer erstlich den verständigen, denn den vernünftigen Mann, und endlich den Gelehrten bilde. Ein solches Verfahren hat den Vorteil, daß, wenn der Lehrling gleich niemals zu der letzten Stufe gelangen sollte, wie es gemeiniglich geschieht, er dennoch durch die Unterweisung gewonnen hat, und, wo nicht vor die Schule, doch vor das Leben geübter und klüger geworden.

Wenn man diese Methode umkehrt, so erschnappet der Schüler eine Art von Vernunft, ehe noch der Verstand an ihm ausgebildet wurde, und trägt erborgte Wissenschaft, die an ihm gleichsam nur geklebt und nicht gewachsen ist, wobei seine Gemütsfähigkeit noch so unfruchtbar wie jemals, aber zugleich durch den Wahn von Weisheit viel verderbter geworden ist. Dieses ist die Ursache, weswegen man nicht selten Gelehrte (eigentlich Studierte) antrifft, die wenig Verstand zeigen, und warum die Akademien mehr abgeschmackte Köpfe in die Welt schicken als irgend ein anderer Stand des gemeinen Wesens.

Die Regel des Verhaltens also ist diese: zuvörderst den Verstand zu zeitigen und seinen Wachstum zu beschleunigen, indem man ihn in Erfahrungsurteilen übt und auf dasjenige achtsam macht, was ihm die verglichene Empfindungen seiner Sinne lehren können. Von diesen Urteilen oder Begriffen soll er zu den höheren und entlegnern keinen kühnen Schwung unternehmen, sondern dahin durch den natürlichen und gebähnten Fußsteig der niedrigern Begriffe gelangen, die ihn allgemach weiter führen; alles aber derjenigen Verstandesfähigkeit gemäß, welche die vorhergehende Übung in ihm notwendig hat hervorbringen müssen, und nicht nach derjenigen, die der Lehrer an sich selbsten wahrnimmt, oder wahrzunehmen glaubt, und die er auch bei seinem Zuhörer fälschlich voraussetzt. Kurz, er soll nicht Gedanken sondern denken lernen; man soll ihn nicht tragen sondern leiten, wenn man will, daß er in Zukunft von sich selbsten zu gehen geschickt sein soll.

Eine solche Lehrart erfordert die der Weltweisheit eigene Natur. Da diese aber eigentlich nur eine Beschäftigung vor des Mannesalter ist, so ist kein Wunder, daß sich Schwierigkeiten hervortun, wenn man sie der ungeübteren Jugendfähigkeit bequemen will. Der den Schulunterweisungen entlassene Jüngling war gewohnt zu lernen. Nunmehro denkt er, er werde Philosophie lernen, welches aber unmöglich ist, denn er soll jetzt philosophieren lernen. Ich will mich deutlicher erklären. Alle Wissenschaften, die man im eigentlichen Verstande lernen kann, lassen sich auf zwei Gattungen bringen: die historische und mathematische. Zu den erstern gehören, außer der eigentlichen Geschichte, auch die Naturbeschreibungen, Sprachkunde, das positive Recht etc. etc. Da nun in allem, was historisch ist, eigene Erfahrung oder fremder Zeugnis, in dem aber, was mathematisch ist, die Augenscheinlichkeit der Begriffe und die Unfehlbarkeit der Demonstration etwas ausmachen, was in der Tat gegeben und mithin vorrätig und gleichsam nur aufzunehmen ist: so ist es in beiden möglich zu lernen, d. i. entweder in das Gedächtnis, oder den Verstand dasjenige einzudrücken, was als eine schon fertige Disziplin uns vorgeleget werden kann. Um also auch Philosophie zu lernen, müßte allererst eine würklich vorhanden sein. Man müßte ein Buch vorzeigen und sagen können: sehet, hie ist Weisheit und zuverlässige Einsicht; lernet es verstehen und fassen, bauet künftighin darauf, so seid ihr Philosophen: bis man mir nun ein solches Buch der Weltweisheit zeigen wird, worauf ich mich berufen kann, wie etwa auf den Polyb, um einen Umstand der Geschichte, oder auf den Euklides, um einen Satz der Größenlehre zu erläutern, so erlaube man mir zu sagen: daß man des Zutrauens des gemeinen Wesens mißbrauche, wenn man, anstatt die Verstandesfähigkeit der anvertrauten Jugend zu erweitern, und sie zu künftig reifern eigenen Einsicht auszubilden, sie mit einer, dem Vorgeben nach, schon fertigen Weltweisheit hintergeht, die ihnen zu gute von andern ausgedacht wäre, woraus ein Blendwerk von Wissenschaft entspringt, das nur an einem gewissen Orte und unter gewissen Leuten vor echte Münze gilt, allerwärts sonsten aber verrufen ist. Die eigentümliche Methode des Unterrichts in der Weltweisheit ist zetetisch, wie sie einige Alten nannten (von ζητειν), d. i. forschend und wird nur bei schon geübterer Vernunft in verschiedenen Stücken dogmatisch, d. i. entschieden. Auch soll der philosophische Verfasser, den man etwa bei der Unterweisung zum Grunde legt, nicht wie das Urbild des Urteils, sondern nur als eine Veranlassung, selbst über ihn, ja so gar wider ihn zu urteilen, angesehen werden, und die Methode, selbst nachzudenken und zu schließen, ist es, deren Fertigkeit der Lehrlinge eigentlich sucht, die ihm auch nur allein nützlich sein kann, und wovon die etwa zugleich erworbene entschiedene Einsichten als zufällige Folgen angesehen werden müssen, zu deren reichem Überflusse er nur die fruchtbare Wurzel in sich zu pflanzen hat.

Vergleichet man hiemit das davon so sehr abweichende gemeine Verfahren, so lässet sich verschiedenes begreifen, was sonsten befremdlich in die Augen fällt. Als z. E. warum es keine Art Gelehrsamkeit vom Handwerke gibt, darin so viele Meister angetroffen werden, als in der Philosophie, und, da viele von denen, welche Geschichte, Rechtsgelahrtheit, Mathematik u. d. m. gelernet haben, sich selbst bescheiden, daß sie gleichwohl noch nicht gnug gelernet hätten, um solche wiederum zu lehren, warum andererseits sollten einer ist, der sich nicht in allem Ernste einbilden sollte, daß, außer seiner übrigen Beschäftigung, es ihm ganz möglich wäre, etwa Logik, Moral u. d. g. vorzutragen, wenn er sich mit solchen Kleinigkeiten bemengen wollte. Die Ursache ist, weil in jenen Wissenschaften ein gemeinschaftlicher Maßstab da ist, in dieser aber ein jeder seinen eigenen hat. Imgleichen wird man deutlich einsehen, daß es der Philosophie sehr unnatürlich sei, eine Brotkunst zu sein, indem es ihrer wesentlichen Beschaffenheit widerstreitet, sich dem Wahne der Nachfrage und dem Gesetze der Mode zu bequemen, und daß nur die Notdurft, deren Gewalt noch über die Philosophie ist, sie nötigen kann, sich in die Form des gemeinen Beifalls zu schmiegen.

Diejenige Wissenschaften, welche ich in dem jetzt angefangenen halben Jahre durch Privatvorlesungen vorzutragen und völlig abzuhandeln gedenke, sind folgende:

1. Metaphysik. Ich habe in einer kurzen und eilfertig abgefaßten Schrift zu zeigen gesucht: daß diese Wissenschaft, unerachtet der großen Bemühungen der Gelehrten um deswillen noch so unvollkommen und unsicher sei, weil man das eigentümliche Verfahren derselben verkannt hat, indem es nicht synthetisch, wie das von der Mathematik, sondern analytisch ist. Diesem zufolge ist das Einfache und Allgemeinste in der Größenlehre auch das Leichteste, in der Hauptwissenschaft aber das Schwereste, in jener muß es seiner Natur nach zuerst, in dieser zuletzt vorkommen. In jener fängt man die Doktrin mit den Definitionen an, in dieser endigt man sie mit denselben und so in andern Stükken mehr. Ich habe seit geraumer Zeit nach diesem Entwurfe gearbeitet, und indem mir ein jeglicher Schritt auf diesem Wege die Quellen der Irrthümer und das Richtmaß des Urteils entdeckt hat, wodurch sie einzig und allein vermieden werden können, wenn es jemals möglich ist, sie zu vermeiden: so hoffe ich in kurzem dasjenige vollständig darlegen zu können, was mir zur Grundlegung meines Vortrages in der genannten Wissenschaft dienen kann. Bis dahin aber kann ich sehr wohl durch eine kleine Biegung den Verfasser, dessen Lesebuch ich vornehmlich um des Reichtums und der Präzision seiner Lehrart willen gewählt habe, den A. G. Baumgarten in denselben Weg lenken. Ich fange demnach nach einer kleinen

Einleitung von der empirischen Psychologie an, welche eigentlich die metaphysische Erfahrungswissenschaft vom Menschen ist; denn was den Ausdruck der Seele betrifft, so ist es in dieser Abteilung noch nicht erlaubt zu behaupten, daß er eine habe. Die zweite Abteilung, die von der körperlichen Natur überhaupt handeln soll, entlehne ich aus denen Hauptstücken der Kosmologie, da von der Materie gehandelt wird, die ich gleichwohl durch einige schriftliche Zusätze vollständig machen werde. Da nun in der ersteren Wissenschaft (zu welcher, um der Analogie willen, auch die empirische Zoologie, d. i. die Betrachtung der Tiere hinzugefügt wird) alles Leben, was in unsere Sinne fällt, in der zweiten aber alles Leblose überhaupt erwogen worden, und da alle Dinge der Welt unter diese zwo Klassen gebracht werden können: So schreite ich zu der Ontologie, nämlich zur Wissenschaft von den allgemeinern Eigenschaften aller Dinge, deren Schluß den Unterschied der geistigen und materiellen Wesen, imgleichen beider Verknüpfung oder Trennung, und also die rationale Psychologie enthält. Hier habe ich nunmehro den großen Vorteil, nicht allein den schon geübten Zuhörer in die schwereste unter allen philosophischen Untersuchungen zu führen, sondern auch, indem ich das Abstrakte bei jeglicher Betrachtung in demjenigen Concreto erwäge, welches mir die vorhergegangene Disziplinen an die Hand geben, alles in die größeste Deutlichkeit zu stellen, ohne mir selbst vorzugreifen, d. i. etwas zur Erläuterung anführen zu dürfen, was allererst künftig vorkommen soll, welches der gemeine und unvermeidliche Fehler des synthetischen Vortrages ist. Zuletzt kommt die Betrachtung der Ursache aller Dinge, das ist die Wissenschaft von Gott und der Welt. Ich kann nicht umhin, noch eines Vorteils zu gedenken, der zwar nur auf zufälligen Ursachen beruht, aber gleichwohl nicht gring zu schätzen ist, und den ich aus dieser Methode zu ziehen gedenke. Jedermann weiß, wie eifrig der Anfang der Kollegien von der muntern und unbeständigen Jugend gemacht wird, und wie darauf die Hörsäle allmählich etwas geräumiger werden. Setze ich nun, daß dasjenige, was nicht geschehen soll, gleichwohl alles Erinnerns ungeachtet künftig noch immer geschehen wird: so behält die gedachte Lehrart eine ihr eigene Nutzbarkeit. Denn der Zuhörer, dessen Eifer auch selbst schon gegen das Ende der empirischen Psychologie ausgedunstet wäre (welches doch bei einer solchen Art des Verfahrens kaum zu vermuten ist), würde gleichwohl etwas gehöret haben, was ihm durch seine Leichtigkeit faßlich, durch das Interessante annehmlich, und durch die häufige Fälle der Anwendung im Leben brauchbar wäre; da im Gegenteil, wenn die Ontologie, eine schwer zu fassende Wissenschaft, ihn von der Fortsetzung abgeschreckt hätte, das, was er etwa möchte begriffen haben, ihm zu gar nichts weiterhin nutzen kann.

2. Logik. Von dieser Wissenschaft sind eigentlich zwei Gattungen. Die von der ersten ist eine Kritik und Vorschrift des gesunden Verstandes, so wie derselbe einerseits an die grobe Begriffe und die Unwissenheit, anderer Seits aber an die Wissenschaft und Gelehrsamkeit angrenzt. Die Logik von dieser Art ist es, welche man im Anfange der akademischen Unterweisung aller Philosophie voranschicken soll, gleichsam die Quarantaine (wofern es mir erlaubt ist, mich also auszudrücken), welche der Lehrlinge halten muß, der aus dem Lande des Vorurteils und des Irrtums in das Gebiete der aufgeklärteren Vernunft und der Wissenschaften übergehen will. Die zweite Gattung von Logik ist die Kritik und Vorschrift der eigentlichen Gelehrsamkeit, und kann niemals anders als nach den Wissenschaften, deren Organon sie sein soll, abgehandelt werden, damit das Verfahren regelmäßiger werde, welches man bei der Ausübung gebraucht hat, und die Natur der Disziplin, zusamt den Mitteln ihrer Verbesserung eingesehen werde. Auf solche Weise füge ich zu Ende der Metaphysik eine Betrachtung über die eigentümliche Methode derselben bei, als ein Organon dieser Wissenschaft, welches im Anfange derselben nicht an seiner rechten Stelle sein würde, indem es unmöglich ist, die Re-

geln deutlich zu machen, wenn noch keine Beispiele bei der Hand sind, an welchen man sie in concreto zeigen kann. Der Lehrer muß freilich das Organon vorher inne haben, ehe er die Wissenschaft vorträgt, damit er sich selbst darnach richte, aber dem Zuhörer muß er es niemals anders als zuletzt vortragen. Die Kritik und Vorschrift der gesamten Weltweisheit, als eines Ganzen, diese vollständige Logik, kann also ihren Platz bei der Unterweisung nur am Ende der gesamten Philosophie haben, da die schon erworbene Kenntnisse derselben und die Geschichte der menschlichen Meinungen es einzig und allein möglich machen, Betrachtungen über den Ursprung ihrer Einsichten sowohl, als ihrer Irrtümer anzustellen, und den genauen Grundriß zu entwerfen, nach welchen ein solches Gebäude der Vernunft dauerhaft und regelmäßig soll aufgeführt werden.

Ich werde die Logik von der ersten Art vortragen und zwar nach dem Handbuche des Hrn. Prof. Meier; weil dieser die Grenzen der jetzt gedachten Absichten wohl vor Augen hat, und zugleich Anlaß gibt, neben der Kultur der feineren und gelehrten Vernunft die Bildung des zwar gemeinen aber tätigen und gesunden Verstandes zu begreifen, jene vor das betrachtende, diese vor das tätige und bürgerliche Leben. Wobei zugleich die sehr nahe Verwandtschaft der Materien Anlaß gibt, bei der Kritik der Vernunft einige Blicke auf die Kritik des Geschmacks, d. i. die Ästhetik zu werfen, davon die Regeln der einen jederzeit dazu dienen, die der andern zu erläutern, und ihre Abstechung ein Mittel ist, beide besser zu begreifen.

3. Ethik. Die moralische Weltweisheit hat dieses besondere Schicksal, daß sie, noch eher wie die Metaphysik, den Schein der Wissenschaft und einiges Ansehen von Gründlichkeit annimmt, wenn gleich keine von beiden bei ihr anzutreffen ist; wovon die Ursache darinnen liegt: daß die Unterscheidung des Guten und Bösen in den Handlungen, und das Urteil über die sittliche Rechtmäßigkeit, gerade zu und ohne den Umschweif

der Beweise von dem menschlichen Herzen durch dasjenige, was man Sentiment nennet, leicht und richtig erkannt werden kann; daher, weil die Frage mehrenteils schon vor den Vernunftgründen entschieden ist, welches in der Metaphysik sich nicht so verhält, kein Wunder ist, daß man sich nicht sonderlich schwierig bezeigt, Gründe, die nur einigen Schein der Tüchtigkeit haben, als tauglich durchgehen zu lassen. Um deswillen ist nichts gemeiner, als der Titel eines Moralphilosophen, und nichts seltener, als einen solchen Namen zu verdienen.

Ich werde vor jetzt die allgemeine praktische Weltweisheit und die Tugendlehre, beide nach Baumgarten vortragen. Die Versuche des Shaftesbury, Hutcheson und Hume, welche, obzwar unvollendet und mangelhaft, gleichwohl noch am weitesten in der Aufsuchung der ersten Gründe aller Sittlichkeit gelanget sind, werden diejenige Präzision und Ergänzung erhalten, die ihnen mangelt, und indem ich in der Tugendlehre jederzeit dasjenige historisch und philosophisch erwäge, was geschieht, ehe ich anzeige, was geschehen soll, so werde ich die Methode deutlich machen, nach welcher man den Menschen studieren muß; nicht allein denjenigen, der durch die veränderliche Gestalt, welche ihm sein zufälliger Zustand eindrückt, entstellt, und als ein solcher selbst Philosophen fast jederzeit verkannt worden; sondern die Natur des Menschen, die immer bleibt, und deren eigentümliche Stelle in der Schöpfung, damit man wisse, welche Vollkommenheit ihm im Stande der rohen, und welche im Stande der weisen Einfalt angemessen sei, was dagegen die Vorschrift des Verhaltens sei, wenn er, indem er aus beiderlei Grenzen herausgeht, die höchste Stufe der physischen oder moralischen Vortrefflichkeit zu berühren trachtet, aber von beiden mehr oder weniger abweicht. Diese Methode der sittlichen Untersuchung ist eine schöne Entdeckung unserer Zeiten, und ist, wenn man sie in ihrem völligen Plane erwägt, den Alten gänzlich unbekannt gewesen.

4. Physische Geographie. Als ich gleich zu Anfange meiner

akademischen Unterweisung erkannte: daß eine große Vernachlässigung der studierenden Jugend vornehmlich darin bestehe, daß sie frühe vernünfteln lernet, ohne gnugsame historische Kenntnisse, welche die Stelle der Erfahrenheit vertreten können, zu besitzen: so faßte ich den Anschlag, die Historie von dem jetzigen Zustande der Erde, oder die Geographie im weitesten Verstande zu einem angenehmen und leichten Inbegriff desjenigen zu machen, was sie zu einer praktischen Vernunft vorbereiten und dienen könnte, die Lust rege zu machen, die darinnen angefangene Kenntnisse immer mehr auszubreiten. Ich nannte eine solche Disziplin, von demjenigen Teile, worauf damals mein vornehmstes Augenmerk gerichtet war: physische Geographie. Seitdem habe ich diesen Entwurf allmählich erweitert, und jetzt gedenke ich, indem ich diejenige Abteilung mehr zusammenziehe, welche auf die physische Merkwürdigkeiten der Erde geht, Zeit zu gewinnen, um den Vortrag über die andern Teile derselben, die noch gemeinnütziger sind, weiter auszubreiten. Diese Disziplin wird also eine physisch-moralisch- und politische Geographie sein, worin zuerst die Merkwürdigkeiten der Natur durch ihre drei Reiche angezeigt werden, aber mit der Auswahl derjenigen unter unzählig andern, welche sich durch den Reiz ihrer Seltenheit, oder auch durch den Einfluß, welchen sie vermittelst des Handels und der Gewerbe auf die Staaten haben, vornehmlich der allgemeinen Wißbegierde darbieten. Dieser Teil, welcher zugleich die natürliche Verhältnis aller Länder und Meere und den Grund ihrer Verknüpfung enthält, ist das eigentliche Fundament aller Geschichte, ohne welche sie von Märchenerzählungen wenig unterschieden ist; die zweite Abteilung betrachtet den Menschen nach der Mannigfaltigkeit seiner natürlichen Eigenschaften und dem Unterschiede desjenigen, was an ihm moralisch ist, auf der ganzen Erde; eine sehr wichtige und eben so reizende Betrachtung, ohne welche man schwerlich allgemeine Urteile vom Menschen fällen kann, und wo die unter einander und mit dem moralischen Zustande älterer Zeiten geschehene Vergleichung uns eine große Karte des menschlichen Geschlechts vor Augen legt. Zuletzt wird dasjenige, was als eine Folge aus der Wechselwirkung beider vorher erzählten Kräfte angesehen werden kann, nämlich der Zustand der Staaten und Völkerschaften auf der Erde erwogen, nicht sowohl wie er auf den zufälligen Ursachen der Unternehmung und des Schicksales einzelner Menschen, als etwa der Regierungsfolge, den Eroberungen oder Staatsränken beruhet, sondern in Verhältnis auf das, was beständiger ist, und den entfernten Grund von jenen enthält, nämlich die Lage ihrer Länder, die Produkte, Sitten, Gewerbe, Handlung und Bevölkerung. Selbst die Verjüngung, wenn ich es so nennen soll, einer Wissenschaft von so weitläuftigen Aussichten nach einem kleineren Maßstabe hat ihren großen Nutzen, indem dadurch allein die Einheit der Erkenntnis, ohne welche alles Wissen nur Stückwerk ist, erlanget wird. Darf ich nicht auch in einem geselligen Jahrhunderte, als das jetzige ist, den Vorrat, den eine große Mannigfaltigkeit angenehmer und belehrender Kenntnisse von leichter Faßlichkeit zum Unterhalt des Umganges darbietet, unter die Nutzen rechnen, welchen vor Augen zu haben es vor die Wissenschaft keine Erniedrigung ist? Zum wenigsten kann es einem Gelehrten nicht angenehm sein, sich öfters in der Verlegenheit zu sehen, worin sich der Redner Isokrates befand, welcher, als man ihn in einer Gesellschaft aufmunterte, doch auch etwas zu sprechen, sagen mußte: was ich weiß schickt sich nicht, und was sich schickt weiß ich nicht.

Dieses ist die kurze Anzeige der Beschäftigungen, welche ich vor das angefangene halbe Jahr der Akademie widme, und die ich nur darum nötig zu sein erachtet, damit man sich einigen Begriff von der Lehrart machen könne, worin ich jetzo einige Veränderung zu treffen nützlich gefunden habe. Mihi sic usus est: Tibi, quod opus est facto, face. Terentius.

VORLESUNG ANTHROPOLOGIE FRIEDLÄNDER. WINTERSEMESTER 1775/76

VON DER ERZIEHUNG

Ueber die Erziehung sind schon viele Vorschläge und Schriften von Philosophen vorhanden, man hat sich Mühe gegeben zu untersuchen, worinn der Hauptbegrif der Erziehung bestehe. Die jetzigen Basedowschen Anstalten sind die ersten, die nach dem vollkommenen Plan geschehen sind. Dieses ist das größte Phaenomen, was in diesem Jahrhundert zur Verbeßerung der Vollkommenheit der Menschheit erschienen ist, dadurch werden alle Schulen in der Welt eine andere Form bekommen, dadurch wird das menschliche Geschlecht aus dem Schulzwange gezogen, es ist zugleich eine Pflantzschule vieler Lehrmeister. Es belohnt sich also der Mühe einige Betrachtungen *darüber zu* verlieren.

Die Erziehung wird eingetheilt in die Erziehung der Menschen als Kinder und in die Erziehung derselben als Jünglinge. Die Erziehung der Kinder kann in 4 Epochen eingetheilt werden, dahin gehört die Entwickelung der Natur, die Leitung der Freiheit, die Unterweisung des Verstandes, und die Entwickelung der Vernunft und des Charackters. Was die Entwickelung der Natur betrift, so frägt es sich: wie soll das Kind gezogen werden, daß sich seine Natur entwickelt. Dieses fängt schon von der Geburt an, und sind medicinische Betrachtungen. Viele laßen sich auch durch Philosophie beurtheilen. Es muß mit gehöriger Gesundheit gezogen werden, mit dem gehörigen Gebrauch seiner Kräfte und sinnlichen Organen, mit Munterkeit, Geschäftigkeit und Stärcke, mit Freiheit zu spielen und sich zu bewegen, man muß ihm Gelegenheit geben sich abzuhärten und Beschwerlichkeiten auszustehen. In Ansehung der Leitung der Freiheit ist zu mercken: der Mensch ist von Natur wild und roh, also muß er disciplinirt werden. Der Mensch will von Natur seinem Sinn und seinen Neigungen folgen. Das erste Schreien des Kindes ist ein Schreien der Noth, wenn es aber älter wird, und sieht das sein Schreien Effect hat, daß man ihm alles zu Gefallen thut, um nur das Schreien zu verhüten, so bedient es sich dieses Mittels bey jeder Gelegenheit um zu verhüten, daß man ihm nichts abschlägt, und dadurch wird es frühzeitig angewöhnt zu tyrannisiren und zu commandiren, woraus hernach Bosheit und erhitzter Zorn entspringt. Die Disciplin muß also früh anfangen, und kann erst nur negativ seyn. Man muß auf keine Weise einem Kinde das zugestehen, was es durchaus haben will, man muß sich an sein Geschrey nicht kehren, es muß doch einmal aufhören zu schreien. Man muß ihm alles abschlagen, und seinen Willen also discipliniren. In Ansehung der Unterweisung des Verstandes ist zu mercken, daß der Verstand auch disciplinirt werden muß, so wie der Wille. Die Erziehung des Verstandes kann negativ seyn, wenn man die eindringenden Irrthümer vom Verstande abzuhalten sucht. Dieses ist der Plan des Rousseau, der ein feiner Diogenes ist und die Vollkommenheiten in der Einfalt der Natur setzt, und also die Erziehung negativ seyn muß. Allein die Disciplin des Verstandes kann auch eine positive Unterweisung des Verstandes seyn. Kein Thier braucht Unterweisung, sondern was es thun soll, das thut es aus Instinct. Der Mensch aber, der Verstand hat, muß unterwiesen werden. Bey rohen Menschen darf die Unterweisung *nur* klein seyn, weil sie nur wenig Bedürfniße haben, je größer aber der Luxus ist, desto mehr muß man unterwiesen werden. Die geschickte Manier der positiven Unterweisung ist, daß man frühe und auf eine leichte Art die Sprachen *erlerne*, und damit nicht lange nach der grammaticalischen Methode gequält werde, damit man hernach Zeit gewinne seinen Fleiß auf andere Sachen zu verwenden. Durch eine gute Manier kann ein Kind im 12ten Jahr die Sprachen so erlernet haben, daß es dieselben so spricht als die Muttersprache, davon ist das Basedowsche Philantropin ein Beyspiel. In Ansehung der Ausbildung der Vernunft und des Charackters ist darauf zu sehen, daß das Kind alles aus Gründen erkenne, und aus Grundsätzen handele. Es soll in den Erkenntnißen Vernunft, und in den Gesinnungen Charackter haben. Hier muß die Erziehung dreien Stücken angemeßen seyn, der Natur, dem gemeinen Wesen und der Gesellschaft. Man muß in der Erziehung nicht den Jahren voreilen, sondern den Jahren gemäß in der Erziehung verfahren.

Die Jugend Jahre müßen nicht aufgeopfert werden, um den Nutzen des männlichen Alters zu erreichen. Man muß der Jugend die Ergötzlichkeiten nicht nehmen, man muß ihnen die Kenntniße die sie als Männer haben sollen, nicht zu früh beybringen, damit sie viel Wißenschaft auskramen, und auf den Examinibus prangen können. Dadurch verlieren sie die Jugend Jahre, um nur das Alter zu genießen. Das Kind muß frey erzogen werden, aber so daß es andere frey läßt, und bey der Freiheit sich selbst nicht nachtheilig wird. Die Freiheit ist die einzige Bedingung, wo der Mensch aus eigener Gesinnung was gutes thun kann, wer ein Sklav ist, der thut nichts von sich selbst, als aus Gehorsam und nicht aus eigener Gesinnung. Das Kind kann also frey seyn, aber dergestalt, daß es andere auch frey läßt, wenn es dahero unruhig ist, so ist es nicht frey. Es muß frey das Ansehen und die Gewalt der Gesetze kennen lernen, es muß bey aller Freiheit gehorchen lernen, und sich der Ordnung passiv unterwerfen z. E. den Observanzen und Gebräuchen der Schule und des Hauswesens. Gewöhnt es sich an die Gesetze, so kann es mit dem gemeinen Wesen in Harmonie stehen. Das Kind muß die Schwäche die es als Kind hat, empfinden, es muß nicht gebieterisch werden, und einen Vorzug vor andern suchen, es muß von keinem Vorzuge wißen, als den ein großer vor einem Kleinen und schwachen hat; das ist schon eine schlechte Erziehung, wenn Kinder wegen ihres Verstandes Vorzüge vor andern suchen, und großen Leuten, die bey den Eltern in diensten stehen, auch zu gebieten das Recht zu haben glauben, und sie wohl gar noch schlagen, wenn sie dieses thun, so müßen sie von derselben Person wieder zurückgeschlagen werden. *Wenn sie nun sehen werden*, daß sie nichts mit Gewalt bekommen, so werden sie sich aufs Bitten legen, und von jedem das erbitten, was sie haben wollen, denn wird es ihnen nicht in den Kopf kommen zu fordern. Sie müßen genügsam abgehärtet, fröhlichen Geistes, wacker, rüstig und geschäftig erzogen werden. Es ist sehr leicht ein Kind gnügsam zu erziehen. Kuchen, Milch und weißes Brod sind schon Delicatessen für daßelbe. Die Weichlichkeit ist ihnen sehr schädlich. Damit sie abgehärtet werden, muß man sie ohne Mützen gehen, und bey Regen, Schnee und Kälte ausgehen laßen. Locke will haben, daß sie solche Schuhe tragen sollen, die Waßer ziehen. Sie müßen mit Lust unaufhörlich thätig seyn. Wenn sie also wacker erzogen sind, so sind sie so erzogen, wie es Rousseau haben will. Wenn sein Kind mit aller Sorgfalt erzogen ist, so ist es nicht anders als was man sonst für einen Gassenjungen hält. Rousseau sagt: es wird keiner als ein wackerer Mann erzogen, wenn er nicht vorher gantz roh als ein Gaßen Jung erzogen ist. Die Delicatesse der feinen Manier lernt sich hernach von selbst, wenn nur der Charackter vorher ausgebildet ist. Jetzt aber werden die Kinder schon von Jugend auf geputzt, und gantz tändelnd erzogen, man lehrt sie alle feine Manieren und Complimente in Gesellschaft anzubringen, giebt ihnen auch wohl noch Uhren und Dose in der Tasche, so lernen sie galant in der menschlichen Gesellschaft zu erscheinen, wo weder ihre Vernunft noch ihr Charackter ausgebildet ist. Durch solche Weiblichkeiten bekommen sie niedrige kleine Seelen, und sind zu nichts erhabenem und großmüthigem fähig. Das Kind muß nicht gezwungen werden, sich zu verstellen und zu affectiren. Dieses geschieht dadurch, wenn man ihm Dinge aufträgt, wozu es gar keine Neigung hat Z. E. man zwingt es andächtig zu seyn, da ihnen nun nicht so zu Muthe seyn kann, so verstellen sie sich, und ihr Charackter wird dadurch corrumpirt. *Im Sprechen* muß man sie angewöhnen Wahrhaftigkeit zu beweisen. Dieses geschieht dadurch, daß man es ihnen nicht nothwendig macht zu lügen, und ihnen lieber ihre Fehler verzeiht, damit sie selbige hernach nicht zu verheelen suchen. Man muß bey jeder Lüge, die sie begehen, Abscheu blicken laßen, und sie nur bey diesem einzigen beschämen, ja es scheint, daß die Schamhaftigkeit deswegen von Gott in uns gelegt ist, daß sie ein Verrath der Lüge seyn soll, denn sonst hat sie gar keinen Nutzen als diesen. Laßt uns also selbige auch hiezu gebrauchen. Bey keiner anderen Gelegenheit muß man ein Kind roth machen, und es beschämen, denn dadurch werden die Kinder bey jeder Gelegenheit schamhaft und verlegen seyn, sie werden dadurch mehr über die Beschämung als über die Ursache derselben in Verlegenheit gerathen. Wenn sie sich also Z. E. auflehnen, oder in den Zähnen päckern, oder sich entblößen, so kann man ihnen gantz kalt sagen, das sollen sie nicht thun, es sey nicht gebräuchlich, und da müßen sie gehorchen, aber beschämen muß man sie darüber nicht, denn sie sehen die Ursache nicht ein, warum sie sich darüber schämen sollen, wie es denn auch würcklich ist. Wenn aber das Kind lügt, so muß man es so beschämen und so verachten, als wenn sich kein Mensch mit ihm abgeben wollte, und es nicht werth hält, daß man mit ihm redet. Man muß es so ansehen, als ob man sich für ihn scheut, als wenn es mit Koth beworfen wäre, und dieses oft wiederhohlt, so wird ihm die Lüge im Halse stecken bleiben, er wird es niemals wieder thun, und bleibt ein ehrlicher Mann zeitlebens.

Man suche ferner den Wahn der Meinung abzuhalten, daß er nicht durch die Meinung abgehalten werde, was zu thun oder zu unterlaßen, sondern nach Beschaffenheit der Sache. Die Meinung anderer von ihm selber muß ihm nicht gleichgültig seyn, also muß Anständigkeit in ihm anfangen würcklich zu seyn. *Würde es ihm gleichgültig seyn*, so würde er sich nicht so führen, daß er andern wohlgefällt. Ferner muß das Kind zur Menschlichkeit angehalten werden, daß es nicht Thiere quäle, denn dieses macht harte Seelen, *und* daß es auch Menschlichkeit gegen andere auszuüben bereit sey; das letzte ist, daß *es* das Recht der Menschen hochachten lerne, und die Würde der Menschheit in seiner Person. Dieses sind die zwey Stücke in der Welt, die heilig sind. Das Wort Recht muß bey ihm so viel bedeuten, als eine Mauer, die nicht zu ersteigen ist, und als ein Ocean der nicht zu erreichen ist. Hat ein Mensch Recht, so muß er sich nicht unterstehen einen Finger dagegen zu heben. Das Achten der Würde der Menschheit in seiner Person ist der letzte Grad der Education, und grenzt schon an *das* Jünglings Alter.

Als Jüngling muß seine Unterweisung positiv seyn. Er muß erstlich Pflichten erkennen die er hat in Ansehung des menschlichen Geschlechts und denn Pflichten, die er in der bürgerlichen Ordnung hat; da muß er zwey Stücke beobachten: Gehorsam und Achtung fürs Gesetz. Der Gehorsam muß nicht sklavisch seyn, sondern aus Achtung fürs Gesetz. Denn muß er vorbereitet werden zur Ehrliebe und zum Verdienst in Ansehung anderer. In Ansehung der Ehrliebe ist die Unterweisung negativ, er muß nur den Werth seiner Person empfinden lernen. Durch Verdienste aber muß er suchen der Ehre würdig zu werden. Endlich muß er lernen in Ansehung der Menschen Pflichten der Großmuth auszuüben. Zuletzt kommt die Religion durch Einsicht wo er das wahre Verhältnis mit Gott einsieht. Hier entsteht die Frage: Zu welcher *Zeit* muß man mit der Religion den Anfang machen? In dem Punckt, da das Kind einsehen kann, daß ein Urheber seyn muß. Wenn die Kinder früher zur

Religion angewöhnt werden, wo sie Gebete nachplaudern lernen, so hat das keinen Effect. Wenn sie dadurch sollten seelig werden, so könnte die Elster, die man auch *lehren* kann nachzureden, auch seelig werden. Wenn sie aber *Ordnung in der Natur und Spuren von einem Urheber einsehen lernen*, denn muß man ihnen sagen, daß ein Urheber ist, und was dieser Urheber haben will, welches sein Wille und sein Gesetz ist, und denn kann man ihm die Danckbarkeit gegen Gott einflößen. Im Anfang kann die Moral nur negativ seyn. Die Kaltsinnigkeit der Menschen in Ansehung der Religion kommt daher, weil sich die Kinder schon von Jugend auf dazu angewöhnt haben, welches ihnen hernach gantz gleichgültig wird, weil sie oft genung vieles davon gehört haben. Je später ihnen solches bekannt gemacht wird, desto größeren Eindruck wird es in ihnen machen.

Ende.

REZENSIONSARTIKEL:

ERSTES STÜCK DES PHILANTHROPINISCHEN ARCHIVS, MITGETHEILT VON VERBRÜDERTEN JUGENDFREUNDEN AN VORMÜNDER DER MENSCHHEIT, BESONDERS WELCHE EINE SCHULVERBESSERUNG BEGINNEN, UND AN VÄTER UND MÜTTER, WELCHE KINDER INS DESSAUISCHE PHILANTHROPIN SENDEN WOLLEN. 1776

Niemals ist wohl eine billigere Forderung an das menschliche Geschlecht gethan und niemals ein so großer und sich selbst ausbreitender Nutze dafür uneigennützig angeboten worden, als es hier von Herren Basedow geschieht, der sich sammt seinen ruhmwürdigen Mitgehülfen hiemit der Wohlfahrt und Verbesserung der Menschen feierlich geweiht hat. Das, woran gute und schlechte Köpfe Jahrhunderte hindurch gebrütet haben, was aber ohne den feurigen und standhaften Eifer eines einzigen einsehenden und rüstigen Mannes noch eben so viel Jahrhunderte in dem Schooße frommer Wünsche würde geblieben sein, nämlich die ächte, der Natur sowohl als allen bürgerlichen Zwecken angemessene Erziehungsanstalt, das steht jetzt mit seinen unerwartet schnellen Wirkungen wirklich da und fordert fremde Beihülfe auf, nur um sich, so wie sie jetzt da ist, zu erweitern, ihren Samen über andere Länder auszustreuen und ihre Gattung zu verewigen. Denn darin hat das, was nur die Entwickelung der in der Menschheit liegenden natürlichen Anlagen ist, einerlei Eigenschaft mit der allgemeinen Mutter Natur: daß sie ihre Samen nicht ausgehen läßt, sondern sich selbst vervielfältigt und ihre Gattung erhält. Jedem gemeinen Wesen, jedem einzelnen Weltbürgern ist unendlich daran gelegen, eine Anstalt kennen zu lernen, wodurch eine ganz neue Ordnung menschlicher Dinge anhebt (man kann sich von derselben in diesem Archiv und der Basedow'schen Schrift: Für Kosmopoliten Etwas zu lesen etc. etc. belehren), und die, wenn sie schnell ausgebreitet wird, eine so große und so weit hinaussehende Reform im Privatleben sowohl, als im bürgerlichen Wesen hervorbringen muß, als man sich bei flüchtigem Blick nicht leicht vorstellen möchte. Um deswillen ist es auch der eigentliche Beruf jedes Menschenfreundes, diesen noch zarten Keim, so viel an ihm ist, mit Sorgfalt zu pflegen, zu beschützen, oder ihn wenigstens dem Schutze derer, die mit einem guten Willen das Vermögen verbinden Gutes zu thun, unablässig zu empfehlen; denn wenn er, wie der glückliche Anfang hoffen läßt, einmal zum vollständigen Wachsthume gelangt sein wird, so werden die Früchte derselben sich bald in alle Länder und bis zur spätesten Nachkommenschaft verbreiten. Der 13te Mai ist in dieser Absicht ein wichtiger Tag. Auf denselben ladet der seiner Sache gewisse Mann die gelehrteste und einsehendste Männer benachbarter Städte und Universitäten zum Schauen desjenigen ein, was sie bloßen Erzählungen zu glauben schwerlich würden bewogen werden können. Das Gute hat eine unwiderstehliche Gewalt, wenn es angeschauet wird. Die Stimme verdienstvoller und beglaubigter Deputirter der Menschheit (wovon wir eine gute Anzahl zu diesem Congresse wünschen) müßte die Aufmerksamkeit Europens auf das, was sie so nahe angeht, nothwendig rege machen und es zur thätigen Theilnehmung an einer so gemeinnützigen Anstalt bewegen. Jetzt muß es schon jedem Menschenfreunde zum größten Vergnügen und zu nicht minder reizender Hoffnung der Nachfolge eines so edlen Beispiels gereichen: daß (wie in der letzteren Zeitung gemeldet worden) das Philanthropin durch eine ansehnliche Beihülfe von hoher Hand wegen seiner Fortdauer gesichert worden. Es ist bei solchen Umständen auch nicht zu zweifeln: daß nicht von allerlei Gegenden Pensionisten hinzu eilen sollten, um sich in dieser Anstalt die Plätze, daran es vielleicht bald gebrechen möchte, zu versichern; was aber denen, die eine schnelle Ausbreitung des Guten sehnlich wünschen, am meisten am Herzen liegt, nämlich das Absenden geschickter Candidaten nach Dessau, um sich in der philanthropischen Erziehungsart zu belehren und zu üben, dieses einzige Mittel, in kurzem allerwärts gute Schulen zu haben, das scheint eine ungesäumte Aufmerksamkeit und großmüthigen Beistand vermögender Gönner vorzüglich zu erfordern. In Erwartung: daß dieser Wunsch auch bald in seine Erfüllung gehe, ist es allen Lehrern sowohl in der Privat- als öffentlichen Schulunterweisung sehr zu empfehlen: sich der Basedow'schen Schriften und von ihm herausgegebenen Schulbücher sowohl zu eigener Belehrung, als der letzteren zur Übung ihrer anvertrauten Jugend zu bedienen und dadurch, so viel als vorläufig geschehen kann, ihre Unterweisung schon jetzt philanthropisch zu machen. Kostet in der Kanterschen Buchhandlung 15 gr.

AN CHRISTIAN HEINRICH WOLKE, 28. MÄRZ 1776

Hochedelgeborner Herr!
Hoch zu ehrender Herr Professor!

Mit dem innigsten Vergnügen ergreife ich die Gelegenheit, Ew. Hochedelgeb. den Herzensanteil, den ich an Dero vortrefflichem Philanthropin nehme, durch die Ausrichtung eines mir geschehenen Auftrags zu eröffnen.

Herr Robert Motherby, ein hier etablierter englischer Kaufmann, mein sehr werter Freund, wünscht nämlich seinen einzigen Sohn George Motherby im Philanthropin Dero gütigen Vorsorge anvertrauet zu sehn. Seine Grundsätze stimmen mit denen, auf welchen Ihre Anstalt errichtet ist, selbst in dem, worin sich diese am weitesten vom gemeinen Vorurteile entfernet, auf das vollkommenste überein, und das Ungebräuchliche wird ihn niemals abhalten, in allem, was edel und gut ist, Ihren ferneren Vorschlägen und Anordnungen willigst beizutreten. Sein Sohn ist allererst den 7. Aug. dieses Jahrs 6 Jahre alt. Aber, ob er gleich die von Ew. Hochedelgeb. bestimmte Zeit den Jahren nach noch nicht erreichet hat, so glaube ich doch, daß er der Absicht dieser Bestimmung vermöge seiner Naturfähigkeit und Antriebes zur Tätigkeit gemäß sei; wie denn die letztere eben die Ursache ist, weswegen der Vater ihn ohne Aufschub unter gute Führung gebracht zu sehen wünscht, damit der Trieb beschäftigt zu sein ihm nicht Unarten zuziehe, welche seine künftige Bildung nur schwerer machen würden. Die Erziehung desselben ist bisher nur negativ gewesen, die beste, welche man ihm, wie ich glaube, für sein Alter nur hat geben können. Man hat die Natur und den gesunden Verstand seinen Jahren gemäß sich ohne Zwang entwickeln lassen und nur alles abgehalten, was ihnen und der Gemütsart eine falsche Richtung geben könnte. Er ist frei erzogen, doch ohne beschwerlich zu fallen. Er hat niemals die Härte erfahren und ist immer lenksam in Ansehung gelinder Vorstellungen erhalten worden. Ob er gleich nicht zu Manieren dressiert worden ist, so hat man doch die Ungezogenheit verhütet, ohne ihn durch Verweise verschämt und blöde zu machen. Dieses war um desto notwendiger, damit eine anständige Freimütigkeit sich in ihm gründe und vornehmlich, damit er nicht in die Notwendigkeit versetzt würde, zur Lüge seine Zuflucht zu nehmen. Um deswillen sind ihm einige kindische Fehler auch lieber verziehen worden, als daß er in Versuchung gebracht würde, die Regel der Wahrhaftigkeit zu übertreten. Übrigens hat er noch nichts gelernet, außer lateinische Schrift kennen und, wenn ihm die Buchstaben vorgesagt werden, dieselbe (aber nur mit der Bleifeder) zu schreiben. Er ist also die glatte Tafel, auf die noch nichts gekritzelt ist, und die itzt einer Meisterhand überliefert werden soll, um die unauslöschliche Züge der gesunden Vernunft, der Wissenschaft und Rechtschaffenheit darein zu graben.

In Ansehung der Religion ist der Geist des Philanthropins ganz eigentlich mit der Denkungsart des Vaters einstimmig, so sehr, daß er wünscht, daß selbst die natürliche Erkenntnis von Gott, soviel er mit dem Anwachs seines Alters und Verstandes davon nach und nach erlangen mag, eben nicht geradezu auf Andachtshandlungen gerichtet werden möge, als nur, nachdem er hat einsehen lernen, daß sie insgesamt nur den Wert der Mittel haben, zur Belebung einer tätigen Gottesfurcht und Gewissenhaftigkeit in Befolgung seiner Pflichten, als göttlicher Gebote. Denn daß die Religion nichts als eine Art von Gunstbewerbung und Einschmeichelung bei dem höchsten Wesen sei, in Ansehung deren die Menschen sich nur durch die Verschiedenheit ihrer Meinungen von der Art, die ihm die beliebteste sein möchte, unterscheiden, ist ein Wahn, der, er mag auf Satzungen oder frei von Satzungen gestimmet sein, alle moralische Gesinnung unsicher macht und auf Schrauben stellt, dadurch, daß er, außer dem guten Lebenswandel, noch etwas anderes als ein Mittel annimmt, die Gunst des Höchsten gleichsam zu erschleichen und sich dadurch der genauesten Sorgfalt in Ansehung des ersteren gelegentlich zu überheben, und doch auf den Notfall eine sichere Ausflucht in Bereitschaft zu haben.

Aus diesen Gründen ist es unserm Zögling bis itzt noch unbekannt geblieben, was Andachtshandlung sei. Daher es einiger Kunst bedürfen möchte, ihm, wenn er derselben, Ihrem Gutbefinden nach, zum ersten Male beiwohnen müßte, davon einen faßlichen und richtigen Begriff beizubringen. Doch er ist einem Manne übergeben, der die Weisheit aus ihrer reinen Quelle zu schöpfen gewohnt ist und dessen Urteile man alles mit Vertrauen anheim stellen kann. Es wird auch seinem Vater zu der größesten Befriedigung gereichen, wenn sich in der Folge im Philanthropin Gelegenheit hervorfände, die englische Sprache nach der leichten und sicheren dasigen Methode zu erlernen; da er dazu bestimmt ist, nach vollendeter Erziehung nach England zu gehen.

Pocken und Masern hat das Kind schon überstanden und darf darauf, bei sich etwa an ihm oder andern ereignenden Krankheit, nicht Rücksicht genommen werden.

Die Pension von 250 Rtlr jährlich, bezahlt der Vater mit Vergnügen, wenn und wie es verlangt werden wird.

In Ansehung der Kleider, Betten und notwendigem Geräte bittet er sich Ew. Hochedelgeb. Vorschlag aus und Nachricht, wie es deshalb in Ihrem Institut gehalten wird.

Was die Zeit betrifft, ihn herüber zu schicken, so wünscht der Vater, daß es noch diesen Sommer geschehen möge; damit der Sohn bei einigen Ergötzlichkeiten, welche Sie für Ihre Zöglinge etwa veranstalten möchten, seinen neuen Aufenthalt bald lieb gewinnen möge. Wenn Ew. Hochedelgeb. nicht sonst eine Gelegenheit bekannt ist, ihn unter guter Aufsicht herüberzuschaffen, so ist man Vorhabens, ihn gegen Ende des Julius beim Schlusse unseres Jahrmarkts einem sicheren auswärtigen Kaufmann mitzugeben.

Alle diese Anschläge sind nicht unreife Entwürfe, sondern feste Entschließungen. Daher ich hoffe, bald mit Dero gütigen Antwort beehrt zu werden, ohne von einem so sehr und so nützlich beschäftigten Manne etwas mehr, als einen kurzen Bescheid, allenfalls durch fremde Hand, zu erwarten. Ich aber bin mit der größesten Teilnehmung an dem erhabenen Geschäfte, welchem Sie sich geweihet haben

Ew. Hochedelgeb.
aufrichtiger Verehrer, Freund
und Diener
Immanuel Kant,
Professor Phil.
Königsberg,
d. 28. März 1776.

N. S. Beiliegendes Blatt soll einen kleinen Beweis von der Achtung abgeben, darin Dero Institut in hiesigen Gegenden zu kommen anhebt.

AN JOHANN BERNHARD BASEDOW, 19. JUNI 1776

Wohlgeborner Herr!
Hochzuehrender Herr Professor!

Herr Motherby, der einen jeden Tag, welchen sein Sohn außer dem Philanthropin zubringt, vor reinen Verlust hält, hat beschlossen nicht länger auf gute Gelegenheit zu warten, sondern ihn selbst zu überbringen und ihn den treuen Händen seines zweiten Vaters zur Bildung und Vorsorge anzuvertrauen. Er reist innerhalb 4 bis 5 Tage von hier ab. Ich habe also, da diese Reise so eilig wie möglich sein wird, nachdem ich aus dem letzteren philanthropinischen an mich ergangenen Schreiben ersehen, daß dieser hoffnungsvolle Zögling ihnen nicht unwillkommen sein werde, mir hiedurch die Freiheit nehmen wollen im voraus ergebenst zu benachrichtigen, um darauf Dero gefällige Veranstaltungen zu treffen. Mein Wunsch gehet nur auf die Erhaltung Ihrer der Welt so wichtig gewordenen Person und der von Ihnen gestifteten, den Dank der ganzen Nachwelt verdienenden Anstalt; dieses ist zugleich der beste Wunsch, den ich zum Besten des Kindes tun kann. Ich habe die Ehre mit der größesten Hochachtung zu sein

Ew. Wohlgeb.
ergebenster

Diener I. Kant.
Königsberg,
d. 19. Juni 1776.

AN FRIEDRICH WILHELM REGGE, 22. MÄRZ 1777

Würdiger und geliebter Freund!

Ehe ich noch die Antwort auf mein an Sie abgelassenes Schreiben erhalte, muß ich die bestimmtere Erklärung meines darin geschehenen Antrages eilig hinzufügen, damit Ihre Entschließung mir auch um desto zeitiger bekannt werden könne. Ich bin von Herrn Edukationsrat Campe in Dessau in Korrespondenz wegen philanthropinischer Angelegenheiten gezogen worden und habe in meinem letzteren Schreiben aus eigner wohlgemeinter Bewegung auch Ihrer, werter Freund, Erwähnung getan. Die Veranlassung dazu ist, daß das Philanthropin, da es sich, wegen Ausbleibens der verhofften Unterstützung des Publici, nicht imstande sieht, ihre Anstalt gehörig zu erweitern, eine große Menge (in seinem Briefe meldet er über 50) der sich meldenden Zöglinge abzuweisen genötigt ist. Unter diesen ist nun auch der junge Maclean, Neveu von Herrn Johann Simpson, Kaufmann in Memel, bei dem er sich auch jetzt befindet. Weil ich nun sehe, daß der Mangel an Inspizienten und Mitarbeitern daran großenteils Schuld ist, so schlug ich ihm vor, daß, wenn Sie durch Ihre jetzige Krankheit nicht gehindert würden, an Ihrem besten Willen gar nicht zu zweifeln wäre, einige Zeit Ihre gewiß dort sehr angenehme Bemühungen dem

Philanthropin zu widmen. Um aber Ihre Reise unentgeltlich zu machen, wäre die Bedingung, daß Sie den jungen Maclean (einen feinen und wackeren Burschen) mitbringen würden, um selbigen dem Institute zu überliefern, und daß Sie also durch den Beitritt eines so wohlgesinnten und wirklich philanthropinischen Gehilfen, vornehmlich bei Ihrer Uneigennützigkeit, wenigstens auf einige Zeit (solange es Ihnen belieben würde), oder vielleicht, durch Aufnahme unter die verbrüderte Jugendfreunde, auf immer, Erleichterung bekommen würden.

Ich behielt mir vor, Ihre Entschließung zuvor zu vernehmen und zu berichten und darauf die Einwilligung (was den jungen Maclean betrifft) darüber einzuholen. Seit vorgestern habe nun Herrn Simpson selbst gesprochen, der zu dieser Reise mit aller Ihrer Gemächlichkeit alle Kosten sehr gerne hergeben will, und der, da, wie er sagt, einer Ihrer Anverwandten bei seiner Handlung engagiert ist, wünscht, daß er das Vergnügen haben könne[n], Sie in Memel bei sich zu sehen, um alles zu verabreden. Die Reise könnte etwa am Anfang des Maimonats geschehen. Sie würden die Nächte ruhig schlafen und die Pflege Ihres Körpers besorgen können. Wenn es auch ratsam scheinen möchte, daß neben einem kränklichen Manne noch ein gesunder auf allen Fall mitginge, so habe ich einen artigen jungen Mann, der gerne diese Reise nach Dessau als seiner Vaterstadt mittun möchte.

Vielleicht ließe sich auch der reiche hiesige Komm.-R. Fahr[enheid], welcher vor etwa einem Jahre so freigebig erbötig war, Kandidaten des paedagogii auf seine Kosten in Dessau zu unterhalten, und der jetzt, ob er gleich die Sache selbst noch immer gut findet, sich schwierig zu zeigen anfängt, noch bewegen, Ihre edle Absichten durch seinen Beitrag zu unterstützen. Ich werde zum wenigsten die schicklichste Maßregeln ergreifen, ihn dazu zu bewegen. Gleichwohl müßte Ihre Entschließung, die Sie mir zu erklären belieben, auch ohne diesen Umstand mit Sicherheit an das Philanthropin berichtet werden können.

Die Krankheit bleibt immer die wichtigste Hindernis, darüber freilich Sie selbst und Ihr Arzt am besten urteilen können, ob solche die Reise möglich mache oder nicht. Daß man in Berlin bei der Durchreise bei angesehenen Ärzten sich Rats erholen könne, ist ein Nebenvorteil.

Ich habe bei Herren Motherby eine mit einem Briefe an das Philanthropin gerichtete und von Ihnen gesammelte ansehnliche Kollekte angetroffen. Eine Bemühung, die Ihnen beim Philanthropin und bei jedem Menschenfreunde wahre Ehre bringen muß. Ich habe es indessen gewagt, Herrn Motherby zu bereden, daß er mit Abschickung derselben einen Posttag überschlagen möge, damit diese Sache zusamt Ihrer, wie ich wünsche, günstigen Erklärung über meinen Antrag zugleich ankommen mögen. Könnten Sie es möglich machen, daß sogar die Antwort auf diesen Brief noch vor Donnerstag abend bei mir einträfe, so würde Ihr Geschenk, zusamt dem Anerbieten Ihrer Person den vollständigen Eindruck der Zufriedenheit sowohl bei mir als auch dem Philanthropin machen.

Was das Pränumerationsgeschäfte auf die pädagogischen Unterhandlungen betrifft, so wird den nächsten Donnerstag eine Aufmunterung dazu, imgleichen eine Anzeige, wie sie sowohl als die Subskriptionen angestellet werden sollen, in der Kanterschen Zeitung zu lesen sein.

Im herzlichen Wunsche, daß eine so gesunde Seele auch bald einen gesunden Körper bewohnen möge, bin ich mit aller Hochachtung und Ergebenheit jederzeit

Ihr aufrichtiger treuer Diener und Freund

I. Kant.

Königsberg,

d. 22. März 1777.

AN DAS GEMEINE WESEN, 27. MÄRZ 1777

Es fehlt in den gesitteten Ländern von Europa nicht an Erziehungsanstalten und an wohlgemeintem Fleiße der Lehrer, jedermann in diesem Stücke zu Diensten sein, und gleichwohl ist es jetzt einleuchtend bewiesen, daß sie insgesammt im ersten Zuschnitt verdorben sind, daß, weil alles darin der Natur entgegen arbeitet, dadurch bei weitem nicht das Gute aus dem Menschen gebracht werde, wozu die Natur die Anlage gegeben, und daß weil wir thierische Geschöpfe nur durch Ausbildung zu Menschen gemacht werden, wir in kurzem ganz andre Menschen um uns sehen würden, wenn diejenige Erziehungsmethode allgemein in Schwang käme, die weislich aus der Natur selbst gezogen und nicht von der alten Gewohnheit vorher und unerfahrener Zeitalter sklavisch nachgeahmt worden.

Es ist aber vergeblich dieses Heil des menschlichen Geschlechts von einer allmählichen Schulverbesserung zu erwarten. Sie müssen umgeschaffen werden, wenn etwas Gutes aus ihnen entstehen soll: weil sie in ihrer ursprünglichen Einrichtung fehlerhaft sind, und selbst die Lehrer derselben eine neue Bildung annehmen müssen. Nicht eine langsame Reform, sondern eine schnelle Revolution kann dieses bewirken. Und dazu gehört nichts weiter, als nur eine Schule, die nach der ächten

Methode von Grunde aus neu angeordnet, von aufgeklärten Männern nicht mit lohnsüchtigem, sondern edelmüthigem Eifer bearbeitet und während ihrem Fortschritte zur Vollkommenheit von dem aufmerksamen Auge der Kenner in allen Ländern beobachtet und beurtheilt, aber auch durch den vereinigten Beitrag aller Menschenfreunde bis zur Erreichung ihrer Vollständigkeit unterstützt und fortgeholfen würde.

Eine solche Schule ist nicht bloß für die, welche sie erzieht, sondern, welches unendlich wichtiger ist, durch diejenige, denen sie Gelegenheit giebt, sich nach und nach in großer Zahl bei ihr nach der wahren Erziehungsmethode zu Lehrern zu bilden, ein Samkorn, vermittelst dessen sorgfältiger Pflege in kurzer Zeit eine Menge wohl unterwiesener Lehrer erwachsen kann, die ein ganzes Land bald mit guten Schulen bedecken werden.

Die Bemühungen des gemeinen Wesens aller Länder sollten nun darauf gerichtet sein, einer solchen Musterschule von allen Orte und Enden Handreichung zu thun, um sie bald zu der ganzen Vollkommenheit zu verhelfen, dazu sie in sich selbst schon die Quellen enthält. Denn ihre Einrichtung und Anlage sofort in anderen Ländern nachahmen zu wollen und sie selbst, die das erste vollständige Beispiel und Pflanzschule der guten Erziehung werden soll, indessen unter Mangel und Hindernissen in ihrem Fortschritt zur Vollkommenheit aufhalten, daß heißt so viel: als den Samen vor der Reife ausäen, um hernach Unkraut zu ernten.

Eine solche Erziehungsanstalt ist nun nicht mehr bloß eine schöne Idee, sondern zeigt sich mit sichtbaren Beweisen der Thunlichkeit dessen, was längst gewünscht worden, in thätigen und sichtbaren Beweisen. Gewiß eine Erscheinung unserer Zeit, die, obzwar von gemeinen Augen übersehen, jedem verständigen und an dem Wohl der Menschheit theilnehmenden Zuschauer viel wichtiger sein muß, als das glänzende Nichts auf dem jederzeit veränderlichen Schauplatze der großen Welt, wodurch das Beste des menschlichen Geschlechts wo nicht zurückgesetzt, doch nicht um ein Haar breit weiter gebracht wird.

Der öffentliche Ruf und vornehmlich die vereinigte Stimmen gewissenhafter und einsehender Kenner aus verschiedenen Ländern werden die Leser dieser Zeitung schon das Dessauische Educationsinstitut (Philanthropin) als dasjenige einzige kennen gelehrt haben, was diese Merkmale der Vortrefflichkeit an sich trägt, wovon es eine nicht der geringsten ist: daß es seiner Einrichung gemäß alle ihm im Anfange etwa noch anhängende Fehler natürlicher Weise von selbst abwerfen muß. Die dawider sich hie oder da regende Anfälle und bisweilen Schmähschriften (deren eine, nämlich die Mangelsdorfische, neuerlich von Herrn Basedow mit der eigenthümlichen Würde der Rechtschaffenheit beantwortet worden) sind so gewöhnliche Griffe der Tadelfurcht und des sich auf seinem Miste vertheidigenden alten Herkommens, daß eine ruhige Gleichgültigkeit dieser Art Leute, die auf alles, was sich als gut und edel ankündigt, jederzeit hämische Blicke werfen, vielmehr einigen Verdacht wegen der Mittelmäßigkeit dieses sich erhebenden Guten erregen müßte.

Diesem Institute nun, welches der Menschheit und also der Theilnehmung jedes Weltbürgers gewidmet ist, einige Hülfe zu leisten (welche einzeln nur klein, aber durch die Menge wichtig werden kann) wird jetzt die Gelegenheit dargeboten. Wollte man seine Erfindungskraft anstrengen, um eine Gelegenheit zu erdenken, wo durch einen geringen Beitrag daß größtmögliche, dauerhafteste und allgemeine Gute befördert werden könnte, so müßte es doch diejenige sein, da der Same des Guten selbst, damit er sich mit der Zeit verbreite und verewige, gepflegt und unterhalten werden kann.

Diesen Begriffen und der guten Meinung zufolge, die wir uns von der Zahl wohl denkender Personen unseres gemeinen Wesens machen, beziehen wir uns auf das 21ste Stück dieser gelehrten und politischen Zeitung zusammt der Beilage und sehen einer zahlreichen Pränumeration entgegen: von allen

Herren des geistlichen und Schulstandes, von Eltern überhaupt, denen, was zu besserer Bildung ihrer Kinder dient, nicht gleichgültig sein, ja selbst von denen, die, ob sie gleich nicht Kinder haben, doch ehedem als Kinder Erziehung genossen und eben darum die Verbindlichkeit erkennen werden, wo nicht zur Vermehrung, doch wenigstens zur Bildung der Menschen daß ihrige beizutragen.

Auf diese von dem Dessauischen Educationsinstitut herauskommende Monatsschrift unter dem Titel Pädagogische Unterhandlungen wird nun die Pränumeration mit 2 Rthlr. 10 gr. unsers Geldes angenommen. Aber da wegen der noch nicht zu bestimmenden Bogenzahl am Ende des Jahres einiger Nachschub verlangt werden könnte, so würde es vielleicht am besten sein (doch wird dieses jedermanns Belieben anheim gestellt), der Beförderung dieses Werks einen Dukaten pränumerationsweise zu widmen, wo alsdann jedem, der es verlangen würde, der Überschuß richtig zurückbezahlt werden soll. Denn gedachtes Institut macht sich die Hoffnung: daß es viele edeldenkende Personen in allen Ländern gebe, die eine solche Gelegenheit willig ergreifen würden, um bei dieser Veranlassung über das Pränumerationsquantum noch ein freiwilliges kleines Geschenk, als einen Beitrag zur Unterstützung des seiner Vollkommenheit nahen, aber durch den erwarteten Beistand nicht bei Zeiten fortgeholfenen Instituts, hinzu zu fügen. Denn da, wie Herr O. C. R. Büsching (wöchentl. Nachr. J. 1776. Stück 16) sagt, die Regierungen jetziger Zeit zu Schulverbesserungen kein Geld zu haben scheinen, so wird es doch endlich, wofern solche nicht gar ungeschehen bleiben soll, auf bemittelte Privatpersonen ankommen, diese so wichtige allgemeine Angelegenheit durch großmüthigen Beitrag selbst zu befördern.

Die Pränumeration hiesiges Orts wird bei Herrn Prof. Kant in den Vormittagsstunden von 10 bis Nachmittag gegen 1 Uhr und in der Kanterschen Buchhandlung zu aller Zeit gegen Pränumerationsschein abgegeben.

AN JOACHIM HEINRICH CAMPE, 26. AUGUST 1777

Verehrungswürdiger Herr!

Ich habe meine Nachricht von gesammelten Pränumerationen so lange aufgeschoben, bis ich von der Ankunft des Herrn Regge in Dessau, derentwegen ich sehr besorgt war, Nachricht bekommen haben würde, um auf allen Fall die Korrespondenz in einem Briefe zusammenzuziehen, da ohnedem die hiesige Teilnehmer alsdenn etwas mehr von den Unterhandlungen zu lesen bekommen werden. Es erfreuet mich sehr, daß sich diesem guten Manne einige günstige Aussicht zur Wiedergenesung eröffnet, und wünsche, daß er neben den Hilfsmitteln, davon er mir Erwähnung getan hat, noch der Dampfmaschine, wozu er die Kräuter aus Leipzig so nahe hat, und des Seltzerwassers mit Ziegenmilch (wenn es anders sein Arzt billigt) bedienen möge, um die gute Jahreszeit so sehr als möglich zu nutzen.

Der Anschlag, vermittelst eines Ausschreibens eines hiesigen Ministres die pädagogischen Unterhandlungen unter den Geistlichen und Schullehrern des Landes auszubreiten, ist nach reiferer Überlegung und auf Anraten wohlgesinnter Männer, selbst vom geistlichen Stande, beiseite gesetzt worden, weil, da bei weitem der größte Teil dieses Ordens in unseren Gegenden wider der gleichen Reformationen feindselig gesinnt ist und eine Anempfehlung von ihrem Chef vor einen Zwang aufnehmen würde, sich darüber nur ein allgemeines Geschrei erheben würde, welches der Reputation, darin das Institut bei Vernünftigen steht, die gleichwohl nicht immer mit eigenen Augen sehen, nur Nachteil verursachen könnte.

Ich habe daher nicht mehr als 15 Pränumeranten von der Litauischen und 10 von der Königsbergischen Kollektion, alle zu einem Dukaten (außer einem zu 2 Reichstlr) anzuzeigen, imgleichen ein Geschenk von Herrn C. F. Johanzen von 2 Duk., welches zusammen 80 rtlr. preuß. beträgt, die ich hiermit durch Assignation an Herrn Hond in Berlin übermache und die postfreie Absendung hieher erwarte. Ich bitte zugleich ergebenst, das oben Unterstrichene zu meiner Legitimation in dem nächsten Stück der Unterhandlungen abdrucken zu lassen, weil der Beitrag von 1 Duk. samt dem Geschenke von zween doch etwas mehr als der Pränumerationspreis beträgt.

Herr Scherres, anstatt seinen Schritt durch Beschuldigungen zu rechtfertigen, wie ich vermutet hatte, schämet sich und spricht nicht leicht von dieser ihm wenig Ehre machenden Wankelmut. Der elende Braun darf sich hierüber auch nicht auslassen, da ihm teils seine eigene Namensunterschrift, teils das Ansehen eines dem Institut sehr zugetanen Ministers die verleumdende Zunge bindet. Herr Dietrich bereuet sehr seinen unüberlegten Brief, der ihm die nicht verlangte Zurückschickung seines Sohnes zuzog, und seine Frau weinete ebenso über diesen unerwarteten Vorfall, als die Frau Scherres über die Abwesenheit ihrer Söhne unaufhörlich geweinet und dadurch auch am meisten die Entschließung ihres Mannes bewirket hatte.

Der Erfüllung meines Versprechens, etwas zu den phil. Unterhandl. beizutragen, stehet eine Arbeit im Wege, von der ich schon in meinem letzteren Schreiben Erwähnung getan habe, die ich nicht aussetzen kann und welche alle meine Gedanken in Nebenstunden beschäftigt. Sobald ich damit nur auf einen etwas ebneren Weg gekommen sein werde, soll dieses meine erste und angenehmste Beschäftigung sein.

Ich bitte mich wegen dieser flüchtigen Zuschrift, dazu mich jetzt eben die Kürze der Zeit nötigt, entschuldigt zu halten. Herr Motherby empfiehlt sich Ihnen ergebenst. Herrn Regge bitte ich meine Freundschaft und beste Wünsche zu versichern, mich aber in Dero Gewogenheit und Zuneigung zu erhalten als des Instituts und vornehmlich

mein hochgeschätzter Herr
Ihren jederzeit ergebenen Diener
I. Kant.
Königsberg,
d. 26. August 1777.

AN WILHELM CRICHTON, 29. JULI 1778

Von Ew: Hochehrw: darf ich mir ohne Bedenken an der Erhaltung und Beförderung einer vor das Weltbeste gemachten Anstalt den größten und mitwirkenden Anteil versprechen, sobald Sie sich von deren Nützlichkeit überzeugt haben. Das von Basedow angefangene Institut, welches itzt unter der völligen Direktion des HEn. Wolke steht, hat unter diesem unermüdeten und vor die Reform des Edukationswesens geschaffenen Manne eine neue Gestalt gewonnen, wie die neue, vom Philanthropin herausgegebene Nachrichten, die ich zuzuschicken die Ehre haben werde, ungezweifelt zu erkennen geben. Nach dem Abgange einiger sonst wohlgesinneter, übrigens aber etwas schwärmenden Köpfe sind alle Stellen mit ausgesuchten Schulmännern besetzt, und die neue, jetzt mehr geläuterte Ideen mit dem, was die alte Erziehungsart Nützliches hatte, in feste Verbindung gebracht. Die Welt fühlt jetziger Zeit die Notwendigkeit der verbesserten Erziehung lebhaft; aber verschiedene deshalb gemachte Versuche wollen nicht gelingen. Die des F. v. Salis und die Bahrdtsche haben aufgehört. Und nun steht allein das Dessauische Institut; sicherlich bloß deswegen, weil es den durch keine Hindernisse abzuschreckenden, bescheidenen und unbeschreiblich tätigen Wolke an seiner Spitze hat, der überdem die seltene Gemütsart hat, seinem Plane ohne Eigensinn treu zu bleiben und unter dessen Aufsicht diese Anstalt mit der Zeit die Stammutter aller guten Schulen in der Welt werden muß, wenn man ihr nur im Anfange von außen Beistand und Aufmunterung leisten will.

Aus der Einlage werden Ew: Hochehrw: ersehen, daß, nachdem mir die letzten Stücke der pädagog: Unterhandl: zum Verteilen überschickt worden, von mir erwartet wird, das Publikum aufs neue, sowohl zu Fortsetzung der Pränumeration, als überhaupt zum Wohlwollen und Wohltun gegen das Institut aufzumuntern. Ich bin auch dazu von Herzen bereit und willig; allein ich finde doch, daß der Einfluß weit größer sein würde, wenn Ew: HochEhrw: sich dieser Sache vorzüglich anzunehmen beliebeten und Ihren Namen und Feder zum Besten derselben verwenden wollten. Wenn Sie es erlauben, daß ich diese Hoffnung dem Institute geben darf, so wird gewiß die größeste Danksagung und freudige Annahme eines demselben so günstigen Anerbietens darauf erfolgen. Ich würde alsdenn die Ehre haben, Ihnen, zu welcher Zeit es gefällig, aufzuwarten und die Liste der bisherigen Pränumeranten einzuhändigen, auch wenn es sonst eine Bemühung gäbe, (deren es überhaupt bei diesem Geschäfte nur wenige geben kann) daran aber Ew: HochEhrw: durch andere notwendigere verhindert würden, so würde ich solche gerne übernehmen.

Da ich nicht zweifle, daß Ew: HochEhrw: in Ansehung dessen, was vordem an diesem Institute nicht völlig Ihren Beifall erwarb, durch die neue und schon befestigte Anordnungen desselben werden befriedigt werden, und ich unter solchen Umständen Ihres teilnehmenden Eifers an einer so ausgebreitet nützlichen Anstalt gewiß bin, so besorge ich nicht, daß diese meine Zumutung von Denenselben werde übel aufgenommen werden, der ich übrigens mit der größesten Hochachtung bin

Ew: HochEhrw:

gehorsamster Diener

I. Kant.

Königsberg,

d. 29. Juli 1778.

P. S. Inliegenden Brief bitte ergebenst mir vorjetzt wieder zurückzuschicken. Denn wenn meine obige Bitte stattfindet, könnte derselbe nach Dero Gutbefinden in der Beilage zur Königsbergischen Zeitung abgedruckt und zu dem Ende Denenselben von mir wieder zugestellet werden.

AN CHRISTIAN HEINRICH WOLKE, 4. AUGUST 1778

Verehrungswürdiger Freund!

Wenn ich hier alle Lobeserhebungen, die nur die größte Schmeichelei ersinnen kann, häufete, so würden sie wirklich doch nur die aufrichtige und wahre Gesinnung meines Herzens ausdrücken. Sie sind der letzte Anker, auf dem alle Hoffnung der Teilnehmer an einer Sache, deren Idee allein das Herz aufschwellen macht, itzt beruht. Die Beharrlichkeit, bei so vielen Hindernissen einen so großen Plan auszuführen, erwirbt Ihnen mit Recht die Bewunderung und den Dank von jedermann, der da versteht, was es heiße, nach seiner ganzen Bestimmung ein Mensch zu sein, und wenn Sie auch nur durch einen feineren Ehrbegriff getrieben würden, alle Gemächlichkeit des Lebens so dem öffentlichen Besten aufzuopfern, so würde es überall kein gewisseres Mittel geben, Ihren Namen dem Danke der spätesten Nachkommenschaft zu überliefern, als das Geschäfte, dem Sie sich weihen und welches, wie ich mit vielen anderen jetzt hoffe, seinen Zweck (wenn der Himmel Sie nur gesund erhält) sicherlich nicht verfehlen wird.

Ich habe eben itzt das Pack mit den letzten Pädagogischen Stücken des ersten Jahrganges erhalten und werde sie gehörig verteilen. Ich muß aber zugleich von einer Veränderung und, wie ich hoffe, Verbesserung der Art, wie die philanthropinische Angelegenheit künftig in unserer Gegend betrieben werden kann, Nachricht geben. Die Kantersche Zeitung, durch welche allein gelehrte Ankündigungen im Publikum verbreitet werden können, ist bald in eines, bald des anderen Hände gegeben worden. Jetzt dirigiert sie der reformierte HE. Hofprediger und Doktor Theol: Crichton. Dieser sonst gelehrte Mann hat sich zeither nicht sonderlich günstig vors Philanthropin erklärt und, da sein Urteil teils durch seine weitläuftige Bekanntschaft teils die Zeitung, welche er jetzt in seiner Gewalt hat, meiner Ihnen gänzlich ergebenen Gesinnung ein großes Hindernis in den Weg legen könnte, so habe ich statt des fruchtlosen Kontrovertierens das schmeichelhaftere Mittel ergriffen, diesen Mann auf Ihre Seite zu ziehen, nämlich dieses, daß ich ihn zum Haupte Ihrer hiesigen Angelegenheiten machte. Dieser Versuch ist mir gelungen, indem ich ihm durch die Vorstellung der wichtigen Verbesserungen, welche unter HEn. Wolks Direktion am Institute gemacht worden, einen Weg ließ, ohne sein voriges Urteil zu widerrufen, zu einem ganz entgegengesetzten überzugehen. Ich glaube, daß dieses Mittel auch sonst nützlich sein kann. Denn die, so ihren Beifall verweigern, solange sie nur die zweite Stimme haben, werden gemeiniglich ihre Sprache änderen, wenn sie das erste und große Wort führen können.

Ich habe also HEn. Hofprediger Doktor Crichton die Liste der bisher Pränumerierenden und den Auftrag, den ich hatte, Ihre Angelegenheit künftig durch öffentliche Ankündigung, Kolligierung und anderweitige Bewerbungen aufs beste zu treiben, übergeben, und er hat solchen gerne übernommen. Und nun bitte ich inständigst, an gedachten Herrn Crichton doch so bald als möglich zu schreiben, Ihr Zutrauen zu ihm zu äußeren, vornehmlich aber, entweder schriftlich von den neuen Verbesserungen, die das Institut entweder dem Plane oder der Ausführung nach seit Ihrer Direktion erhalten hat, eine kurze Idee zu geben oder solche im nächsten Stück der Unterhandl: zu versprechen. Denn er schien über den Vorwand verlegen zu sein, bei der öffentlichen hiesigen Ankündigung seine neue Denkungsart zu rechtfertigen und bedarf gewisse Gründe dieser Änderung aus der Sache selbst, ohne sein voriges Urteil widerrufen zu dörfen.

Wir sind beide in den Prinzipien der Beurteilung eines solchen Instituts zwar himmelweit auseinander. Er sieht die Schulwissenschaft als das einzige Notwendige an und ich die Bildung des Menschen, seinem Talente sowohl als Charakter nach. Aber nach der guten Einrichtung, die Sie getroffen haben, kann beiden gnug getan werden. Ein Exemplar von allen Stücken des künftigen Jahrganges werden Sie auch nicht vergessen vor ihn künftig beizulegen, imgleichen doch zu besorgen, daß die, so bisweilen einige Päcke von dieser Schrift hieher abzuliefern haben, künftig keine Spesen fodern, wie der Jude Hartog Jacobs kürzlich tat, dem 5 fl. Frachtkosten (mit 24 gr. preußisch Akzise eingeschlossen) nach unserem Gelde bezahlt werden mußten, die sich nicht füglich auf die Interessenten repartieren lassen.

Ob ich gleich mich auf solche Weise von der hiesigen Besorgung Ihrer Angelegenheit loszusagen scheine, so ist dieses doch keineswegs so zu verstehen. Denn da Ihnen nach der jetzigen Einrichtung unserer Zeitungen von mir nicht anders als nach der schon gemeldeten Art gedient werden konnte, so habe ich mich dazu entschlossen, gleichwohl Ihrem neuen Geschäftträger meinen Beistand in allen Fällen, wo es ihm zu viel Beschwerde machen möchte, angeboten, wie ich mich denn ebenso willig zu Ihnen anderweitigen Aufträgen und allem, was ihr Interesse betrifft, fernerhin darbiete und nach herzlichen Begrüßung von Herren Motherby u. seiner Frau an Sie und ihren Sohn mit der größten Hochachtung bin

Ihr und des ganzen Instituts
ergebenster Diener

I. Kant.

Königsberg,

d. 4. August 1778.

PRAKTISCHE PHILOSOPHIE POWALSKI. 1777

Die Bestimmung der Menschheit

Die Question von der Bestimmung der Menschheit wird controvertirt zwischen Roußeau und andern Philosophen. Er hat eine große Kenntniß davon gegeben, welches ein sehr großer Nuzzen ist. Rousseaus Frage ist, ob der Mensch von Natur gut oder böse ist? Er ist gut, sagt er, und wird durch Verwahrlosung und Erziehung böse, daher sind die Regeln der Erziehung bloß negativ. Der Theologische Theil sagt, daß der Mensch von Natur böse sey. Der Mensch ist aber im Stande der Natur nicht nur beßer und unverderbter sondern auch glücklicher als im civilisirten Zustande. – In der Menschlichen Geschichte haben sich alle Laster entsponnen und alles Unglück besonders der Luxus vorgefunden. Die Wißenschaften, sagt er, haben den Menschen oft unglücklich gemacht, denn obgleich sie die Laster nicht herfür gebracht haben, so können sie dieselben auch nicht ausrotten. 1. Kann der Mensch durch vereinigte Bestrebungen glücklich werden, wenn er sich im civilisirten Zustande cultiviret, oder ist dieses alles nicht nüzlich? 2. Was ist das Maaß der Perfection seines Charakters? erlangt er sie im Bürgerlichen oder Natürlichen Zustande? Wir müßen hier unterscheiden. 1. Die Bestimmung des einzelnen Menschen, und 2. Die Bestimmung des ganzen Mensch/lichen Geschlechts.

Der Zweck der Natur im ganzen genommen ist Moralisch zu welchem der Mensch nur durch den größten freyen Gebrauch seiner Kräfte gelangen kann. Der Mensch hat zwey Zwekke, die auf die Erhaltung seiner Natur und auf die Glückseeligkeit seines Zustandes gehen. Die Bestimmung des menschlichen Geschlechts ist der Bestimmung des einzelnen Menschen entgegen. Diesen Abbruch hat Rousseau als ein Argument angenommen, daß die Bestimmung des ganzen Menschlichen Geschlechts gar nichts beytrage zur Glückseeligkeit des einzelnen Menschen. Der Mensch im ganzen Menschlichen Geschlechte betrachtet, ist offenbar zur Gesellschaft bestimmet, sodaß wir mit Gewißheit sagen können, daß der Mensch nicht vor sich selbst, sondern gleichsam als eine Biene zum Bienenstock erschaffen ist. Im Stande der Natur ist der Mensch frey, im Bürgerlichen aber ist er unter dem Zwange. Er verliehret hier also etwas von seiner natürlichen Freyheit. Hier muß er Schlauigkeit und Klugheit gebrauchen. Hier entspringen Bedürfniße welche gar nicht zum Natürlichen Zustande gehören. ZE. der Luxus. Es entspringen neue Arten von Uebel, Schmählerung, Verlust der Ehre, überhaupt alles, wovon der rohe und wilde Mensch gar nichts weiß. Im Gesellschaftlichen Zustande verändert auch oft der Mensch seine Bestimmung der Natur, folglich auch ihre Zwekke. Die Physische Bestimmung ist also von der Moralischen unterschieden. Wißenschaften und die Gelehrsamkeit, sind, was die Bestimmung des einzelnen Menschen betrifft, der physischen entgegen. In der moralischen Bestimmung aber sind sie nothwendig. Die Wißenschaften schwächen die Gesundheit und sind den Mängeln unseres Alters nicht angemeßen. In der Bürgerlichen Gesellschaft ist aber ohne Wißenschaft alles roh, wild und unpolirt. Der Bürgerliche Mensch ist ein verunarteter physischer Mensch. Je mehr den Menschen die Einfalt der Natur abgehet, desto mehr Tort geschiehet dadurch der physischen Bestimmung des Menschen. Wir können aber die menschliche Bestimmungen und die Vollkommenheiten des Menschen nicht erreichen, wenn wir nicht der physischen einen Abbruch thun. Das böse unter den Menschen hat sie gezwungen einen Gesezzlichen Zwang zu errichten. Da der Mensch nicht anders als durch den Zwang im Zaume gehalten werden kann, so muß er sich nothwendig einer Gewalt unterwerfen. In der Gesellschaft entwickeln sich alle Keime, alle Fähigkeiten, alle Talente des Vermögens des Verstandes, aber auch alle boshaften Keime. Zur völligen Bestimmung des Menschen gehöret die Ausübung aller Talente. Der Bürgerliche Zustand also, in welchem es möglich ist, daß alle Keime entwikkelt werden, ist höchst nothwendig, folglich gehöret er zur Bestimmung des Menschen. In dieser Bürgerlichen Gesellschaft geschieht sowohl dem guten als dem bösen des Thierischen der Menschheit ein Abbruch. In der Bürgerlichen Gesellschaft ist der Mensch ein disciplinirtes, im physischen Zustande aber ein rohes Thier. In Summa betrachtet ist doch der Bürgerliche Zustand derjenige, wovon wir die größte Vollkommenheit erlangen können. Außer dem Gesezlichen Zwange wird noch ein moralischer Zwang erfordert, dieser moralische Zwang bestehet darinnen, daß man durch Urtheile andere nöthiget in den Schranken der Moralitaet zu bleiben. Diesen moralischen Zwang exerciren wir schon in Gesellschaften, aber nur in einem kleinen Grade. Es ist dieses nicht ein äußerer Zwang der Obrigkeit, sondern wenn das Urtheil des einen den andern vom bösen abhält. Bey der Obrigkeit kommt das moralische Verfahren gar nicht in Anschlag. Es können noch viele tausend Jahre verfließen, ehe wir unsere völlige Bestimmung erhalten, welches alsdenn das Reich Gottes auf Erden seyn wird, wenn alles nicht nur Bürgerlich, sondern auch moralisch gut seyn wird. Die Mittel, diesen Zustand herbeyzuführen, sind, die Philosophen müßen instruiren. Die Geistlichkeit muß in Ansehung der Moralitaet die Menschen zu bilden suchen, und die Moral muß noch häufig Machinen herbeyschaffen.

Finale.

III.

PHILOSOPHIE IN PÄDAGOGISCHER HINSICHT. 1781–1798

IDEE ZU EINER ALLGEMEINEN GESCHICHTE IN WELTBÜRGERLICHER ABSICHT. NOVEMBER 1784

ERSTER SATZ

Alle Naturanlagen eines Geschöpfes sind bestimmt, sich einmal vollständig und zweckmäßig auszuwickeln. Bei allen Tieren bestätigt dieses die äußere sowohl, als innere oder zergliedernde, Beobachtung. Ein Organ, das nicht gebraucht werden soll, eine Anordnung, die ihren Zweck nicht erreicht, ist ein Widerspruch in der teleologischen Naturlehre. Denn, wenn wir von jenem Grundsatze abgehen, so haben wir nicht mehr eine gesetzmäßige, sondern eine zwecklos spielende Natur; und das trostlose Ungefähr tritt an die Stelle des Leitfadens der Vernunft.

ZWEITER SATZ

Am Menschen (als dem einzigen vernünftigen Geschöpf auf Erden) sollten sich diejenigen Naturanlagen, die auf den Gebrauch seiner Vernunft abgezielt sind, nur in der Gattung, nicht aber im Individuum vollständig entwickeln. Die Vernunft in einem Geschöpfe ist ein Vermögen, die Regeln und Absichten des Gebrauchs aller seiner Kräfte weit über den Naturinstinkt zu erweitern, und kennt keine Grenzen ihrer Entwürfe. Sie wirkt aber selbst nicht instinktmäßig, sondern bedarf Versuche, Übung und Unterricht, um von einer Stufe zur andern allmählich fortzuschreiten. Daher würde ein jeder Mensch unmäßig lange leben müssen, um zu lernen, wie er von allen seinen Naturanlagen einen vollständigen Gebrauch machen solle; oder, wenn die Natur seiner Lebensfrist nur kurz angesetzt hat (wie es wirklich geschehen ist), so bedarf sie einer vielleicht unabsehlichen Reihe von Zeugungen, deren eine der andern ihre Aufklärung überliefert, um endlich ihre Keime in unserer Gattung zu derjenigen Stufe der Entwickelung zu treiben, welche ihrer Absicht vollständig angemessen ist. Und dieser Zeitpunkt muß wenigstens in der Idee des Menschen das Ziel seiner Bestrebungen sein, weil sonst die Naturanlagen größtenteils als vergeblich und zwecklos angesehen werden müßten; welches alle praktischen Prinzipien aufheben, und dadurch die Natur, deren Weisheit in Beurteilung aller übrigen Anstalten sonst zum Grundsatze dienen muß, am Menschen allein eines kindischen Spiels verdächtig machen würde.

DRITTER SATZ

Die Natur hat gewollt: daß der Mensch alles, was über die mechanische Anordnung seines tierischen Daseins geht, gänzlich aus sich selbst herausbringe, und keiner anderen Glückseligkeit, oder Vollkommenheit, teilhaftig werde, als die er sich selbst, frei von Instinkt, durch eigene Vernunft, verschafft hat. Die Natur tut nämlich nichts überflüssig, und ist im Gebrauche der Mittel zu ihren Zwecken nicht verschwenderisch. Da sie dem Menschen Vernunft und darauf sich gründende Freiheit des Willens gab: so war das schon eine klare Anzeige ihrer Absicht in Ansehung seiner Ausstattung. Er sollte nämlich nun nicht durch Instinkt geleitet, oder durch anerschaffene Kenntnis versorgt und unterrichtet sein; er sollte vielmehr alles aus sich herausbringen. Die Erfahrung seiner Nahrungsmittel, seiner Bedeckung, seiner äußeren Sicherheit und Verteidigung (wozu sie ihm weder die Hörner des Stiers, noch die Klauen des Löwen, noch das Gebiß des Hundes, sondern bloß Hände gab), alle Ergötzlichkeit, die das Leben angenehm machen kann, selbst seine Einsicht und Klugheit, und so gar die Gutartigkeit seines Willens, sollten gänzlich sein eigen Werk sein. Sie scheint sich hier in ihrer größten Sparsamkeit selbst gefallen zu haben, und ihre tierische Ausstattung so knapp, so genau auf das höchste Bedürfnis einer anfänglichen Existenz abgemessen zu haben, als wollte sie: der Mensch sollte, wenn er sich aus der größten Rohigkeit dereinst zur größten Geschicklichkeit, innerer Vollkommenheit der Denkungsart, und (so viel es auf Erden möglich ist) dadurch zur Glückseligkeit empor gearbeitet haben würde, hievon das Verdienst ganz allein haben, und es sich selbst nur verdanken dürfen; gleich als habe sie es mehr auf seine vernünftige Selbstschätzung, als auf ein Wohlbefinden angelegt. Denn in diesem Gange der menschlichen Angelegenheit ist ein ganzes Heer von Mühseligkeiten, die den Menschen erwarten. Es scheint aber der Natur darum gar nicht zu tun gewesen zu sein, daß er wohl lebe; sondern, daß er sich so weit hervorarbeite, um sich, durch sein Verhalten, des Lebens und des Wohlbefindens würdig zu machen. Befremdend bleibt es immer hiebei: daß die ältern Generationen nur scheinen um der späteren willen ihr mühseliges Geschäft zu treiben, um nämlich diesen eine Stufe zu bereiten, von der diese das Bauwerk, welches die Natur zur Absicht hat, höher bringen könnten; und daß doch nur die spätesten das Glück haben sollen, in dem Gebäude zu wohnen, woran eine lange Reihe ihrer Vorfahren (zwar freilich ohne ihre Absicht) gearbeitet hatten, ohne doch selbst an dem Glück, das sie vorbereiteten, Anteil nehmen zu können. Allein so rätselhaft dieses auch ist, so notwendig ist es doch zugleich, wenn man einmal annimmt: eine Tiergattung soll Vernunft haben, und als Klasse vernünftiger Wesen, die insgesamt sterben, deren Gattung aber unsterblich ist, dennoch zu einer Vollständigkeit der Entwickelung ihrer Anlagen gelangen.

VIERTER SATZ

Das Mittel, dessen sich die Natur bedient, die Entwickelung aller ihrer Anlagen zu Stande zu bringen, ist der Antagonism derselben in der Gesellschaft, so fern dieser doch am Ende die Ursache einer gesetzmäßigen Ordnung derselben wird. Ich verstehe hier unter dem Antagonism die ungesellige Geselligkeit der Menschen; d.i. den Hang derselben, in Gesellschaft zu treten, der doch mit einem durchgängigen Widerstande, welcher diese Gesellschaft beständig zu trennen droht, verbunden ist. Hiezu liegt die Anlage offenbar in der menschlichen Natur. Der Mensch hat eine Neigung, sich zu vergesellschaften; weil er in einem solchen Zustande sich mehr als ein Mensch, d.i. die Entwickelung seiner Naturanlagen, fühlt. Er hat aber auch einen großen Hang, sich zu vereinzeln (isolieren); weil er in sich zugleich die ungesellige Eigenschaft antrifft, alles bloß nach seinem Sinne richten zu wollen, und daher allerwärts Widerstand erwartet, so wie er von sich selbst weiß, daß er seiner Seits zum Widerstande gegen andere geneigt ist. Dieser Widerstand ist es nun, welcher alle Kräfte des Menschen erweckt, ihn dahin bringt, seinen Hang zur Faulheit zu überwinden, und, getrieben durch Ehrsucht, Herrschsucht oder Habsucht, sich einen Rang unter seinen Mitgenossen zu verschaffen, die er nicht wohl leiden, von denen er aber auch nicht lassen kann. Da geschehen nun die ersten wahren Schritte aus der Rohigkeit zur Kultur, die eigentlich in dem gesellschaftlichen Wert des Menschen besteht; da werden alle Talente nach und nach entwickelt, der Geschmack gebildet, und selbst durch fortgesetzte Aufklärung der Anfang zur Gründung einer Denkungsart gemacht, welche die grobe Naturanlage zur sittlichen Unterscheidung mit der Zeit in bestimmte praktische Prinzipien, und so eine pathologisch-abgedrungene Zusammenstimmung zu einer Gesellschaft endlich in ein moralisches Ganzes verwandeln kann. Ohne jene, an sich zwar eben nicht liebenswürdige, Eigenschaften der Ungeselligkeit, woraus der Widerstand entspringt, den jeder bei seinen selbstsüchtigen Anmaßungen notwendig antreffen muß, würden in einem arkadischen Schäferleben, bei vollkommener Eintracht, Genügsamkeit und Wechselliebe, alle Talente auf ewig in ihren Keimen verborgen bleiben: die Menschen, gutartig wie die Schafe die sie weiden, würden ihrem Dasein kaum einen größeren Wert verschaffen, als dieses ihr Hausvieh hat; sie würden das Leere der Schöpfung in Ansehung ihres Zwecks, als vernünftige Natur, nicht ausfüllen. Dank sei also der Natur für die Unvertragsamkeit, für die mißgünstig wetteifernde Eitelkeit, für die nicht zu befriedigende Begierde zum Haben, oder auch zum Herrschen! Ohne sie würden alle vortreffliche Naturanlagen in der Menschheit ewig unentwickelt schlummern. Der Mensch will Eintracht; aber die Natur weiß besser, was für seine Gattung gut ist: sie will Zwietracht. Er will gemächlich und vergnügt leben; die Natur will aber, er soll aus der Lässigkeit und untätigen Genügsamkeit hinaus, sich in Arbeit und Mühseligkeiten stürzen, um dagegen auch Mittel auszufinden, sich klüglich wiederum aus den letztern heraus zu ziehen. Die natürlichen Triebfedern dazu, die Quellen der Ungeselligkeit und des durchgängigen Widerstandes, woraus so viele Übel entspringen, die aber doch auch wieder zur neuen Anspannung der Kräfte, mithin zu mehrerer Entwickelung der Naturanlagen antreiben, verraten also wohl die Anordnung eines weisen Schöpfers; und nicht etwa die Hand eines bösartigen Geistes, der in seine herrliche Anstalt gepfuscht oder sie neidischer Weise vererbt habe.

VORLESUNG ÜBER MORALPHILOSOPHIE COLLINS. WINTERSEMESTER 1784/85

PROOEMIUM

Alle Philosophie ist entweder theoretisch oder practisch. Die theoretische ist die Regel der Erkenntniß, die practische ist die Regel des Verhaltens in Ansehung der freyen Willkühr. Der Unterschied der theoretischen von der practischen Philosophie ist das Object. Die theoretische hat zum Object die Theorie, und die practische die praxin. Sonst theilt man die Philosophie in die speculative und in die practische. Man nennt überhaupt Erkentniße theoretisch und practisch, die Objecte mögen seyn wie sie wollen. Theoretisch sind sie, wenn sie der Grund sind von den Begriffen der Objecte, practisch aber wenn sie der Grund von der Ausführung der Erkentniß der Objecte sind; so ist z. E: eine theoretische und practische Geometrie, eine theoretische und practische Mechanic, eine theoretische und practische Medicin, eine theoretische und practische Jurisprudence; das Object ist immer daßelbe. Also, wenn ohnangesehn des Objects, doch die Erkentniße theoretisch und practisch seyn, so betrift es nur die Form der Erkentniß, und zwar die theoretische zur Beurtheilung des Objects, die practische zur Hervorbringung des Objects. Hier ist aber der Unterschied des Theoretischen und practischen in Ansehung des Objects. Die practische Philosophie ist nicht der Form nach, sondern dem Object nach practisch, und dieses Object sind die freien Handlungen und das freie Verhalten. Das Theoretische ist das Erkennen und das practische ist das Verhalten. Wenn ich vom Gegenstande abstrahire, so ist die Philosophie des Verhaltens diejenige, die eine Regel giebt vom guten Gebrauch der Freiheit, und dieses ist das Object der practischen Philosophie, ohne Ansehen der Gegenstände. Also handelt die practische Philosophie vom Gebrauch der freien Willkühr, nicht in Ansehung der Gegenstände, sondern unabhängig von allen Gegenständen. Die Logic giebt uns Regeln in Ansehung des Gebrauchs des Verstandes, und die practische Philosophie in Ansehung des Gebrauchs des Willens, welches die zwo Kräfte sind, woraus alles in unserm Gemüthe entsteht. Wenn wir nun die Oberkräfte von Erkenntniß und Bewegungs Vermögen nehmen, so ist das erste das Ober Erkenntniß Vermögen, oder der Verstand; und das 2te das Ober Begehrungs Vermögen, oder die freie Willkühr. Nun haben wir 2 Instructiones für beide Kräfte, nehmlich die Logic für den Verstand, und die practische Philosophie für den Willen. Die untere Kräfte können nicht instruirt werden, weil sie blind sind. Wir erwägen also hier ein Wesen, was freie Willkühr hat, welches nicht allein ein Mensch, sondern auch ein jedes vernünftiges Wesen seyn kann. Und hier erkennen wir die Regel des Gebrauchs der Freiheit, und das ist die practische Philosophie generaliter. Sie hat also objective Regeln des freyen Verhaltens. Eine jede objective Regel sagt was geschehen soll, wenn es auch niemals geschieht. Die subjective Regel sagt, was da wirklich geschiehet, denn auch bey den Lasterhaften sind Regeln, nach denen sie handeln. Die Anthropologie beschäftiget sich mit den subjectiven practischen Regeln, sie beobachtet das wirkliche Verhalten des Menschen allein, die moralische Philosophie sucht sein gutes Verhalten unter Regeln zu bringen, nehmlich was geschehen soll. Sie enthält Regeln des guten Gebrauchs des Willens, so wie die Logic Regeln enthält des richtigen Gebrauchs des Verstandes. Die Wißenschaft der Regel, wie der Mensch sich verhalten soll, ist die practische Philosophie, und die Wißenschaft der Regel des wirklichen Verhaltens ist die Anthropologie; diese beide Wißenschaften hangen sehr zusammen, und die Moral kann ohne die Anthropologie nicht bestehen, denn man muß das Subject erst kennen, ob es auch im Stande ist, das zu leisten, was man von ihm fordert, das es thun soll. Man kann zwar die practische Philosophie wohl erwegen, auch ohne die Anthropologie, oder ohne die Kentniß des Subjects, allein denn ist sie nur speculative, oder eine Idee; so muß der Mensch doch wenigstens hernach studiert werden. Es wird immer geprediget was geschehen soll, und keiner denkt daran ob es geschehen kann, deswegen werden auch die Ermahnungen, welches tautologische Wiederhohlungen der Regel, die schon ein jeder weiß, sind, einem sehr langwierig vorkommen, indem nichts mehr gesagt wird, als was man schon weiß, und die Kanzel Reden von solchen Ermahnungen sind sehr leer, wenn der Redner nicht zugleich auf die Menschheit sieht; und hierinn ist Spalding allen vorzuziehen. Daher muß man den Menschen kennen, ob er auch das thun kann, was man von ihm fordert. Die Betrachtung der Regel ist unnütz, wenn man nicht die Menschen bereitwillig machen kann, solche Regeln zu befolgen, deswegen hangen diese 2 Wißenschaften sehr zusammen. Es ist aber so, als wenn die theoretische Physic mit den Experimenten verbunden wird, denn man macht auch mit dem Menschen Experimente. Z:E: Man probirt einen Bedienten ob er treu ist. Es sollte also bey einem Examen des Predigers eben so auf seinen Character und Herz gesehen werden, als auf seine dogmatische Kentniße.

Die practische Philosophie ist demnach nicht der Form, sondern dem Object nach practisch. Sie ist eine Ausübungs-Lehre. So wie die Logic eine Vernunft Wißenschaft ist, so soll auch das Object der practischen die Praxis seyn. Sie ist also eine Wißenschaft über die objectiven Gesetze der freien Willkühr, eine Philosophie der objectiven Nothwendigkeit der freien Handlungen oder des Willens, das heißt, aller nur möglichen guten Handlungen, so wie die Anthropologie eine Wißenschaft ist über die subjectiven Gesetze der freien Willkühr. Die practische Philosophie handelt nicht von einer besonderen Art von Gegenständen der Praxis, sondern ohnangesehn aller Gegenstände der Praxis überhaupt von freien Handlungen, so wie die Logic. Die practische Regeln, die da sagen, was geschehen soll, sind dreierley: Regeln der Geschiklichkeit, Regeln der Klugheit, und Regeln der Sittlichkeit. Eine jede objective practische Regel wird durch den Imperativum ausgedrukt, die subjective practische Regel aber nicht, z:E: die Alten pflegten zu zeigen, das ist zwar, aber so sollte es doch nicht seyn. Aber z:E: man sollte im Alter nicht mehr so spaaren, als in der Jugend, weil man im Alter nicht mehr so viel braucht, indem man nicht so lange zu leben hat, als in der Jugend. Es giebt also 3erley Imperativos: einen Imperativum der Geschiklichkeit, der Klugheit und der Sittlichkeit. Denn ein jeder Imperativus drükt ein sollen, also eine objective Nothwendigkeit aus, und zwar eine Nothwendigkeit der freien und guten Willkühr, denn das gehört zum Imperativo, und neceßitirt objectiv. Alle Imperativi enthalten eine objective Nöthigung, und zwar unter der Bedingung einer freien guten Willkühr. Die Imperativi der Geschiklichkeit sind problematisch, die Imperativi der Klugheit sind pragmatisch, die Imperativi der Sittlichkeit sind Moralisch. Die problematische Imperativi sagen, daß bey einer jeden Regel eine Nothwendigkeit des Willens zu einem beliebigen Zweck angezeigt wird. Die Mittel werden aßertorisch enuncirt, die Zwecke aber sind problematisch. Z:E: die practische Geometrie ertheilt solche Imperativos. Z:E: Wenn ein Triangel soll gemacht werden oder ein Quadrat oder ein Sechseck, so muß man nach folgenden Regeln verfahren. Es ist also ein beliebiger Zweck durch angezeigte Mittel. Also alle practische Wißenschaften generaliter, als Geometrie, Mechanic etc., enthalten Imperativos der Geschiklichkeit. Sie sind von großem Nutzen, und müßen allen übrigen Imperativis vorgehen, denn man muß im Stande seyn beliebige Zwecke auszuführen, und Mittel haben, solche Zwecke zu erlangen, ehe man aufgegebne Zwecke ausführen kann. Die Imperativi der Geschiklichkeit imperiren nur hypothetisch; denn die Nothwendigkeit des Gebrauchs der Mittel ist allemal bedingt, nemlich unter der Bedingung des Zwecks. Die practische Philosophie enthält nicht Regeln der Geschiklichkeit, sondern Regeln der Klugheit und der Sittlichkeit. Sie ist also eine pragmatische und moralische Philosophie, pragmatisch in Ansehung der Regeln der Klugheit, und moralisch in Ansehung der Regeln der Sittlichkeit.

Die Klugheit ist die Fertigkeit im Gebrauch der Mittel zum allgemeinen Zwecke der Menschen, das ist, zur Glükseeligkeit, so ist hier schon der Zweck bestimmt, welches bey der Geschiklichkeit nicht ist. Zur Regel der Klugheit wird 2erley erfordert: den Zweck selber zu bestimmen, und denn, den Gebrauch der Mittel zu diesem Zwecke. Es gehört also dazu eine Regel der Beurtheilung deßen, was zur Glükseeligkeit gehört, und die Regel des Gebrauchs der Mittel zu dieser Glükseeligkeit. Die Klugheit ist also eine Fertigkeit den Zweck und auch die Mittel zureichend zu bestimmen. Die Bestimmung der Glükseeligkeit ist das erste bey der Klugheit, denn viele streiten noch, ob die Glükseeligkeit im Erhalten oder Erwerben besteht. Der scheint glüklicher zu seyn der keine Mittel hat, aber auch nichts von dem, was durch diese Mittel kann erlangt werden, als derjenige, der viel Mittel hat, aber auch viele braucht. Also ist die Bestimmung des Zwecks der Glükseeligkeit und worinn sie besteht, das erste, und die Mittel zu derselben das 2te der Klugheit. Die Imperativi der Klugheit gebieten nicht unter einer problematischen Bedingung, sondern unter einer aßertorischen allgemeinen nothwendigen Bedingung, die bey allen Menschen ist. Ich sage nicht, woferne du willst glüklich seyn, so must du das und jenes thun, sondern weil jeder glüklich seyn will, welches doch von jedem praesupponirt wird, so muß er das beobachten. Es ist also eine subjective nothwendige Bedingung. Ich sage nicht, du sollst glüklich seyn, denn wäre es eine objective nothwendige Bedingung, sondern, ich sage, weil du glüklich seyn willst, so must du dieses und jenes thun : Wir können uns aber noch einen Imperativum denken, wo der Zweck ausgemacht ist, mit einer Bedingung, die nicht subjectiv sondern objectiv imperirt, und das sind die sittlichen Imperativi, z:E: du sollst nicht lügen, ist kein problematischer Imperativus, denn sonst müste es heißen: Wenn es dir keinen Schaden bringt, denn solst du nicht lügen, sondern imperirt categorisch und schlechthin; du solst nicht lügen. Es ist also dieser Imperativus entweder ohne alle Bedingung, oder unter einer objectiven nothwendigen Bedingung. Der Zweck ist bey dem moralischen Imperativo eigentlich unbestimmt, die Handlung ist auch nicht nach dem Zweck bestimmt, sondern gehet nur auf die freye Willkühr, der Zweck mag seyn, welcher er wolle. Der moralische Imperativus imperirt also absolut, ohne auf die Zwecke zu sehen. Unser freies Thun und Laßen hat eine innere Bonitaet, giebt also dem Menschen einen unmittelbahren inneren absoluten Werth der Sittlichkeit. Z:E: derjenige, der Wort hält, hat immer einen unmittelbahren innern Werth der freien Willkühr, der Zweck mag seyn welcher er will. Die pragmatische Bonitaet giebt aber dem Menschen keinen innern Werth. [...]

VON DEN PFLICHTEN IN ANSEHUNG DER VERSCHIEDENHEIT DES ALTERS.

Der Autor hat gar keine gute Ordnung getroffen, er hätte diese Pflichten können eintheilen in Ansehung der Verschiedenheit der Stände, des Geschlechts und des Alters. Der Unterschied des Geschlecht ist nicht so gering, als man wohl glaubt. Die Triebfedern beim männlichen Geschlecht sind sehr unterschieden von den Triebfedern des weiblichen. In Ansehung des Unterschieds des Geschlechts kann man in der Anthropologie nachschlagen, woraus sich denn Pflichten ziehen lassen. Was die Pflichten der Verschiedenheit des Alters betrifft, so haben wir Pflichten gegen andre nicht allein als Menschen, sondern auch als unsre Mitbürger, da kommen bürgerliche Pflichten vor. Ueberhaupt ist die Moral ein unerschöpfliches Feld. Der Autor führt Pflichten gegen Gesunde und Kranke an. Auf die Art hätten wir auch Pflichten gegen Schöne und Häßliche, gegen Große und Kleine. Das sind aber keine besondre Pflichten weil es nur verschiedene Zustände sind, in denen die allgemeine Menschen-Pflicht zu beobachten ist. Das Alter können wir eintheilen in das Alter der Kindheit, wo man sich nicht selbst erhalten kann, in das Alter des Jünglings, wo man sich selbst erhalten, seine Art erzeugen, aber nicht erhalten kann, in das männliche, wenn man sich selbst erhalten, seine Art fortpflanzen und erhalten kann. Der wilde Zustand stimmt mit der Natur überein, der bürgerliche aber nicht. Man ist im bürgerlichen Zustande alsdenn noch ein Kind, obgleich man schon seine Art erzeugen kann; man kann sich aber noch nicht selbst erhalten; im wilden Zustande aber ist man alsdenn schon ein Mann. Einen weitläuftigern Unterschied findet man in der Anthropologie aus einander gesetzt. Weil der bürgerliche Zustand der Natur widerstreitet, der wilde aber nicht, so meint Roußeau, daß der bürgerliche Zustand dem Zweck der Natur nicht gemäß ist; allein der bürgerliche Zustand ist doch dem Zweck der Natur gemäß. Der Zweck der Natur der frühen Männlichkeit war die Vermehrung des menschlichen Geschlechts. Würden wir im 30sten Jahr mündig werden, so würde diese Zeit mit dem bürgerlichen Zustande übereinstimmen, allein alsdenn würde sich das menschliche Geschlecht im wilden Zustande nicht so vermehren. Im wilden Zustande vermehrt sich das menschliche Geschlecht aus vielen Ursachen sehr schlecht, daher muß die Mündigkeit sehr frühe seyn; da aber im bürgerlichen Zustande die Ursachen gehoben sind, so ersetzt der bürgerliche Zustand das, was dadurch entgeht, daß man nicht in dem Alter den Gebrauch von seiner Neigung machen kann. Die Zwischen-Zeit ist aber mit Lastern angefüllt. Wie ist nun der Mensch im bürgerlichen Zustande zu bilden für die Natur, und für die bürgerliche Gesellschaft? Dieses sind die 2 Zwecke der Natur, die Erziehung der Menschen in Ansehung des natürlichen und in Ansehung des bürgerlichen Zustandes. Die Regel der Erziehung ist der Hauptzweck, wodurch der Mensch im bürgerlichen Zustande gebildet wird. In der Erziehung sind 2 Stücke zu unterscheiden: Die Entwickelung der natürlichen Anlagen und die Hinzusetzung der Kunst. Das erste ist die Bildung des Menschen, das 2te Unterricht oder Belehrung. Der das Erste am Kinde thut, könnte der Hofmeister (Gouverneur) heissen, der aber das andere thut, Informator.

In der Bildung ist darauf zu sehn, daß sie nur negativ sey, daß man das alles abhalte, was der Natur zuwider sey. Die Kunst oder Belehrung kann 2fach seyn: negativ und positiv, abzuhalten und hinzu zu setzen. Das negative der Belehrung ist, zu verhüten, daß sich nicht Irrthümer einschleichen, das positive, daß was mehrers von Kenntnissen hinzugesetzt werde. Das negative sowohl der Belehrung als Bildung des Geschöpfs ist die Disciplin, das positive der Belehrung ist die Doctrin. Die Disciplin muß vor der Doctrin vorausgehn. Durch die Disciplin kann das Temperament und das Herz gebildet werden, der Character aber wird mehr durch die Doctrin gebildet. Disciplin heisset so viel als Zucht; durch die Zucht wird aber dem Kinde nichts neues gelehrt, sondern die regellose Freyheit eingeschränkt. Der Mensch muß disciplinirt werden, denn er ist von Natur roh und wild. Die menschlichen Anlagen sind nur durch Kunst bestimmt, gesittet zu werden. Bey Thieren entwikelt sich die Natur von selbst, bey uns aber durch Kunst, also können wir nicht der Natur den Lauf lassen, sonst erziehn wir den Menschen wild. Disciplin ist Zwang; als Zwang ist sie aber der Freiheit entgegen. Freyheit ist aber der Werth des Menschen, demnach muß der Jüngling durch die Disciplin dem Zwange so unterworfen werden, daß die Freyheit erhalten werde, er muß durch Zwang, aber nicht durch sclavischen Zwang disciplinirt werden. Alle Erziehung muß also frey seyn, so fern der Jüngling andere frey läßt. Der vornehmste Grund der Disciplin, worauf die Freyheit beruht, ist diese: Daß das Kind sein Verhältniß als ein Kind einsehe, und aus dem Bewußtseyn seiner Kindheit, Alters und Vermögens müssen alle Pflichten hergeleitet werden. Ein Kind muß also nicht mehr Kraft exerciren, als seinen Jahren gemäß ist; da es nun als ein Kind schwach ist, so muß es nicht durch Gebieten und commandiren vieles ausrichten können, sondern, es muß alles durch Bitten zu erlangen suchen; will es etwas mit Gewalt haben, und man erfüllts einmal um es zu beruhigen, so exercirt es das öfter mit stärkerer Kraft und vergißt seine Kindheits-Schwäche. Ein Kind muß also nicht gebieterisch erzogen werden; es muß nichts durch seinen Willen erhalten, sondern durch Gefälligkeit der andern. Die Gefälligkeit der andern erhält es aber dadurch, daß es sich selbst ihnen gefällig beweist; wenn es also durch Zwang nichts erhält, so gewöhnt es sich hernach durch Bitten und gefällige Handlungen alles zu erhalten. Wenn ein Kind in seinem Hause seinen Willen gehabt hat, so wächst es gebieterisch auf und findet hernach in der Gesellschaft allerwegen Widerstand, den es gar nicht gewohnt ist, und ist alsdenn für die Gesellschaft unnütz. So wie sich die Bäume im Walde unter einander discipliniren, indem sie die Luft zu ihrem Wachsthum nicht neben den andern sondern über sich suchen, wo sie keinen hindern, so wachsen sie auch gerade in die Höhe, da hingegen ein Baum auf freyem Felde, wo er nicht durch andre eingeschränkt wird, ganz krüppelicht wächst, es hernach aber schon zu spät ist ihn zu discipliniren. Eben so ist es auch mit dem Menschen; wird er frühe disciplinirt, so wächst er mit andern gerade auf, wird es aber versäumet, so wird er ein krüppelichter Baum. Die erste disciplin beruht auf Gehorsam. Diese kann hernach auf viele Zwecke angewandt werden, auf den Körper, auf sein Temperament etc. Z. E. ist er auffahrend, so muß er großen Widerstand bekommen; ist er faul, so muß man auch nicht gegen ihn willfährig seyn. Ferner auf seine Gemüths-Art. Dieser muß man sehr widerstehn, besonders, wo Bosheit, Schadenfreude, Neigung zum Zerstören und zum Quälen sich äußert. In Ansehung des Charakters ist nichts als Lügen und falsche betrügerische Gemüths-Art das schädlichste. Falschheit und Lügen sind die Fehler des Charakters, und sind Eigenschaften des Feigen, darauf muß in der Erziehung sehr gesehn werden, daß es unterdrückt wird. Die Bosheit hat doch noch ihre Stärke und darf nur disciplinirt werden, allein die geheime falsche Niederträchtigkeit hat keinen Keim des Guten mehr in sich. Von der Disciplin oder Zucht gehn wir zur Unterweisung oder Doctrin. Diese ist 3fach: Die Belehrung durch die Natur und Erfahrung, durch Erzählung und durch Raisonnement oder Vernünfteln. Die Belehrung durch Erfahrung ist der Grund von allem. Man muß einem Kinde nichts mehr lehren, als was es in der Erfahrung bestätiget findet und beobachten kann. Hierauf muß es angewöhnt werden selbst zu beobachten, wodurch sich Begriffe entspinnen, die von der Erfahrung abgeleitet sind. Die Belehrung durch Erzählung setzt schon Begriffe und Beurtheilung voraus. Das Vernünfteln muß nach dem Maaße der Jahre eingerichtet werden; zu Anfange muß es nur empirisch seyn und nicht durch Gründe a priori sondern durch den Effect in der Erfahrung, wenn es z. E. lügt, so muß man es gar nicht des Sprechens würdig halten. Es kommt besonders darauf an, wie die Erziehung den verschiedenen Jahren des Kindes angemeßen sey. In Ansehung des Alters ist die Erziehung 3fach, die Erziehung zum Kinde, zum Jüngling und zum Mann. Die Erziehung geht immer vorher und ist die Vorbereitung zum Alter. Die Erziehung als eine Vorbereitung zum Jünglings-Alter ist, wenn man ihm von allem Grund angiebt; im Kindheits-Alter kann das aber nicht seyn, denn Kindern werden die Sachen nur so vorgestellt, als sie sind, denn sonst fragen sie immer weg, und während der Antwort besinnen sie sich wieder auf neue Fragen. Zum Jünglings-Alter gehört aber schon Vernunft. Wenn fängt man an sich zum Jünglings-Alter vorzubereiten? In dem Alter wo er schon nach der Natur ein Jüngling ist, das ist ohngefähr im 10ten Jahr, denn da hat er schon Ueberlegung. Ein Jüngling muß schon was von Anständigkeit wissen, ein Kind aber nicht, dem kann man nur sagen: es ist nicht gebräuchlich. Ein Jüngling muß schon Pflichten der bürgerlichen Gesellschaft haben. Hier bekommt er den Begriff der Beständigkeit, der Menschen-Liebe, da ist er schon der Grundsätze fähig, denn wird Religion und Moral cultivirt, nun verfeinert er sich schon selbst und kann durch Ehre disciplinirt werden, da ein Kind nur durch Gehorsam disciplinirt wird. Der 3te Zeitpunkt ist, daß der Jüngling erzogen wird zum Eintritt in das Alter des Mannes, welches ist, wenn er sich nicht allein selbst erhalten, sondern auch seine Art fortpflanzen und erhalten kann. Im 16ten Jahr ist er nun am Rande des Mannes-Alters, da fällt die Erziehung der Disciplin weg. Hier lernt er seine Bestimmung mehr und mehr kennen, daher muß er die Welt kennen lernen. In diesem Eintritt in das Mannes-Alter muß man ihm vorreden von wahrhaften Pflichten, von der Würde der Menschheit in seiner Person, und von der Schätzung der Menschheit in andern. Hier muß die Doctrin den Character bilden. Was das Verhältniß in Ansehung des Geschlechts betrifft, so ist darauf die höchste Sorgfalt zu wenden, damit nicht die Affecten, worunter der Affect der Geschlechter-Neigung der stärkste ist, gemißbraucht werden. Roußeau sagt: Ein Vater soll hier in diesem Zeitalter seinem Sohn hievon einen völligen Begriff machen, und es nicht als ein Geheimniß behalten, er muß ihm hier seinen Verstand aufklären, die Bestimmung dieser Neigung sagen und den Schaden der aus dem Mißbrauch derselben entsteht. Er muß ihm hier aus moralischen Gründen die Abscheulichkeit der Handlung zeigen, und die Entehrung der Würde der Menschheit in seiner

Person vor Augen legen. Dieses ist der delicateste und der letzte Punkt in der Erziehung. Ehe die Schulen so weit kommen, werden noch viele Laster ausgeübt werden.

VON DER LETZTEN BESTIMMUNG DES MENSCHLICHEN GESCHLECHTS.

Die lezte Bestimmung des menschlichen Geschlecht ist die moralische Vollkommenheit, so fern sie durch die Freyheit des Menschen bewirkt wird, wodurch alsdenn der Mensch der größten Glückseeligkeit fähig ist. Gott hätte die Menschen schon so vollkommen machen und jedem die Glückseeligkeit haben austheilen können, allein alsdenn wäre es nicht aus dem innern principio der Welt entsprungen. Das innere principium der Welt aber ist die Freyheit. Die Bestimmung des Menschen ist also, seine größte Vollkommenheit durch seine Freyheit zu erlangen. Gott will nicht allein, daß wir sollen glücklich seyn, sondern wir sollten uns glücklich machen, das ist die wahre Moralität. Der allgemeine Zweck der Menschheit ist die höchste moralische Vollkommenheit; wenn sich nun alle so verhalten möchten, daß ihr Verhalten mit dem allgemeinen Zweck übereinstimmen möchte, so wäre dadurch die höchste Vollkommenheit erreicht. Es muß sich jeder einzelne bemühen, sein Verhalten diesem Zweck gemäß einzurichten wodurch er das Seinige dazu beyträgt, daß wenn nun ein jeder es so macht, die Vollkommenheit erreicht ist. Wie weit ist nun aber das menschliche Geschlecht auf dem Wege zu dieser Vollkommenheit? Wenn wir den erleuchtetsten Theil der Welt nehmen, so finden wir, daß alle Staaten gegen einander in Waffen stehn und jeder schleift seine Waffen im Frieden gegen den andern. Dieses hat solche Folgen, die da verhindern, daß sich die Menschen dem allgemeinen Zwecke der Vollkommenheit nähern können. Der Vorschlag des Abt von St. Pierre von einem allgemeinen Völker-Senat würde, wenn er ausgeführt, der Zeitpunkt seyn, wo das menschliche Geschlecht einen großen Schritt zur Vollkommenheit thun würde. Denn könnte die Zeit, die jezt auf Sicherheit verwandt wird, darauf verwendet werden, was den Zweck befördern möchte. Da aber die Idee des Rechts bey den Fürsten nicht solche Gewalt hat, als die Unabhängigkeit, eigne Gewalt und Begierde, nach seiner Willkühr zu regieren, so ist solches von der Seite auf keine Weise zu hoffen. Wie ist nun aber diese Vollkommenheit zu suchen und aus welchem Punkt wird sie zu hoffen seyn? Nirgends als durch die Erziehung. Diese muß allen Zwecken der Natur, der bürgerlichen und häuslichen Gesellschaft angemessen seyn. Unsere Erziehung aber im Hause und in den Schulen ist noch sehr fehlerhaft, so wohl in Ansehung der Cultur der Talente, der Disciplin und Doctrin, als auch in Ansehung der Bildung des Charakters nach moralischen Grundsätzen. Man ist mehr auf Geschicklichkeit, als auf Gesinnung bedacht, sich derselben gut zu bedienen. Wie kann aber ein Staat durch solche Personen, die nicht beßer erzogen sind, anders regiert werden? Wenn aber die Erziehung so eingerichtet wird, daß die Talente gut entwickelt, der Charakter moralisch gebildet würde, denn würden sie bis zum Throne hinaufsteigen, und die Prinzen würden hernach durch eben solche geschickte Personen erzogen werden. Anjetzo aber hat noch niemals ein Fürst was zur Vollkommenheit der Menschheit, der inneren Glückseeligkeit, zum Werth der Menschheit was beygetragen, sondern nur immer auf den Flor seines Staats gesehn, welches bey ihm die Hauptsache ist. Aber nach einer solchen Erziehung würden sie sich so ausbilden, daß solches auf die Vertragsamkeit einen Einfluß hätte. Wenn aber schon einmal die Quellen entstanden wären, so hätte das Bestand, und wenn es einmal allgemein ausgebreitet ist, so erhält er sich selbst durch das Urtheil eines jeden Menschen. Der Monarch kann aber nicht allein, sondern alle Glieder des Staats müssen so gebildet seyn, alsdenn hätte der Staat solche Festigkeit. Hat man das jemals zu hoffen? Die Basedowschen Anstalten der Erziehung machen dazu eine kleine warme Hoffnung. Wenn die menschliche Natur ihre völlige Bestimmung und ihre höchstmögliche Vollkommenheit wird erreicht haben, so ist dies das Reich Gottes auf Erden, alsdenn wird das innere Gewissen Recht und Billigkeit regieren, und keine obrigkeitliche Gewalt. Dies ist der lezte bestimmte Zweck und die höchste moralische Vollkommenheit, zu der das menschliche Geschlecht gelangen kann, die nach dem Verlauf vieler Jahrhunderte zu hoffen ist.

Finis Königsberg den 19ten April 1785.

MUTMASSLICHER ANFANG DER MENSCHENGESCHICHTE. JANUAR 1786

[...] Der vierte und letzte Schritt, den die, den Menschen über die Gesellschaft mit Tieren gänzlich erhebende, Vernunft tat, war: daß er (wiewohl nur dunkel) begriff, er sei eigentlich der Zweck der Natur, und nichts, was auf Erden lebt, könne hierin einen Mitbewerber gegen ihn abgeben. Das erstemal, daß er zum Schafe sagte: der Pelz, den du trägst, hat dir die Natur nicht für dich, sondern für mich gegeben, ihm ihn abzog, und sich selbst anlegte (V. 21): ward er eines Vorrechtes inne, welches er, vermöge seiner Natur, über alle Tiere hatte, die er nun nicht mehr als seine Mitgenossen an der Schöpfung, sondern als seinem Willen überlassene Mittel und Werkzeuge zu Erreichung seiner beliebigen Absichten ansah. Diese Vorstellung schließt (wiewohl dunkel) den Gedanken das Gegensatzes ein: daß er so etwas zu keinem Menschen sagen dürfe, sondern diesen als gleichen Teilnehmer an den Geschenken der Natur anzusehen habe: eine Vorbereitung von weitem zu den Einschränkungen, die die Vernunft künftig dem Willen in Ansehung seines Mitmenschen auferlegen sollte, und welche, weit mehr als Zuneigung und Liebe, zu Errichtung der Gesellschaft notwendig ist.

Und so war der Mensch in eine Gleichheit mit allen vernünftigen Wesen, von welchem Range sie auch sein mögen, getreten (III, 22): nämlich, in Ansehung des Anspruchs, selbst Zweck zu sein, von jedem anderen auch als ein solcher geschätzt, und von keinem bloß als Mittel zu anderen Zwecken gebraucht zu werden. Hierin, und nicht in der Vernunft, wie sie bloß als ein Werkzeug zu Befriedigung der mancherlei Neigungen betrachtet wird, steckt der Grund der so unbeschränkten Gleichheit des Menschen, selbst mit höheren Wesen, die ihm an Naturgaben sonst über alle Vergleichung vorgesehen möchten, deren keines aber darum ein Recht hat, über ihn nach bloßem Belieben zu schalten und zu walten. Dieser Schritt ist daher zugleich mit Entlassung desselben aus dem Mutterschoße der Natur verbunden: eine Veränderung, die zwar ehrend, aber zugleich sehr gefahrvoll ist, indem sie ihn aus dem harmlosen und sicheren Zustande der Kindespflege, gleichsam aus einem Garten, der ihn ohne seine Mühe versorgte, heraustrieb (V. 23), und ihn in die weite Welt stieß, wo so viel Sorgen, Mühe und unbekannte Übel auf ihn warten. Künftig wird ihm die Mühseligkeit des Lebens öfter den Wunsch nach einem Paradiese, dem Geschöpfe seiner Einbildungskraft, wo er in ruhiger Untätigkeit und beständigem Frieden sein Dasein verträumen oder vertändeln könne, ablocken. Aber es lagert sich zwischen ihm und jenem eingebildeten Sitz der Wonne die rastlose und zur Entwickelung der in ihn gelegten Fähigkeiten unwiderstehlich treibende Vernunft, und erlaubt es nicht, in den Stand der Rohigkeit und Einfalt zurück zu kehren, aus dem sie ihn gezogen hatte (V. 24). Sie treibt ihn an, die Mühe, die er haßt, dennoch geduldig über sich zu nehmen, dem Flitterwerk, das er verachtet, nachzulaufen, und den Tod selbst, vor dem ihn grauet, über alle jene Kleinigkeiten, deren Verlust er noch mehr scheuet, zu vergessen.

ANMERKUNG

Aus dieser Darstellung der ersten Menschengeschichte ergibt sich: daß der Ausgang des Menschen aus dem, ihm durch die Vernunft, als erster Aufenthalt seiner Gattung vorgestellten, Paradiese nicht anders, als der Übergang aus der Rohigkeit eines bloß tierischen Geschöpfes in die Menschheit, aus dem Gängelwagen des Instinkts zur Leitung der Vernunft, mit einem Worte: aus der Vormundschaft der Natur in den Stand der Freiheit gewesen sei. Ob der Mensch durch diese Veränderung gewonnen, oder verloren habe, kann nun nicht mehr die Frage sein, wenn man auf die Bestimmung seiner Gattung sieht, die in nichts als im Fortschreiten zur Vollkommenheit besteht, so fehlerhaft auch die ersten, selbst in einer langen Reihe ihrer Glieder nach einander folgenden Versuche, zu diesem Ziele durchzudringen, ausfallen mögen. – Indessen ist dieser Gang, der für die Gattung ein Fortschritt vom Schlechteren zum Besseren ist, nicht eben das nämliche für das Individuum. Ehe die Vernunft erwachte, war noch kein Gebot oder Verbot, und also noch keine Übertretung; als sie aber ihr Geschäft anfing, und, schwach wie sie ist, mit der Tierheit und deren ganzen Stärke ins Gemenge kam, so mußten Übel, und, was ärger ist, bei kultivierterer Vernunft Laster entspringen, die dem Stande der Unwissenheit, mithin der Unschuld, ganz fremd waren. Der erste Schritt also aus diesem Stande war auf der sittlichen Seite ein Fall; auf der physischen waren eine Menge nie gekannter Übel des Lebens die Folge dieses Falls, mithin Strafe. Die Geschichte der Natur fängt also vom Guten an, denn sie ist das Werk Gottes; die Geschichte der Freiheit vom Bösen, denn sie ist Menschenwerk. Für das Individuum, welches im Gebrauche seiner Freiheit bloß auf sich selbst sieht, war, bei einer solchen Veränderung, Verlust; für die Natur, die ihren Zweck mit dem Menschen auf die Gattung richtet, war sie Gewinn. Jenes hat daher Ursache, alle Übel die es erduldet, und alles Böse das es verübt, seiner eigenen Schuld zuzuschreiben, zugleich aber auch als ein Glied des Ganzen (einer Gattung) die Weisheit und Zweckmäßigkeit der Anordnung zu bewundern und zu preisen. – Auf diese Weise kann man auch die so oft gemißdeuteten, dem Scheine nach einander widerstreitenden Behauptungen des berühmten J. J. Rousseau unter sich und mit der Vernunft in Einstimmung bringen. In seiner Schrift über den Einfluß der Wissenschaften und der über die Ungleichheit der Menschen zeigt er ganz richtig den unvermeidlichen Widerstreit der Kultur mit der Natur des menschlichen Geschlechts, als einer physischen Gattung, in welches jedes Individuum seine Bestimmung ganz erreichen sollte; in seinem Emil aber, seinem gesellschaftlichen Kontrakte, und anderen Schriften sucht er wieder das schwerere Problem aufzulösen: wie die Kultur fortgehen müsse, um die Anlagen der Menschheit, als einer sittlichen Gattung, zu ihrer Bestimmung gehörig zu entwickeln, so daß diese jener als Naturgattung nicht mehr widerstreite. Aus welchem Widerstreit (da die Kultur, nach wahren Prinzipien der Erziehung zum Menschen und Bürger zugleich, vielleicht noch nicht recht angefangen, vielweniger vollendet ist) alle wahre Übel entspringen, die das menschliche Leben drücken, und alle Laster, die es verunehren,* indessen daß die Anreize zu den letzteren, denen man des-

* Um nur einige Beispiele dieses Widerstreits zwischen der Bestrebung der Menschheit zu ihrer sittlichen Bestimmung einerseits und der unveränderlichen Befolgung der für den rohen und tierischen Zustand in ihrer Natur gelegten Gesetze andererseits beizubringen, führe ich folgendes an.

Die Epoche der Mündigkeit, d. i. des Triebes sowohl, als Vermögens, seine Art zu erzeugen, hat die Natur auf das Alter von etwa 16 bis 17 Jahren festgesetzt: ein Alter, in welchem der Jüngling im rohen Naturstande buchstäblich ein Mann wird; denn er hat alsdann das Vermögen, sich selbst zu erhalten, seine Art zu erzeugen, und auch diese, samt seinem Weibe, zu erhalten. Die Einfalt der Bedürfnisse macht ihm dieses leicht. Im kultivierten Zustande hingegen gehören zum letzteren viele Erwerbmittel, so wohl an Geschicklichkeit, als auch an günstigen äußern Umständen, so daß diese Epoche, bürgerlich, wenigstens im Durchschnitte um 10 Jahre weiter hinausgerückt wird. Die Natur hat indessen ihren Zeitpunkt der Reife nicht zufalls schuld gibt, an sich gut und als Naturanlagen zweckmäßig sind, diese Anlagen aber, da sie auf den bloßen Naturzustand gestellet waren, durch die fortgehende Kultur Abbruch leiden, und dieser dagegen Abbruch tun, bis vollkommene Kunst wieder Natur wird: als welches das letzte Ziel der sittlichen Bestimmung der Menschengattung ist.

gleich mit dem Fortschritte der gesellschaftlichen Verfeinerung verändert, sondern befolgt hartnäckig ihr Gesetz, welches sie auf die Erhaltung der Menschengattung als Tiergattung gestellet hat. Hieraus entspringt nun dem Naturzwecke durch die Sitten, und diesen durch jenen, ein unvermeidlicher Abbruch. Denn der Naturmensch ist in einem gewissen Alter schon Mann, wenn der bürgerliche Mensch (der doch nicht aufhört Naturmensch zu sein) nur Jüngling, ja wohl gar nur Kind ist; denn so kann man denjenigen wohl nennen, der seiner Jahre wegen (im bürgerlichen Zustande) sich nicht einmal selbst, vielweniger seine Art erhalten kann, ob er gleich den Trieb und das Vermögen, mithin den Ruf der Natur für sich hat, sie zu erzeugen. Denn die Natur hat gewiß nicht Instinkte und Vermögen in lebende Geschöpfe gelegt, damit sie solche bekämpfen und unterdrücken sollten. Also war die Anlage derselben auf den gesitteten Zustand gar nicht gestellt, sondern bloß auf die Erhaltung der Menschengattung als Tiergattung; und der zivilisierte Zustand kommt also mit dem letzteren in unvermeidlichen Widerstreit, den nur eine vollkommene bürgerliche Verfassung (das äußerste Ziel der Kultur) heben könnte, da jetzt jener Zwischenraum gewöhnlicherweise mit Lastern, und ihrer Folge, dem mannigfaltigen menschlichen Elende, besetzt wird.

Ein anderes Beispiel zum Beweise der Wahrheit des Satzes: daß die Natur in uns zwei Anlagen zu zwei verschiedenen Zwecken, nämlich der Menschheit als Tiergattung, und eben derselben als sittlicher Gattung, gegründet habe, ist das: Ars longa, vita brevis des Hippokrates.

WAS HEISST: SICH IM DENKEN ORIENTIEREN? OKTOBER 1786

[...] Der Freiheit zu denken ist erstlich der bürgerliche Zwang entgegengesetzt. Zwar sagt man: die Freiheit zu sprechen, oder zu schreiben, könne uns zwar durch obere Gewalt, aber die Freiheit zu denken durch sie gar nicht genommen werden. Allein, wie viel und mit welcher Richtigkeit würden wir wohl denken, wenn wir nicht gleichsam in Gemeinschaft mit andern, denen wir unsere und die uns ihre Gedanken mitteilen, dächten! Also kann man wohl sagen, daß diejenige äußere Gewalt, welche die Freiheit, seine Gedanken öffentlich mitzuteilen, den Menschen entreißt, ihnen auch die Freiheit zu denken nehme: das einzige Kleinod, das uns bei allen bürgerlichen Lasten noch übrig bleibt, und wodurch allein wider alle Übel dieses Zustandes noch Rat geschafft werden kann.

Zweitens wird die Freiheit zu denken auch in der Bedeutung genommen, daß ihr der Gewissenszwang entgegengesetzt ist; wo ohne alle äußere Gewalt in Sachen der Religion sich Bürger über andere zu Vormündern aufwerfen, und, statt Argument, durch vorgeschriebene mit ängstlicher Furcht vor der Gefahr einer eigenen Untersuchung begleitete Glaubensformeln, alle Prüfung der Vernunft durch frühen Eindruck auf die Gemüter zu verbannen wissen.

Drittens bedeutet auch Freiheit im Denken die Unterwerfung der Vernunft unter keine andere Gesetze, als: die sie sich selbst gibt; und ihr Gegenteil ist die Maxime eines gesetzlosen Gebrauchs der Vernunft (um dadurch, wie das Genie wähnt, weiter zu sehen, als unter der Einschränkung durch Gesetze). Die Folge davon ist natürlicher Weise diese: daß, wenn die Vernunft dem Gesetze nicht unterworfen sein will; das sie sich selbst gibt, sie sich unter das Joch der Gesetze beugen muß, die ihr ein anderer gibt; denn ohne irgend ein Gesetz kann gar nichts, selbst nicht der größte Unsinn, sein Spiel lange treiben. Also ist die unvermeidliche Folge der erklärten Gesetzlosigkeit im Denken (einer Befreiung von den Einschränkungen durch die Vernunft) diese: daß Freiheit zu denken zuletzt dadurch eingebüßt, und, weil nicht etwa Unglück, sondern wahrer Übermut daran schuld ist, im eigentlichen Sinne des Worts verscherzt wird.

Der Gang der Dinge ist ungefähr dieser. Zuerst gefällt sich das Genie sehr in seinem kühnen Schwunge, da es den Faden, woran es sonst die Vernunft lenkte, abgestreift hat. Es bezaubert bald auch andere durch Machtsprüche und große Erwartungen, und scheint sich selbst nunmehr auf einen Thron gesetzt zu haben, den langsame schwerfällige Vernunft so schlecht zierete; wobei es gleichwohl immer die Sprache derselben führet. Die alsdann angenommene Maxime der Ungültigkeit einer zu oberst gesetzgebenden Vernunft nennen wir gemeine Menschen Schwärmerei; jene Günstlinge der gütigen Natur aber Erleuchtung. Weil indessen bald eine Sprachverwirrung unter diesen selbst entspringen muß, indem, da Vernunft allein für jedermann gültig gebieten kann, jetzt jeder seiner Eingebung folgt: so müssen zuletzt aus inneren Eingebungen durch Zeugnisse äußere bewährte Facta, aus Traditionen, die anfänglich selbst gewählt waren, mit der Zeit aufgedrungene Urkunden, mit einem Worte die gänzliche Unterwerfung der Vernunft unter Facta, d.i. der Aberglaube entspringen, weil dieser sich doch wenigstens in eine gesetzliche Form und dadurch in einen Ruhestand bringen läßt.

Weil gleichwohl die menschliche Vernunft immer noch nach Freiheit strebt: so muß, wenn sie einmal die Fesseln zerbricht, ihr erster Gebrauch einer lange entwöhnten Freiheit in Mißbrauch und vermessenes Zutrauen auf Unabhängigkeit ihres Vermögens von aller Einschränkung ausarten, in eine Überredung von der Alleinherrschaft der spekulativen Vernunft, die nichts annimmt, als was sich durch objektive Gründe und dogmatische Überzeugung rechtfertigen kann, alles übrige aber kühn wegleugnet. Die Maxime der Unabhängigkeit der Vernunft von ihrem eigenen Bedürfnis (Verzichttuung auf Vernunftglauben) heißt nun Unglaube: nicht ein historischer; denn, den kann man sich gar nicht als vorsätzlich, mithin auch nicht als zurechnungsfähig denken (weil jeder einem Faktum, welches nur hinreichend bewährt ist, eben so gut als einer mathematischen Demonstration glauben muß, er mag wollen oder nicht); sondern ein Vernunftunglaube, ein mißlicher Zustand des menschlichen Gemüts, der den moralischen Gesetzen zuerst alle Kraft der Triebfedern auf das Herz, mit der Zeit so gar ihnen selbst alle Autorität benimmt, und die Denkungsart veranlaßt, die man Freigeisterei nennt, d. i. den Grundsatz, gar keine Pflicht mehr zu erkennen. Hier mengt sich nun die Obrigkeit ins Spiel, damit nicht selbst bürgerliche Angelegenheiten in die größte Unordnung kommen; und, da das behendeste und doch nachdrücklichste Mittel ihr gerade das beste ist, so hebt sie die Freiheit zu denken gar auf, und unterwirft dieses, gleich anderen Gewerben, den Landesverordnungen. Und so zerstört Freiheit im Denken, wenn sie so gar unabhängig von Gesetzen der Vernunft verfahren will, endlich sich selbst.

Freunde des Menschengeschlechts und dessen, was ihm am heiligsten ist! Nehmt an, was euch nach sorgfältiger und aufrichtiger Prüfung am glaubwürdigsten scheint, es mögen nun Facta, es mögen Vernunftgründe sein; nur streitet der Vernunft nicht das, was sie zum höchsten Gut auf Erden macht, nämlich das Vorrecht ab, der letzte Probierstein der Wahrheit* zu sein. Widrigenfalls werdet ihr, dieser Freiheit unwürdig, sie auch sicherlich einbüßen, und dieses Unglück noch dazu dem übrigen schuldlosen Teile über den Hals ziehen, der sonst wohl gesinnt gewesen wäre, sich seiner Freiheit gesetzmäßig und dadurch auch zweckmäßig zum Weltbesten zu bedienen!

Königsberg.

I. Kant

* Selbstdenken heißt den obersten Probierstein der Wahrheit in sich selbst (d. i. in seiner eigenen Vernunft) suchen; und die Maxime, jederzeit selbst zu denken, ist die Aufklärung. Dazu gehört nun eben so viel nicht, als sich diejenigen einbilden, welche die Aufklärung in Kenntnisse setzen; da sie vielmehr ein negativer Grundsatz im Gebrauche seines Erkenntnisvermögens ist, und öfter der, so an Kenntnissen überaus reich ist, im Gebrauche derselben am wenigsten aufgeklärt ist. Sich seiner eigenen Vernunft bedienen will nichts weiter sagen, als bei allem dem, was man annehmen soll, sich selbst fragen: ob man es wohl tunlich finde, den Grund, warum man etwas annimmt, oder auch die Regel, die aus dem, was man annimmt, folgt, zum allgemeinen Grundsatze seines Vernunftgebrauchs zu machen? Diese Probe kann ein jeder mit sich selbst anstellen; und er wird Aberglauben und Schwärmerei bei dieser Prüfung alsbald verschwinden sehen, wenn er gleich bei weitem die Kenntnisse nicht hat, beide aus objektiven Gründen zu widerlegen. Denn er bedient sich bloß der Maxime der Selbsterhaltung der Vernunft. Aufklärung in einzelnen Subjekten durch Erziehung zu gründen, ist also gar leicht; man muß nur früh anfangen, die jungen Köpfe zu dieser Reflexion zu gewöhnen. Ein Zeitalter aber aufzuklären, ist sehr langwierig; denn es finden sich viel äußere Hindernisse, welche jene Erziehungsart teils verbieten, teils erschweren.

KRITIK DER PRAKTISCHEN VERNUNFT. 1788

METHODENLEHRE DER PRAKTISCHEN VERNUNFT

Zwar kann man nicht in Abrede sein, daß, um ein entweder noch ungebildetes, oder auch verwildertes Gemüt zuerst ins Gleis des moralisch-Guten zu bringen, es einiger vorbereitenden Anleitungen bedürfe, es durch seinen eigenen Vorteil zu locken, oder durch den Schaden zu schrecken; allein, so bald dieses Maschinenwerk, dieses Gängelband, nur einige Wirkung getan hat, so muß durchaus der reine moralische Bewegungsgrund an die Seele gebracht werden, der nicht allein dadurch, daß er der einzige ist, welcher einen Charakter (praktische konsequente Denkungsart nach unveränderlichen Maximen) gründet, sondern auch darum, weil er den Menschen seine eigene Würde fühlen lehrt, dem Gemüte eine ihm selbst unerwartete Kraft gibt, sich von aller sinnlichen Anhänglichkeit, so fern sie herrschend werden will, loszureißen, und in der Unabhängigkeit seiner intelligibelen Natur und der Seelengröße, dazu er sich bestimmt sieht, für die Opfer, die er darbringt, reichliche Entschädigung zu finden. Wir wollen also diese Eigenschaft unseres Gemüts, diese Empfänglichkeit eines reinen moralischen Interesse, und mithin die bewegende Kraft der reinen Vorstellung der Tugend, wenn sie gehörig ans menschliche Herz gebracht wird, als die mächtigste, und, wenn es auf die Dauer und Pünktlichkeit in Befolgung moralischer Maximen ankommt, einzige Triebfeder zum Guten, durch Beobachtungen, die ein jeder anstellen kann, beweisen; wobei doch zugleich erinnert werden muß, daß, wenn diese Beobachtungen nur die Wirklichkeit eines solchen Gefühls, nicht aber dadurch zu Stande gebrachte sittliche Besserung beweisen, dieses der einzigen Methode, die objektiv-praktischen Gesetze der reinen Vernunft durch bloße reine Vorstellung der Pflicht subjektiv-praktisch zu machen, keinen Abbruch tue, gleich als ob sie eine leere Phantasterei wäre. Denn, da diese Methode noch niemals in Gang gebracht worden, so kann auch die Erfahrung noch nichts von ihrem Erfolg aufzeigen, sondern man kann nur Beweistümer der Empfänglichkeit solcher Triebfedern fodern, die ich jetzt kürzlich vorlegen und darnach die Methode der Gründung und Kultur echter moralischer Gesinnungen, mit wenigem, entwerfen will.

Wenn man auf den Gang der Gespräche in gemischten Gesellschaften, die nicht bloß aus Gelehrten und Vernünftlern, sondern auch aus Leuten von Geschäften oder Frauenzimmer bestehen, Acht hat, so bemerkt man, daß außer dem Erzählen und Scherzen, noch eine Unterhaltung, nämlich das Räsonieren, darin Platz findet; weil das erstere, wenn es Neuigkeit, und, mit ihr, Interesse bei sich führen soll, bald erschöpft, das zweite aber leicht schal wird. Unter allem Räsonieren ist aber keines, was mehr den Beitritt der Personen, die sonst bei allem Vernünfteln bald lange Weile haben, erregt, und eine gewisse Lebhaftigkeit in die Gesellschaft bringt, als das über den sittlichen Wert dieser oder jener Handlung, dadurch der Charakter irgend einer Person ausgemacht werden soll. Diejenige, welchen sonst alles Subtile und Grüblerische in theoretischen Fragen trocken und verdrießlich ist, treten bald bei, wenn es darauf ankommt, den moralischen Gehalt einer erzählten guten oder bösen Handlung auszumachen, und sind so genau, so grüblerisch, so subtil, alles, was die Reinigkeit der Absicht, und mithin den Grad der Tugend in derselben vermindern, oder auch nur verdächtig machen könnte, auszusinnen, als man bei keinem Objekte der Spekulation sonst von ihnen erwartet. Man kann in diesen Beurteilungen oft den Charakter der über andere urteilenden Personen selbst hervorschimmern sehen, deren einige vorzüglich geneigt scheinen, indem sie ihr Richteramt, vornehmlich über Verstorbene, ausüben, das Gute, was von dieser oder jener Tat derselben erzählt wird, wider alle kränkende Einwürfe der Unlauterkeit und zuletzt den ganzen sittlichen Wert der Person wider den Vorwurf der Verstellung und geheimen Bösartigkeit zu verteidigen, andere dagegen mehr auf Anklagen und Beschuldigungen sinnen, diesen Wert anzufechten. Doch kann man den letzteren nicht immer die Absicht beimessen, Tugend aus allen Beispielen der Menschen gänzlich wegvernünfteln zu wollen, um sie dadurch zum leeren Namen zu machen, sondern es ist oft nur wohlgemeinte Strenge in Bestimmung des echten sittlichen Gehalts, nach einem unnachsichtlichen Gesetze, mit welchem und nicht mit Beispielen verglichen der Eigendünkel im Moralischen sehr sinkt, und Demut nicht etwa bloß gelehrt, sondern bei scharfer Selbstprüfung von jedem gefühlt wird. Dennoch kann man den Verteidigern der Reinigkeit der Absicht in gegebenen Beispielen es mehrenteils ansehen, daß sie ihr da, wo sie die Vermutung der Rechtschaffenheit für sich hat, auch den mindesten Fleck gerne abwischen möchten, aus dem Bewegungsgrunde, damit nicht, wenn allen Beispielen ihre Wahrhaftigkeit gestritten und aller menschlichen Tugend die Lauterkeit weggeleugnet würde, diese nicht endlich gar für ein bloßes Hirngespinst gehalten, und so alle Bestrebung zu derselben als eitles Geziere und trüglicher Eigendünkel geringschätzig gemacht werde.

Ich weiß nicht, warum die Erzieher der Jugend von diesem Hange der Vernunft, in aufgeworfenen praktischen Fragen selbst die subtilste Prüfung mit Vergnügen einzuschlagen, nicht schon längst Gebrauch gemacht haben, und, nachdem sie einen bloß moralischen Katechism zum Grunde legten, sie nicht die Biographien alter und neuer Zeiten in der Absicht durchsuchten, um Belege zu den vorgelegten Pflichten bei der Hand zu haben, an denen sie, vornehmlich durch die Vergleichung ähnlicher Handlungen unter verschiedenen Umständen, die Beurteilung ihrer Zöglinge in Tätigkeit setzten, um den mindern oder größeren moralischen Gehalt derselben zu bemerken, als worin sie selbst die frühe Jugend, die zu aller Spekulation sonst noch unreif ist, bald sehr scharfsichtig, und dabei, weil sie den Fortschritt ihrer Urteilskraft fühlt, nicht wenig interessiert finden werden, was aber das Vornehmste ist, mit Sicherheit hoffen können, daß die öftere Übung, das Wohlverhalten in seiner ganzen Reinigkeit zu kennen und ihm Beifall zu geben, dagegen selbst die kleinste Abweichung von ihr mit Bedauern oder Verachtung zu bemerken, ob es zwar bis dahin nur ein Spiel der Urteilskraft, in welchem Kinder mit einander wetteifern können, getrieben wird, dennoch einen dauerhaften Eindruck der Hochschätzung auf der einen und des Abscheues auf der andern Seite zurücklassen werde, welche, durch bloße Gewohnheit, solche Handlungen als beifalls- oder tadelwürdig öfters anzusehen, zur Rechtschaffenheit im künftigen Lebenswandel eine gute Grundlage ausmachen würden. Nur wünsche ich sie mit Beispielen sogenannter edler (überverdienstlicher) Handlungen, mit welchen unsere empfindsame Schriften so viel um sich werfen, zu verschonen, und alles bloß auf Pflicht und den Wert, den ein Mensch sich in seinen eigenen Augen durch das Bewußtsein, sie nicht übertreten zu haben, geben kann und muß, auszusetzen, weil, was auf leere Wünsche und Sehnsuchten nach unersteiglicher Vollkommenheit hinausläuft, lauter Romanhelden hervorbringt, die, indem sie sich auf ihr Gefühl für das überschwenglich-Große viel zu Gute tun, sich dafür von der Beobachtung der gemeinen und gangbaren Schuldigkeit, die alsdenn ihnen nur unbedeutend klein scheint, frei sprechen.

Wenn man aber frägt: was denn eigentlich die reine Sittlichkeit ist, an der, als dem Probemetall, man jeder Handlung moralischen Gehalt prüfen müsse, so muß ich gestehen, daß nur Philosophen die Entscheidung dieser Frage zweifelhaft machen können; denn in der gemeinen Menschenvernunft ist sie, zwar nicht durch abgezogene allgemeine Formeln, aber doch durch den gewöhnlichen Gebrauch, gleichsam als der Unterschied zwischen der rechten und linken Hand, längst entschieden. Wir wollen also vorerst das Prüfungsmerkmal der reinen Tugend an einem Beispiele zeigen, und, indem wir uns vorstellen, daß es etwa einem zehnjährigen Knaben zur Beurteilung vorgelegt worden, sehen, ob er auch von selber, ohne durch den Lehrer dazu angewiesen zu sein, notwendig so urteilen müßte. Man erzähle die Geschichte eines redlichen Mannes, den man bewegen will, den Verleumdern einer unschuldigen, übrigens nicht vermögenden Person (wie etwa Anna von Boleyn auf Anklage Heinrichs VIII. von England) beizutreten. Man bietet Gewinne, d.i. große Geschenke oder hohen Rang an, er schlägt sie aus. Dieses wird bloßen Beifall und Billigung in der Seele des Zuhörers wirken, weil es Gewinn ist. Nun fängt man es mit Androhung des Verlusts an. Es sind unter diesen Verleumdern seine besten Freunde, die ihm jetzt ihre Freundschaft aufsagen, nahe Verwandte, die ihn (der ohne Vermögen ist) zu enterben drohen, Mächtige, die ihn in jedem Orte und Zustande verfolgen und kränken können, ein Landesfürst, der ihn mit dem Verlust der Freiheit, ja des Lebens selbst bedroht. Um ihn aber, damit das Maß des Leidens voll sei, auch den Schmerz fühlen zu lassen, den nur das sittlich gute Herz recht inniglich fühlen kann, mag man seine mit äußerster Not und Dürftigkeit bedrohete Familie ihn um Nachgiebigkeit anflehend, ihn selbst, obzwar rechtschaffen, doch eben nicht von festen unempfindlichen Organen des Gefühls, für Mitleid sowohl als eigener Not, in einem Augenblick, darin er wünscht, den Tag nie erlebt zu haben, der ihn einem so unaussprechlichen Schmerz aussetzte, dennoch seinem Vorsatze der Redlichkeit, ohne zu wanken oder nur zu zweifeln, treu bleibend, vorstellen: so wird mein jugendlicher Zuhörer stufenweise, von der bloßen Billigung zur Bewunderung, von da zum Erstaunen, endlich bis zur größten Verehrung, und einem lebhaften Wunsche, selbst ein solcher Mann sein zu können (obzwar freilich nicht in seinem Zustande), erhoben werden; und gleichwohl ist hier die Tugend nur darum so viel wert, weil sie so viel kostet, nicht weil sie etwas einbringt. Die ganze Bewunderung und selbst Bestrebung zur Ähnlichkeit mit diesem Charakter beruht hier gänzlich auf der Reinigkeit des sittlichen Grundsatzes, welche nur dadurch recht in die Augen fallend vorgestellet werden kann, daß man alles, was Menschen nur zur Glückseligkeit zählen mögen, von den Triebfedern der Handlung wegnimmt. Also muß die Sittlichkeit auf das menschliche Herz desto mehr Kraft haben, je reiner sie dargestellt wird. Woraus denn folgt, daß, wenn das Gesetz der Sitten und das Bild der Heiligkeit und Tugend auf unsere Seele überall einigen Einfluß ausüben soll, sie diesen nur so fern ausüben könne, als sie rein, unvermengt von Absichten auf sein Wohlbefinden, als Triebfeder ans Herz gelegt wird, darum weil sie sich im Leiden am herrlichsten zeigt. Dasjenige aber, dessen Wegräumung die Wirkung einer bewegenden Kraft verstärkt, muß ein Hindernis gewesen sein. Folglich ist alle Beimischung der Triebfedern, die von eigener Glückseligkeit hergenommen werden, ein Hindernis, dem moralischen Gesetze Einfluß aufs menschliche Herz zu verschaffen. – Ich behaupte ferner, daß selbst in jener bewunderten Handlung, wenn der Bewegungsgrund, daraus sie geschah, die Hochschätzung seiner Pflicht war, alsdenn eben diese Achtung fürs Gesetz, nicht etwa ein Anspruch auf die innere Meinung von Großmut und edler verdienstlicher Denkungsart, gerade auf das Gemüt des Zµschauers die größte Kraft habe, folglich Pflicht, nicht Verdienst, den nicht allein bestimmtesten, sondern, wenn sie im rechten Lichte ihrer Unverletzlichkeit vorgestellt wird, auch den eindringendsten Einfluß aufs Gemüt haben müsse.

In unsern Zeiten, wo man mehr mit schmelzenden weichherzigen Gefühlen, oder hochfliegenden, aufblähenden und das Herz eher welk, als stark, machenden Anmaßungen über das Gemüt mehr auszurichten hofft, als durch die der menschlichen Unvollkommenheit und dem Fortschritte im Guten angemeßnere trockne und ernsthafte Vorstellung der Pflicht, ist die Hinweisung auf diese Methode nötiger, als jemals. Kindern Handlungen als edele, großmütige, verdienstliche zum Muster aufzustellen, in der Meinung, sie durch Einflößung eines Enthusiasmus für dieselbe einzunehmen, ist vollends zweckwidrig. Denn da sie noch in der Beobachtung der gemeinsten Pflicht und selbst in der richtigen Beurteilung derselben so weit zurück sind, so heißt das so viel, als sie bei Zeiten zu Phantasten zu machen. Aber auch bei dem belehrtem und erfahrnern Teil der Menschen ist diese vermeinte Triebfeder, wo nicht von nachteiliger, wenigstens von keiner echten moralischen Wirkung aufs Herz, die man dadurch doch hat zuwege bringen wollen.

Alle Gefühle, vornehmlich die, so ungewohnte Anstrengung bewirken sollen, müssen in dem Augenblicke, da sie in ihrer Heftigkeit sind, und ehe sie verbrausen, ihre Wirkung tun, sonst tun sie nichts; indem das Herz natürlicherweise zu seiner natürlichen gemäßigten Lebensbewegung zurückkehrt, und sonach in die Mattigkeit verfällt, die ihm vorher eigen war; weil zwar etwas, was es reizte, nichts aber, das es stärkte, an dasselbe gebracht war. Grundsätze müssen auf Begriffe errichtet werden, auf alle andere Grundlage können nur Anwandelungen zu Stande kommen, die der Person keinen moralischen Wert, ja nicht einmal eine Zuversicht auf sich selbst verschaffen können, ohne die das Bewußtsein seiner moralischen Gesinnung und eines solchen Charakters, das höchste Gut im Menschen, gar nicht stattfinden kann. Diese Begriffe nun, wenn sie subjektiv praktisch werden sollen, müssen nicht bei den objektiven

Gesetzen der Sittlichkeit stehen bleiben, um sie zu bewundern, und in Beziehung auf die Menschheit hochzuschätzen, sondern ihre Vorstellung in Relation auf den Menschen und auf sein Individuum betrachten; da denn jenes Gesetz in einer zwar höchst achtungswürdigen, aber nicht so gefälligen Gestalt erscheint, als ob es zu dem Elemente gehöre, daran natürlicher Weise gewohnt ist, sondern wie es ihn nötiget, dieses oft, nicht ohne Selbstverleugnung, zu verlassen, und sich in ein höheres zu begeben, darin er sich, mit unaufhörlicher Besorgnis des Rückfalls, nur mit Mühe erhalten kann. Mit einem Worte, das moralische Gesetz verlangt Befolgung aus Pflicht, nicht aus Vorliebe, die man gar nicht voraussetzen kann und soll.

Laßt uns nun im Beispiele sehen, ob in der Vorstellung einer Handlung als edler und großmütiger Handlung mehr subjektiv bewegende Kraft einer Triebfeder liege, als, wenn diese bloß als Pflicht in Verhältnis auf das ernste moralische Gesetz vorgestellt wird. Die Handlung, da jemand, mit der größten Gefahr des Lebens, Leute aus dem Schiffbruche zu retten sucht, wenn er zuletzt dabei selbst sein Leben einbüßt, wird zwar einerseits zur Pflicht, andererseits aber und größtenteils auch für verdienstliche Handlung angerechnet, aber unsere Hochschätzung derselben wird gar sehr durch den Begriff von Pflicht gegen sich selbst, welche hier etwas Abbruch zu leiden scheint, geschwächt. Entscheidender ist die großmütige Aufopferung seines Lebens zur Erhaltung des Vaterlandes, und doch, ob es auch so vollkommen Pflicht sei, sich von selbst und unbefohlen dieser Absicht zu weihen, darüber bleibt einiger Skrupel übrig, und die Handlung hat nicht die ganze Kraft eines Musters und Antriebes zur Nachahmung in sich. Ist es aber unerlaßliche Pflicht, deren Übertretung das moralische Gesetz an sich und ohne Rücksicht auf Menschenwohl verletzt, und dessen Heiligkeit gleichsam mit Füßen tritt (dergleichen Pflichten man Pflichten gegen Gott zu nennen pflegt, weil wir uns in ihm das Ideal der Heiligkeit in Substanz denken), so widmen wir der Befolgung desselben mit Aufopferung alles dessen, was für die innigste aller unserer Neigungen nur immer einen Wert haben mag, die allervollkommenste Hochachtung, und wir finden unsere Seele durch ein solches Beispiel gestärkt und erhoben, wenn wir an demselben uns überzeugen können, daß die menschliche Natur zu einer so großen Erhebung über alles, was Natur nur immer an Triebfedern zum Gegenteil aufbringen mag, fähig sei. Juvenal stellt ein solches Beispiel in einer Steigerung vor, die den Leser die Kraft der Triebfeder, die im reinen Gesetze der Pflicht, als Pflicht steckt, lebhaft empfinden läßt:

Esto bonus miles, tutor bonus, arbiter idem
Integer; ambiguae si quando citabere testis
Incertaeque rei, Phalaris licet imperet, ut sis
Falsus, et admoto dictet periuria tauro:
Summum crede nefas animam praeferre pudori,
Et propter vitam vivendi perdere causas.

Wenn wir irgend etwas Schmeichelhaftes vom Verdienstlichen in unsere Handlung bringen können, denn ist die Triebfeder schon mit Eigenliebe etwas vermischt, hat also einige Beihülfe von der Seite der Sinnlichkeit. Aber der Heiligkeit der Pflicht allein alles nachsetzen, und sich bewußt werden, daß man es könne, weil unsere eigene Vernunft dieses als ihr Gebot anerkennt, und sagt, daß man es tun solle, das heißt sich gleichsam über die Sinnenwelt selbst gänzlich erheben, und ist in demselben Bewußtsein des Gesetzes auch als Triebfeder eines die Sinnlichkeit beherrschenden Vermögens unzertrennlich, wenn gleich nicht immer mit Effekt verbunden, der aber doch auch, durch die öftere Beschäftigung mit derselben, und die anfangs kleinern Versuche ihres Gebrauchs, Hoffnung zu seiner Bewirkung gibt, um in uns nach und nach das größte, aber reine moralische Interesse daran hervorzubringen.

Die Methode nimmt also folgenden Gang. Zuerst ist es nur darum zu tun, die Beurteilung nach moralischen Gesetzen zu einer natürlichen, alle unsere eigene sowohl als die Beobachtung fremder freier Handlungen begleitenden Beschäftigung und gleichsam zur Gewohnheit zu machen, und sie zu schärfen, indem man vorerst frägt, ob die Handlung objektiv dem moralischen Gesetze, und welchem, gemäß sei; wobei man denn die Aufmerksamkeit auf dasjenige Gesetz, welches bloß einen Grund zur Verbindlichkeit an die Hand gibt, von dem unterscheidet, welches in der Tat verbindend ist (leges obligandi a legibus obligantibus), (wie z. B. das Gesetz desjenigen, was das Bedürfnis der Menschen im Gegensatze dessen, was das Recht derselben von mir fordert, wovon das letztere wesentliche, das erstere aber nur außerwesentliche Pflichten vorschreibt) und so verschiedene Pflichten, die in einer Handlung zusammenkommen, unterscheiden lehrt. Der andere Punkt, worauf die Aufmerksamkeit gerichtet werden muß, ist die Frage: ob die Handlung auch (subjektiv) um des moralischen Gesetzes willen geschehen, und also sie nicht allein sittliche Richtigkeit, als Tat, sondern auch sittlichen Wert, als Gesinnung, ihrer Maxime nach habe. Nun ist kein Zweifel, daß diese Übung, und das Bewußtsein einer daraus entspringenden Kultur unserer bloß über das Praktische urteilenden Vernunft, ein gewisses Interesse, selbst am Gesetze derselben, mithin an sittlich guten Handlungen nach und nach hervorbringen müsse. Denn wir gewinnen endlich das lieb, dessen Betrachtung uns den erweiterten Gebrauch unserer Erkenntniskräfte empfinden läßt, welchen vornehmlich dasjenige befördert, worin wir moralische Richtigkeit antreffen; weil sich die Vernunft in einer solchen Ordnung der Dinge mit ihrem Vermögen, a priori nach Prinzipien zu bestimmen was geschehen soll, allein gut finden kann. Gewinnt doch ein Naturbeobachter Gegenstände, die seinen Sinnen anfangs anstößig sind, endlich lieb, wenn er die große Zweckmäßigkeit ihrer Organisation daran entdeckt; und so seine Vernunft an ihrer Betrachtung weidet, und Leibniz brachte ein Insekt, welches er durchs Mikroskop sorgfältig betrachtet hatte, schonend wiederum auf sein Blatt zurück, weil er sich durch seinen Anblick belehrt gefunden, und von ihm gleichsam eine Wohltat genossen hatte.

Aber diese Beschäftigung der Urteilskraft, welche uns unsere eigene Erkenntniskräfte fühlen läßt, ist noch nicht das Interesse an den Handlungen und ihrer Moralität selbst. Sie macht bloß, daß man sich gerne mit einer solchen Beurteilung unterhält, und gibt der Tugend, oder der Denkungsart nach moralischen Gesetzen, eine Form der Schönheit, die bewundert, darum aber noch nicht gesucht wird (laudatur et alget); wie alles, dessen Betrachtung subjektiv ein Bewußtsein der Harmonie unserer Vorstellungskräfte bewirkt, und wobei wir unser ganzes Erkenntnisvermögen (Verstand und Einbildungskraft) gestärkt fühlen, ein Wohlgefallen hervorbringt, das sich auch andern mitteilen läßt, wobei gleichwohl die Existenz des Objekts uns gleichgültig bleibt, indem es nur als die Veranlassung angesehen wird, der über die Tierheit erhabenen Anlage der Talente in uns inne zu werden. Nun tritt aber die zweite Übung ihr Geschäft an, nämlich, in der lebendigen Darstellung der moralischen Gesinnung an Beispielen, die Reinigkeit des Willens bemerklich zu machen, vorerst nur als negativer Vollkommenheit desselben, so fern in einer Handlung aus Pflicht gar keine Triebfedern der Neigungen als Bestimmungsgründe auf ihn einfließen; wodurch der Lehrling doch auf das Bewußtsein seiner Freiheit aufmerksam erhalten wird; und obgleich diese Entsagung eine anfängliche Empfindung von Schmerz erregt, dennoch dadurch, daß sie jenen Lehrling dem Zwange selbst wahrer Bedürfnisse entzieht, ihm zugleich eine Befreiung von der mannigfaltigen Unzufriedenheit, darin ihn alle diese Bedürfnisse verflechten, angekündigt, und das Gemüt für die Empfindung der Zufriedenheit aus anderen Quellen empfänglich gemacht wird. Das Herz wird doch von einer Last die es jederzeit ingeheim drückt, befreit und erleichtert, wenn an reinen moralischen Entschließungen, davon Beispiele vorgelegt werden, dem Menschen ein inneres, ihm selbst sonst nicht einmal recht bekanntes Vermögen, die innere Freiheit, aufgedeckt wird, sich von der ungestümen Zudringlichkeit der Neigungen dermaßen loszumachen, daß gar keine, selbst die beliebteste nicht, auf eine Entschließung, zu der wir uns jetzt unserer Vernunft bedienen sollen, Einfluß habe. In einem Falle, wo ich nur allein weiß, daß das Unrecht auf meiner Seite sei, und, obgleich das freie Geständnis desselben, und die Anerbietung zur Genugtuung an der Eitelkeit, dem Eigennutze, selbst dem sonst nicht unrechtmäßigen Widerwillen gegen den, dessen Recht von mir geschmälert ist, so großen Widerspruch findet, dennoch mich über alle diese Bedenklichkeiten wegsetzen kann, ist doch ein Bewußtsein einer Unabhängigkeit von Neigungen und von Glücksumständen, und der Möglichkeit, sich selbst genug zu sein, enthalten, welche mir überall auch in anderer Absicht heilsam ist. Und nun findet das Gesetz der Pflicht, durch den positiven Wert, den uns die Befolgung desselben empfinden läßt, leichteren Eingang durch die Achtung für uns selbst im Bewußtsein unserer Freiheit. Auf diese, wenn sie wohl gegründet ist, wenn der Mensch nichts stärker scheuet, als sich in der inneren Selbstprüfung in seinen eigenen Augen geringschätzig und verwerflich zu finden, kann nun jede gute sittliche Gesinnung gepfropft werden; weil dieses der beste, ja der einzige Wächter ist, das Eindringen unedler und verderbender Antriebe vom Gemüte abzuhalten.

Ich habe hiemit nur auf die allgemeinsten Maximen der Methodenlehre einer moralischen Bildung und Übung hinweisen wollen. Da die Mannigfaltigkeit der Pflichten für jede Art derselben noch besondere Bestimmungen erforderte, und so ein weitläuftiges Geschäfte ausmachen würde, so wird man mich für entschuldigt halten, wenn ich, in einer Schrift, wie diese, die nur Vorübung ist, es bei diesen Grundzügen bewenden lasse.

KRITIK DER URTEILSKRAFT. 1790

Einleitung

I. Von der Einteilung der Philosophie

Wenn man die Philosophie, sofern sie Prinzipien der Vernunfterkenntnis der Dinge (nicht bloß, wie die Logik, *Prinzipien* der Form des Denkens überhaupt, ohne Unterschied der Objekte) durch Begriffe enthält, wie gewöhnlich, in die theoretische und praktische einteilt: so verfährt man ganz recht. Aber alsdann müssen auch die Begriffe, welche den Prinzipien dieser Vernunfterkenntnis ihr Objekt anweisen, spezifisch verschieden sein, weil sie sonst zu keiner Einteilung berechtigen würden, welche jederzeit eine Entgegensetzung der Prinzipien, der zu den verschiedenen Teilen einer Wissenschaft gehörigen Vernunfterkenntnis, voraussetzt.

Es sind aber nur zweierlei Begriffe, welche eben so viel verschiedene Prinzipien der Möglichkeit ihrer Gegenstände zulassen: nämlich die Naturbegriffe, und der Freiheitsbegriff. Da nun die ersteren ein theoretisches Erkenntnis nach Prinzipien a priori möglich machen, der zweite aber in Ansehung derselben nur ein negatives Prinzip (der bloßen Entgegensetzung) schon in seinem Begriffe bei sich führt, dagegen für die Willensbestimmung erweiternde Grundsätze, welche darum praktisch heißen, errichtet: so wird die Philosophie in zwei, den Prinzipien nach ganz verschiedene, Teile, in die theoretische als Naturphilosophie, und die praktische als Moralphilosophie (denn so wird die praktische Gesetzgebung der Vernunft nach dem Freiheitsbegriffe genannt) mit Recht eingeteilt. Es hat aber bisher ein großer Mißbrauch mit diesen Ausdrücken zur Einteilung der verschiedenen Prinzipien, und mit ihnen auch der Philosophie, geherrscht: indem man das Praktische nach Naturbegriffen mit dem Praktischen nach dem Freiheitsbegriffe für einerlei nahm, und so, unter denselben Benennungen einer theoretischen und praktischen Philosophie, eine Einteilung machte, durch welche (da beide Teile einerlei Prinzipien haben konnten) in der Tat nichts eingeteilt war.

Der Wille, als Begehrungsvermögen, ist nämlich eine von den mancherlei Naturursachen in der Welt, nämlich diejenige, welche nach Begriffen wirkt; und alles, was als durch einen Willen möglich (oder notwendig) vorgestellt wird, heißt praktisch-möglich (oder notwendig): zum Unterschiede von der physischen Möglichkeit oder Notwendigkeit einer Wirkung, wozu die Ursache nicht durch Begriffe (sondern, wie bei der leblosen Materie, durch Mechanism, und, bei Tieren, durch Instinkt) zur Kausalität bestimmt wird. – Hier wird nun in Ansehung des Praktischen unbestimmt gelassen: ob der Begriff, der der Kausalität des Willens die Regel gibt, ein Naturbegriff, oder ein Freiheitsbegriff sei.

Der letztere Unterschied aber ist wesentlich. Denn, ist der die Kausalität bestimmende Begriff ein Naturbegriff, so sind die Prinzipien technisch-praktisch; ist er aber ein Freiheitsbegriff, so sind diese moralisch-praktisch: und weil es in der Einteilung einer Vernunftwissenschaft gänzlich auf diejenige Verschiedenheit der Gegenstände ankommt, deren Erkenntnis verschiedener Prinzipien bedarf, so werden die ersteren zur theoretischen Philosophie (als Naturlehre) gehören, die *andern* aber ganz allein den zweiten Teil, nämlich (als Sittenlehre) die praktische Philosophie, ausmachen.

Alle technisch-praktische Regeln (d.i. die der Kunst und Geschicklichkeit überhaupt, oder auch der Klugheit, als einer Geschicklichkeit, auf Menschen und ihren Willen Einfluß zu haben), so fern ihre Prinzipien auf Begriffen beruhen, müssen nur als Korollarien zur theoretischen Philosophie gezählt werden. Denn sie betreffen nur die Möglichkeit der Dinge nach Naturbegriffen, wozu nicht allein die Mittel, die in der Natur dazu anzutreffen sind, sondern selbst der Wille (als Begehrungs-, mithin als Naturvermögen) gehört, sofern er durch Triebfedern der Natur jenen Regeln gemäß bestimmt werden kann. Doch heißen dergleichen praktische Regeln nicht Gesetze (etwa so wie physische), sondern nur Vorschriften: und zwar darum, weil der Wille nicht bloß unter dem Naturbegriffe, sondern auch unter dem Freiheitsbegriffe steht, in Beziehung auf welchen die Prinzipien desselben Gesetze heißen, und, mit ihren Folgerungen, den zweiten Teil der Philosophie, nämlich den praktischen, allein ausmachen.

So wenig also die Auflösung der Probleme der reinen Geometrie zu einem besonderen Teile derselben gehört, oder die Feldmeßkunst den Namen einer praktischen Geometrie, zum Unterschiede von der reinen, als ein zweiter Teil der Geometrie überhaupt verdient: so, und noch weniger, darf die mechanische oder chemische Kunst der Experimente, oder der Beobachtungen, für einen praktischen Teil der Naturlehre, endlich die Haus-, Land-, Staatswirtschaft, die Kunst des Umganges, die Vorschrift der Diätetik, selbst nicht die allgemeine Glückseligkeitslehre, sogar nicht einmal die Bezähmung der Neigungen und Bändigung der Affekten zum Behuf der letzteren, zur praktischen Philosophie gezählt werden, oder die letzteren wohl gar den zweiten Teil der Philosophie überhaupt ausmachen; weil sie insgesamt nur Regeln der Geschicklichkeit, die mithin nur technisch- praktisch sind, enthalten, um eine Wirkung hervorzubringen, die nach Naturbegriffen der Ursachen und Wirkungen möglich ist, welche, da sie zur theoretischen Philosophie gehören, jenen Vorschriften als bloßen Korollarien aus derselben (der Naturwissenschaft) *unterworfen sind, und also* keine Stelle in einer besonderen Philosophie, die praktische genannt, verlangen können. Dagegen machen die moralisch-praktischen Vorschriften, die sich gänzlich auf dem Freiheitsbegriffe, mit völliger Ausschließung der Bestimmungsgründe des Willens aus der Natur, gründen, eine ganz besondere Art von Vorschriften aus: welche auch, gleich denen Regeln, *welchen* die Natur gehorcht, schlechthin Gesetze heißen, aber nicht, wie diese, auf sinnlichen Bedingungen, sondern auf einem übersinnlichen Prinzip beruhen, und, neben dem theoretischen Teile der Philosophie, für sich ganz allein, einen anderen Teil, unter dem Namen der praktischen Philosophie, fordern.

Man siehet hieraus, daß ein Inbegriff praktischer Vorschriften, welche die Philosophie gibt, nicht einen besonderen, dem theoretischen zur Seite gesetzten, Teil derselben darum ausmache, weil sie praktisch sind; denn das könnten sie sein, wenn ihre Prinzipien gleich gänzlich aus der theoretischen Erkenntnis der Natur hergenommen wären (als technisch-praktische Regeln); sondern, weil und wenn ihr Prinzip gar nicht vom Naturbegriffe, der jederzeit sinnlich bedingt ist, entlehnt ist, mithin auf dem Übersinnlichen, welches der Freiheitsbegriff allein durch formale Gesetze kennbar macht, beruht, und sie also moralisch-praktisch, d. i. nicht bloß Vorschriften und Regeln in dieser oder jener Absicht, sondern, ohne vorgehende Bezugnehmung auf Zwecke und Absichten, Gesetze sind.

DIE RELIGION INNERHALB DER GRENZEN DER BLOSSEN VERNUNFT. 1792/93

ERSTES STÜCK
VON DER EINWOHNUNG DES BÖSEN PRINZIPS NEBEN DEM GUTEN
ODER
ÜBER DAS RADIKALE BÖSE IN DER MENSCHLICHEN NATUR

Daß die Welt im Argen liege: ist eine Klage, die so alt ist, als die Geschichte, selbst als die noch ältere Dichtkunst, ja gleich alt mit der ältesten unter allen Dichtungen, der Priesterreligion. Alle lassen gleichwohl die Welt vom Guten anfangen: vom goldenen Zeitalter, vom Leben im Paradiese, oder von einem noch glücklichern, in Gemeinschaft mit himmlischen Wesen. Aber dieses Glück lassen sie bald wie einen Traum verschwinden; und nun den Verfall ins Böse (das Moralische, mit welchem das Physische immer zu gleichen Paaren ging) zum Ärgern mit akzeleriertem Falle eilen: so daß wir jetzt (dieses Jetzt aber ist so alt, als die Geschichte) in der letzten Zeit leben, der jüngste Tag und der Welt Untergang vor der Tür ist, und in einigen Gegenden von Hindostan der Weltrichter und Zerstörer Ruttren (sonst auch Siba oder Siwen genannt) schon als der jetzt machthabende Gott verehrt wird, nachdem der Weiterhalter Wischnu, seines Amts, das er vom Weltschöpfer Brahma übernahm, müde, es schon seit Jahrhunderten niedergelegt hat.

Neuer, aber weit weniger ausgebreitet, ist die entgegengesetzte heroische Meinung, die wohl allein unter Philosophen, und in unsern Zeiten vornehmlich unter Pädagogen, Platz gefunden hat: daß die Welt gerade in umgekehrter Richtung, nämlich vom Schlechten zum Bessern, unaufhörlich (obgleich kaum merklich) fortrücke, wenigstens die Anlage dazu in der menschlichen Natur anzutreffen sei. Diese Meinung aber haben sie sicherlich nicht aus der Erfahrung geschöpft, wenn vom Moralisch-Guten oder Bösen (nicht von der Zivilisierung) die Rede ist: denn da spricht die Geschichte aller Zeiten gar zu mächtig gegen sie; sondern es ist vermutlich bloß eine gutmütige Voraussetzung der Moralisten von Seneca bis zu Rousseau, um zum unverdrossenen Anbau des vielleicht in uns liegenden Keimes zum Guten anzutreiben, wenn man nur auf eine natürliche Grundlage dazu im Menschen rechnen könne. Hiezu kömmt noch: daß, da man doch den Menschen von Natur (d. i. wie er gewöhnlich geboren wird) als, dem Körper nach, gesund annehmen muß, keine Ursache sei, ihn nicht auch der Seele nach eben so wohl von Natur für gesund und gut anzunehmen. Diese sittliche Anlage zum Guten in uns auszubilden, sei uns also die Natur selbst beförderlich. Sanabilibus aegrotamus malis, nosque in rectum genitos natura, si sanari velimus, adiuvat: sagt Seneca.

Weil es aber doch wohl geschehen sein könnte, daß man sich in beider angeblichen Erfahrung geirret hätte: so ist die Frage: ob nicht ein Mittleres wenigstens möglich sei, nämlich: daß der Mensch in seiner Gattung weder gut noch böse, oder allenfalls auch eines sowohl als das andere, zum Teil gut, zum Teil böse sein könne? – Man nennt aber einen Menschen böse, nicht darum, weil er Handlungen ausübt, welche böse (gesetzwidrig) sind; sondern weil diese so beschaffen sind, daß sie auf böse

Maximen in ihm schließen lassen. Nun kann man zwar gesetzwidrige Handlungen durch Erfahrung bemerken, auch (wenigstens an sich selbst), daß sie mit Bewußtsein gesetzwidrig sind; aber die Maximen kann man nicht beobachten, sogar nicht allemal in sich selbst, mithin das Urteil, daß der Täter ein böser Mensch sei, nicht mit Sicherheit auf Erfahrung gründen. Also müßte sich aus einigen, ja aus einer einzigen mit Bewußtsein bösen Handlung, a priori auf eine böse zum Grunde liegende Maxime, und aus dieser auf einen in dem Subjekt allgemein liegenden Grund aller besondern moralisch-bösen Maximen, der selbst wiederum Maxime ist, schließen lassen, um einen Menschen böse zu nennen.

Damit man sich aber nicht sofort am Ausdrucke Natur stoße, welcher, wenn er (wie gewöhnlich) das Gegenteil des Grundes der Handlungen aus Freiheit bedeuten sollte, mit den Prädikaten moralisch-gut oder böse in geradem Widerspruch stehen würde: so ist zu merken: daß hier unter der Natur des Menschen nur der subjektive Grund des Gebrauchs seiner Freiheit überhaupt (unter objektiven moralischen Gesetzen), der vor aller in die Sinne fallenden Tat vorhergeht, verstanden werde; dieser Grund mag nun liegen, worin er wolle. Dieser subjektive Grund muß aber immer wiederum selbst ein Actus der Freiheit sein (denn sonst könnte der Gebrauch, oder Mißbrauch der Willkür des Menschen, in Ansehung des sittlichen Gesetzes, ihm nicht zugerechnet werden, und das Gute oder Böse in ihm nicht moralisch heißen). Mithin kann in keinem die Willkür durch Neigung bestimmenden Objekte, in keinem Naturtriebe, sondern nur in einer Regel, die die Willkür sich selbst für den Gebrauch ihrer Freiheit macht, d. i. in einer Maxime, der Grund des Bösen liegen. Von dieser muß nun nicht weiter gefragt werden können, was der subjektive Grund ihrer Annehmung, und nicht vielmehr der entgegengesetzten Maxime, im Menschen sei. Denn wenn dieser Grund zuletzt selbst keine Maxime mehr, sondern ein bloßer Naturtrieb wäre: so würde der Gebrauch der

Freiheit ganz auf Bestimmung durch *Natursachen* zurückgeführt werden können: welches ihr aber widerspricht. Wenn wir also sagen: der Mensch ist von Natur gut, oder, er ist von Natur böse: so bedeutet dieses nur so viel, als: er enthält einen (uns unerforschlichen) ersten Grund* der Annehmung guter, oder der Annehmung böser (gesetzwidriger) Maximen; und zwar allgemein als Mensch, mithin so, daß er durch dieselbe zugleich den Charakter seiner Gattung ausdrückt.

Wir werden also von einem dieser Charaktere (der Unterscheidung des Menschen von andern möglichen vernünftigen Wesen) sagen: er ist ihm angeboren; und doch dabei uns immer bescheiden, daß nicht die Natur die Schuld derselben (wenn er böse ist), oder das Verdienst (wenn er gut ist) trage, sondern daß der Mensch selbst Urheber desselben sei. Weil aber der erste Grund der Annehmung unsrer Maximen, der selbst immer wiederum in der freien Willkür liegen muß, kein Faktum sein kann, das in der Erfahrung gegeben werden könnte: so heißt das Gute oder Böse im Menschen (als der subjektive erste Grund der Annehmung dieser oder jener Maxime, in Ansehung des moralischen Gesetzes) bloß in dem Sinne angeboren, als es vor allem in der Erfahrung gegebenen Gebrauche der Freiheit (in der frühesten Jugend bis zur Geburt zurück) zum Grunde gelegt wird, und so, als mit der Geburt zugleich im Menschen vorhanden, vorgestellt wird: nicht daß die Geburt eben die Ursache davon sei. [...]

* Daß der erste subjektive Grund der Annehmung moralischer Maximen unerforschlich sei, ist daraus schon vorläufig zu ersehen: daß, da diese Annehmung frei ist, der Grund derselben (warum ich z. B. eine böse und nicht vielmehr eine gute Maxime angenommen habe) in keiner Triebfeder der Natur, sondern immer wiederum in einer Maxime gesucht werden muß; und, da auch diese eben so wohl ihren Grund haben muß, außer der Maxime aber kein Bestimmungsgrund der freien Willkür angeführt werden soll und kann, man in der Reihe der subjektiven Bestimmungsgründe ins Unendliche immer weiter zurück gewiesen wird, ohne auf den ersten Grund kommen zu können.

Die eine oder die andere Gesinnung als angeborne Beschaffenheit von Natur haben, bedeutet hier auch nicht, daß sie von dem Menschen, der sie hegt, gar nicht erworben, d. i. er nicht Urheber sei; sondern, daß sie nur nicht in der Zeit erworben sei (daß er eines oder das andere von Jugend auf sei immerdar). Die Gesinnung, d. i. der erste subjektive Grund der Annehmung der Maximen, kann nur eine einzige sein, und geht allgemein auf den ganzen Gebrauch der Freiheit. Sie selbst aber muß auch durch freie Willkür angenommen worden sein, denn sonst könnte sie nicht zugerechnet werden. Von dieser Annehmung kann nun nicht wieder der subjektive Grund, oder die Ursache, erkannt werden (obwohl darnach zu fragen unvermeidlich ist; weil sonst wiederum eine Maxime angeführt werden müßte, in welche diese Gesinnung aufgenommen worden, die eben so wiederum ihren Grund haben muß). Weil wir also diese Gesinnung, oder vielmehr ihren obersten Grund nicht von irgend einem ersten Zeit-Actus der Willkür ableiten können, so nennen wir sie eine Beschaffenheit der Willkür, die ihr (ob sie gleich in der Tat in der Freiheit gegründet ist) von Natur zukömmt. Daß wir aber unter dem Menschen, von dem wir sagen, er sei von Natur gut oder böse, nicht *den* einzelnen verstehen (da alsdann einer als von Natur gut, der andere als böse angenommen werden könnte), sondern die ganze Gattung zu verstehen befugt sind: kann nur weiterhin bewiesen werden, wenn es sich in der anthropologischen Nachforschung zeigt, daß die Gründe, die uns berechtigen, einem Menschen einen von beiden Charakteren als angeboren beizulegen, so beschaffen sind, daß kein Grund ist, einen Menschen davon auszunehmen, und er also von der Gattung gelte.

DIE METAPHYSIK DER SITTEN. RECHTSLEHRE. 1797

DES RECHTS DER HÄUSLICHEN GESELLSCHAFT ZWEITER TITEL: DAS ELTERNRECHT

§ 28 Gleichwie aus der Pflicht des Menschen gegen sich selbst, d. i. gegen die Menschheit in seiner eigenen Person ein Recht (ius personale) beider Geschlechter entsprang, sich, als Personen, wechselseitig einander, auf dingliche Art, durch Ehe zu erwerben: so folgt, aus der Zeugung in dieser Gemeinschaft, eine Pflicht der Erhaltung und Versorgung in Absicht auf ihr Erzeugnis, d. i. die Kinder, als Personen, haben hiemit zugleich ein ursprünglich-angebornes (nicht angeerbtes) Recht auf ihre Versorgung durch die Eltern, bis sie vermögend sind, sich selbst zu erhalten; und zwar durchs Gesetz (lege) unmittelbar, d. i. ohne daß ein besonderer rechtlicher Akt dazu erforderlich ist.

Denn da das Erzeugte eine Person ist, und es unmöglich ist, sich von der Erzeugung eines mit Freiheit begabten Wesens durch eine physische Operation einen Begriff zu machen*: so ist

* Selbst nicht, wie es möglich ist, daß Gott freie Wesen erschaffe; denn da wären, wie es scheint, alle künftige Handlungen derselben, durch jenen ersten Akt vorherbestimmt, in der Kette der Naturnotwendigkeit enthalten,

es eine in praktischer Hinsicht ganz richtige und auch notwendige Idee, den Akt der Zeugung als einen solchen anzusehen, wodurch wir eine Person ohne ihre Einwilligung auf die Welt gesetzt, und eigenmächtig in sie herüber gebracht haben; für welche Tat auf den Eltern nun auch eine Verbindlichkeit haftet, sie, so viel in ihren Kräften ist, mit diesem ihrem Zustande zufrieden zu machen. – Sie können ihr Kind nicht gleichsam als ihr Gemächsel (denn ein solches kann kein mit Freiheit begabtes Wesen sein) und als ihr Eigentum zerstören oder es auch nur dem Zufall überlassen, weil an ihm nicht bloß ein Weltwesen, sondern auch ein Weltbürger in einen Zustand herüber zogen, der ihnen nun auch nach Rechtsbegriffen nicht gleichgültig sein kann.

mithin nicht frei. Daß sie aber (wir Menschen) doch frei sind, beweiset der kategorische Imperativ in moralisch-praktischer Absicht, wie durch einen Machtspruch der Vernunft, ohne daß diese doch die Möglichkeit dieses Verhältnisses einer Ursache zur Wirkung in theoretischer begreiflich machen kann, weil beide übersinnlich sind. – Was man ihr hiebei allein zumuten kann, wäre bloß: daß sie beweise, es sei in dem Begriffe von einer Schöpfung freier Wesen kein Widerspruch; und dieses kann dadurch gar wohl geschehen, daß gezeigt wird: der Widerspruch eräugne sich nur dann, wenn mit der Kategorie der Kausalität zugleich die Zeitbedingung, die im Verhältnis zu Sinnenobjekten nicht vermieden werden kann (daß nämlich der Grund einer Wirkung vor dieser vorhergehe), auch in das Verhältnis des Übersinnlichen zu einander hinüber gezogen wird (welches auch wirklich, wenn jener Kausalbegriff in theoretischer Absicht objektive Realität bekommen soll, geschehen müßte), er – der Widerspruch – aber verschwinde, wenn, in moralisch-praktischer, mithin nicht-sinnlicher Absicht, die reine Kategorie (ohne ein ihr untergelegtes Schema) im Schöpfungsbegriffe gebraucht wird.

Der philosophische Rechtslehrer wird diese Nachforschung bis zu den ersten Elementen der Transzendentalphilosophie in einer Metaphysik der Sitten nicht für unnötige Grübelei erklären, die sich in zwecklose Dunkelheit verliert, wenn er die Schwierigkeit der zu lösenden Aufgabe und doch auch die Notwendigkeit, hierin den Rechtsprinzipien genug zu tun, in Überlegung zieht.

§ 29 Aus dieser Pflicht entspringt auch notwendig das Recht der Eltern zur Handhabung und Bildung des Kindes, so lange es des eigenen Gebrauchs seiner Gliedmaßen, imgleichen des Verstandesgebrauchs noch nicht mächtig ist, außer der Ernährung und Pflege es zu erziehen, und sowohl pragmatisch, damit es künftig sich selbst erhalten und fortbringen könne, als auch moralisch, weil sonst die Schuld ihrer Verwahrlosung auf die Eltern fallen würde, – es zu bilden; alles bis zur Zeit der Entlassung (emancipatio), da diese, sowohl ihrem väterlichen Recht zu befehlen, als auch allem Anspruch auf Kostenerstattung für ihre bisherige Verpflegung und Mühe entsagen, wofür, und nach vollendeter Erziehung, sie der Kinder ihre Verbindlichkeit (gegen die Eltern) nur als bloße Tugendpflicht, nämlich als Dankbarkeit, in Anschlag bringen können.

Aus dieser Persönlichkeit der erstern folgt nun auch, daß, da die Kinder nie als Eigentum der Eltern angesehen werden können, aber doch zum Mein und Dein derselben gehören (weil sie gleich den Sachen im Besitz der Eltern sind, und aus jedes anderen Besitz, selbst wider ihren Willen, in diesen zurückgebracht werden können), das Recht der ersteren kein bloßes Sachenrecht, mithin nicht veräußerlich (ius personalissimum), aber auch nicht ein bloß persönliches, sondern ein auf dingliche Art persönliches Recht ist.

Hiebei fällt also in die Augen, daß der Titel eines auf dingliche Art persönlichen Rechts in der Rechtslehre noch über dem des Sachen- und persönlichen Rechts notwendig hinzukommen müsse, jene bisherige Einteilung also nicht vollständig gewesen ist, weil, wenn von dem Recht der Eltern an den Kindern, als einem Stück ihres Hauses, die Rede ist, jene sich nicht bloß auf die Pflicht der Kinder berufen dürfen, zurückzukehren, wenn sie entlaufen sind, sondern sich ihrer als Sachen (verlaufener Haustiere) zu bemächtigen, und sie einzufangen berechtigt sind.

DES RECHTS
DER HÄUSLICHEN GESELLSCHAFT
DRITTER TEIL:
DAS HAUSHERREN-RECHT

§ 30 Die Kinder des Hauses, die mit den Eltern zusammen eine Familie ausmachten, werden, auch ohne allen Vertrag der Aufkündigung ihrer bisherigen Abhängigkeit, durch die bloße Gelangung zu dem Vermögen ihrer Selbsterhaltung (so wie es, teils als natürliche Volljährigkeit, dem allgemeinen Laufe der Natur überhaupt, teils ihrer besonderen Naturbeschaffenheit gemäß, eintritt) mündig (maiorennes), d. i. ihre eigene Herren (sui iuris), und erwerben dieses Recht ohne besonderen rechtlichen Akt, mithin bloß durchs Gesetz (lege) – sind den Eltern für ihre Erziehung nichts schuldig, so wie gegenseitig die letzteren ihrer Verbindlichkeit gegen diese auf ebendieselbe Art loswerden, hiemit beide ihre natürliche Freiheit gewinnen oder wieder gewinnen – die häusliche Gesellschaft aber, welche nach dem Gesetz notwendig war, nunmehr aufgelöset wird.

DIE METAPHYSIK DER SITTEN. TUGENDLEHRE. 1797

DER ETHISCHEN METHODENLEHRE ERSTER ABSCHNITT DIE ETHISCHE DIDAKTIK

§ 49 Daß Tugend erworben werden müsse (nicht angeboren sei), liegt, ohne sich deshalb auf anthropologische Kenntnisse aus der Erfahrung berufen zu dürfen, schon in dem Begriffe derselben. Denn das sittliche Vermögen des Menschen wäre nicht Tugend, wenn es nicht durch die Stärke des Vorsatzes, in dem Streit mit so mächtigen entgegenstehenden Neigungen, hervorgebracht wäre. Sie ist das Produkt aus der reinen praktischen Vernunft, so fern diese im Bewußtsein ihrer Überlegenheit (aus Freiheit) über jene die Obermacht gewinnt.

Daß sie könne und müsse gelehrt werden, folgt schon daraus, daß sie nicht angeboren ist; die Tugendlehre ist also eine Doktrin. Weil aber durch die bloße Lehre, wie man sich verhalten solle, um dem Tugendbegriffe angemessen zu sein, die Kraft zur Ausübung der Regeln noch nicht erworben wird, so meinten die Stoiker hiemit nur, die Tugend könne nicht durch bloße Vorstellungen der Pflicht, durch Ermahnungen (paränetisch) gelehrt, sondern sie müsse durch Versuche der Bekämpfung des inneren Feindes im Menschen (asketisch) kultiviert, geübt werden; denn man kann nicht alles sofort was man will, wenn man nicht vorher seine Kräfte versucht, und geübt hat, wozu aber freilich die Entschließung auf einmal vollständig genommen werden muß; weil die Gesinnung (animus) sonst, bei einer Kapitulation mit dem Laster, um es allmählich zu verlassen, an sich unlauter und selbst lasterhaft sein, mithin auch keine Tugend (als die auf einem einzigen Prinzip beruhet) hervorbringen könnte.

§ 50 Was nun die doktrinale Methode betrifft (denn methodisch muß eine jede wissenschaftliche Lehre sein; sonst wäre der Vortrag tumultuarisch): so kann sie auch nicht fragmentarisch, sondern muß systematisch sein, wenn die Tugendlehre eine Wissenschaft vorstellen soll. – Der Vortrag aber kann entweder akroamatisch, da alle andere, welchen er geschieht, bloße Zuhörer sind, oder erotematisch sein, wo der Lehrer das, was er seine Jünger lehren will, ihnen abträgt; und diese erotematische Methode ist wiederum entweder die, da er es ihrer Vernunft, die dialogische Lehrart, oder bloß ihrem Gedächtnisse abfrägt, die katechetische Lehrart. Denn wenn jemand der Vernunft des anderen etwas abfragen will, so kann es nicht anders als dialogisch, d. i. dadurch geschehen: daß Lehrer und Schüler einander wechselseitig fragen und antworten. Der Lehrer leitet durch Fragen den Gedankengang seines Lehrjüngers dadurch, daß er die Anlage zu gewissen Begriffen in demselben durch vorgelegte Fälle bloß entwickelt (er ist die Hebamme seiner Gedanken); der Lehrling, welcher hiebei inne wird, daß er selbst zu denken vermöge, veranlaßt durch seine Gegenfragen (über Dunkelheit, oder den eingeräumten Sätzen entgegenstehende Zweifel), daß der Lehrer nach dem docendo discimus selbst lernt, wie er gut fragen müsse. (Denn es ist eine, an die Logik ergehende, noch nicht genugsam beherzigte Forderung: daß sie auch Regeln an die Hand gebe, wie man zweckmäßig suchen solle, d. i. nicht immer bloß für bestimmende, sondern auch für vorläufige Urteile (iudicia praevia), durch die man auf

Gedanken gebracht wird; eine Lehre, die selbst dem Mathematiker zu Erfindungen ein Fingerzeig sein kann und die von ihm auch oft angewandt wird.)

§ 51 Das erste und notwendigste doktrinale Instrument der Tugendlehre für den noch rohen Zögling ist ein moralischer Katechism. Dieser muß vor dem Religionskatechism hergehen und kann nicht bloß als Einschiebsel in die Religionslehre mit verwebt, sondern muß abgesondert, als ein für sich bestehendes Ganze, vorgetragen werden: denn nur durch rein moralische Grundsätze kann der Überschritt von der Tugendlehre zur Religion getan werden; weil dieser ihre Bekenntnisse sonst unlauter sein würden. – Daher haben gerade die würdigsten und größten Theologen Anstand genommen, für die statutarische Religionslehre einen Katechism abzufassen (und sich zugleich für ihn zu verbürgen); da man doch glauben sollte, es wäre das Kleinste, was man aus dem großen Schatz ihrer Gelehrsamkeit zu erwarten berechtigt wäre.

Dagegen hat ein rein moralischer Katechism, als Grundlehre der Tugendpflichten, keine solche Bedenklichkeit, oder Schwierigkeit, weil er aus der gemeinen Menschenvernunft (seinem Inhalte nach) entwickelt werden kann und nur den didaktischen Regeln der ersten Unterweisung (der Form nach) angemessen werden darf. Das formale Prinzip eines solchen Unterrichts aber verstattet zu diesem Zweck nicht die sokratisch-dialogische Lehrart; weil der Schüler nicht einmal weiß, wie er fragen soll; der Lehrer ist also allein der Fragende. Die Antwort aber, die er aus der Vernunft des Lehrlings methodisch auslockt, muß in bestimmten, nicht leicht zu verändernden, Ausdrücken abgefaßt, und aufbewahrt, mithin seinem Gedächtnis anvertraut werden: als worin die katechetische Lehrart sich so wohl von der dogmatischen (da der Lehrer allein spricht), als auch der dialogischen (da beide Teile einander fragend und antwortend sind) unterscheidet.

§ 52 Das experimentale (technische) Mittel der Bildung zur Tugend ist das gute Beispiel an dem Lehrer selbst (von exemplarischer Führung zu sein) und das warnende an andern; denn Nachahmung ist dem noch ungebildeten Menschen die erste Willensbestimmung zu Annehmung von Maximen, die er sich in der Folge macht. – Die Angewöhnung oder Abgewöhnung ist die Begründung einer beharrlichen Neigung ohne alle Maximen, durch die öftere Befriedigung derselben; und ist ein Mechanism der Sinnesart statt eines Prinzips der Denkungsart (wobei das Verlernen in der Folge schwerer wird als das Erlernen). – Was aber die Kraft des Exempels (es sei zum Guten oder Bösen) betrifft, was sich dem Hange zur Nachahmung oder Warnung darbietet,* so kann das, was uns andere geben, keine Tugendmaxime begründen. Denn diese besteht gerade in der subjektiven Autonomie der praktischen Vernunft eines jeden Menschen, mithin, daß nicht anderer Menschen Verhalten, sondern das Gesetz, uns zur Triebfeder dienen müsse. Daher wird der Erzieher seinem verunarteten Lehrling nicht sagen: Nimm ein Exempel an jenem guten (ordentlichen, fleißigen) Knaben! denn das wird jenem nur zur Ursache dienen, diesen zu hassen, weil er durch ihn in ein nachteiliges Licht gestellt wird. Das gute Exempel (der exemplarische Wandel) soll nicht als Muster, sondern nur zum Beweise der Tunlichkeit des Pflichtmäßigen dienen. Also nicht die Vergleichung mit irgend einem andern Menschen (wie er ist), sondern mit der Idee (der Menschheit) wie er sein soll, also mit dem Gesetz, muß dem

* Beispiel, ein deutsches Wort, was man gemeiniglich für Exempel als ihm gleichgeltend braucht, ist mit diesem nicht von einerlei Bedeutung. Woran ein Exempel nehmen und zur Verständlichkeit eines Ausdrucks ein Beispiel anführen, sind ganz verschiedene Begriffe. Das Exempel ist ein besonderer Fall von einer praktischen Regel, sofern diese die Tunlichkeit oder Untunlichkeit einer Handlung vorstellt. Hingegen ein Beispiel ist nur das Besondere (concretum), als unter dem Allgemeinen nach Begriffen (abstractum) enthalten vorgestellt, und bloß theoretische Darstellung eines Begriffs.

Lehrer das nie fehlende Richtmaß seiner Erziehung an die Hand geben.

ANMERKUNG

Bruchstück eines moralischen Katechisms

Der Lehrer = L. frägt der Vernunft seines Schülers = S. dasjenige ab, was er ihn lehren will, und wenn dieser etwa nicht die Frage zu beantworten wüßte = 0, so legt er sie ihm (seine Vernunft leitend) in den Mund.

1. L. Was ist dein größtes, ja dein ganzes Verlangen im Leben? S. = 0. – = 0. – L. Daß es dir alles und immer nach Wunsch und Willen gehe.

2. L. Wie nennt man einen solchen Zustand? S. = 0. L. Man nennt ihn Glückseligkeit (das beständige Wohlergehen, vergnügtes Leben, völlige Zufriedenheit mit seinem Zustande).

3. L. Wenn du nun alle Glückseligkeit (die in der Welt möglich ist) in deiner Hand hättest, würdest du sie alle für dich behalten, oder sie auch deinen Nebenmenschen mitteilen? S. Ich würde sie mitteilen; andere auch glücklich und zufrieden machen.

4. L. Das beweist nun wohl, daß du noch so ziemlich ein gutes Herz hast; laß aber sehen, ob du dabei auch guten Verstand zeigest. – Würdest du wohl dem Faulenzer weiche Polster verschaffen, damit er im süßen Nichtstun sein Leben dahin bringe, oder dem Trunkenbolde es an Wein und was sonst zur Berauschung gehört, nicht ermangeln lassen, dem Betrüger eine einnehmende Gestalt und Manieren geben, um andere zu überlisten, oder dem Gewalttätigen Kühnheit und starke Faust, um andere überwältigen zu können? Das sind ja so viel Mittel, die ein jeder sich wünscht, um nach seiner Art glücklich zu sein. S. Nein, das nicht.

5. L. Du siehst also: daß, wenn du auch alle Glückseligkeit in deiner Hand und dazu den besten Willen hättest, du jene doch

nicht ohne Bedenken jedem, der zugreift, Preis geben, sondern erst untersuchen würdest, wie fern ein jeder der Glückseligkeit würdig wäre. – L. Für dich selbst aber würdest du doch wohl kein Bedenken haben, dich mit allem, was du zu deiner Glückseligkeit rechnest, zuerst zu versorgen? S. Ja. L. Aber kommt dir da nicht auch die Frage in Gedanken, ob du wohl selbst auch der Glückseligkeit würdig sein mögest? S. Allerdings. L. Das nun in dir, was nur nach Glückseligkeit strebt, ist die Neigung; dasjenige aber, was deine Neigung auf die Bedingung einschränkt, dieser Glückseligkeit zuvor würdig zu sein, ist deine Vernunft, und daß du durch deine Vernunft deine Neigung einschränken und überwältigen kannst, das ist die Freiheit deines Willens.

6. L. Um nun zu wissen, wie du es anfängst, um der Glückseligkeit teilhaftig und doch auch nicht unwürdig zu werden, dazu liegt die Regel und Anweisung ganz allein in deiner Vernunft; das heißt so viel als: du hast nicht nötig, diese Regel deines Verhaltens von der Erfahrung, oder von anderen durch ihre Unterweisung abzulernen; deine eigene Vernunft lehrt und gebietet dir geradezu, was du zu tun hast. Z. B. wenn dir ein Fall vorkömmt, da du durch eine fein ausgedachte Lüge dir, oder deinen Freunden, einen großen Vorteil verschaffen kannst, ja noch dazu dadurch auch keinem anderen schadest, was sagt dazu deine Vernunft? S. Ich soll nicht lügen; der Vorteil für mich und meinen Freund mag so groß sein, wie er immer wolle. Lügen ist niederträchtig und macht den Menschen unwürdig glücklich zu sein. – Hier ist eine unbedingte Nötigung durch ein Vernunftgebot (oder Verbot), dem ich gehorchen muß: wogegen alle meine Neigungen verstummen müssen. L. Wie nennt man diese unmittelbar durch die Vernunft dem Menschen auferlegte Notwendigkeit, einem Gesetze derselben gemäß zu handeln? S. Sie heißt Pflicht. L. Also ist dem Menschen die Beobachtung seiner Pflicht die allgemeine und einzige Bedingung der Würdigkeit glücklich zu sein, und diese ist mit jener ein und dasselbe.

7. L. Wenn wir uns aber auch eines solchen guten und tätigen Willens, durch den wir uns würdig (wenigstens nicht unwürdig) halten, glücklich zu sein, auch bewußt sind, können wir darauf auch die sichere Hoffnung gründen, dieser Glückseligkeit teilhaftig zu werden? S. Nein! darauf allein nicht; denn es steht nicht immer in unserem Vermögen, sie uns zu verschaffen, und der Lauf der Natur richtet sich auch nicht so von selbst nach dem Verdienst, sondern das Glück des Lebens (unsere Wohlfahrt überhaupt) hängt von Umständen ab, die bei weitem nicht alle in des Menschen Gewalt sind. Also bleibt unsere Glückseligkeit immer nur ein Wunsch, ohne daß, wenn nicht irgend eine andere Macht hinzukommt, dieser jemals Hoffnung werden kann.

8. L. Hat die Vernunft wohl Gründe für sich, eine solche, die Glückseligkeit nach Verdienst und Schuld der Menschen austeilende, über die ganze Natur gebietende und die Welt mit höchster Weisheit regierende Macht als wirklich anzunehmen, d.i. an Gott zu glauben? S. Ja; denn wir sehen an den Werken der Natur, die wir beurteilen können, so ausgebreitete und tiefe Weisheit, die wir uns nicht anders als durch eine unaussprechlich große Kunst eines Weltschöpfers erklären können, von welchem wir uns denn auch, was die sittliche Ordnung betrifft, in der doch die höchste Zierde der Welt besteht; eine nicht minder weise Regierung zu versprechen Ursache haben: nämlich, daß, wenn wir uns nicht selbst der Glückseligkeit unwürdig machen, welches durch Übertretung unserer Pflicht geschieht, wir auch hoffen können, ihrer teilhaftig zu werden.

In dieser Katechese, welche durch alle Artikel der Tugend und des Lasters durchgeführt werden muß, ist die größte Aufmerksamkeit darauf zu richten, daß das Pflichtgebot ja nicht auf die aus dessen Beobachtung für den Menschen, den es verbinden soll, ja selbst auch nicht einmal für andere, fließenden Vorteile oder Nachteile, sondern ganz rein auf das sittliche Prinzip gegründet werde, der letzteren aber nur beiläufig, als an sich zwar entbehrlicher, aber für den Gaumen der von Natur Schwachen zu bloßen Vehikeln dienender Zusätze, Erwähnung geschehe. Die Schändlichkeit, nicht die Schädlichkeit des Lasters (für den Täter selbst) muß überall hervorstechend dargestellt werden. Denn, wenn die Würde der Tugend in Handlungen nicht über alles erhoben wird, so verschwindet der Pflichtbegriff selbst und zerrinnt in bloße pragmatische Vorschriften; da dann der Adel des Menschen in seinem eigenen Bewußtsein verschwindet und er für einen Preis feil ist, und zu Kauf steht, den ihm verführerische Neigungen anbieten.

Wenn dieses nun weislich und pünktlich nach Verschiedenheit der Stufen des Alters, des Geschlechts und des Standes, die der Mensch nach und nach betritt, aus der eigenen Vernunft des Menschen entwickelt worden, so ist noch etwas, was den Beschluß machen muß, was die Seele inniglich bewegt und den Menschen auf eine Stelle setzt, wo er sich selbst nicht anders als mit der größten Bewunderung der ihm beiwohnenden ursprünglichen Anlagen betrachten kann, und wovon der Eindruck nie erlischt. – Wenn ihm nämlich beim Schlusse seiner Unterweisung seine Pflichten in ihrer Ordnung noch einmal summarisch vorerzählt (rekapituliert), wenn er, bei jeder derselben, darauf aufmerksam gemacht wird, daß alle Übel, Drangsale und Leiden des Lebens, selbst Bedrohung mit dem Tode, die ihn darüber, daß er seiner Pflicht treu gehorcht, treffen mögen, ihm doch das Bewußtsein, über sie alle erhoben und Meister zu sein, nicht rauben können, so liegt ihm nun die Frage ganz nahe: was ist das in dir, was sich getrauen darf, mit allen Kräften der Natur in dir und um dich in Kampf zu treten und sie, wenn sie mit deinen sittlichen Grundsätzen in Streit kommen, zu besiegen? Wenn diese Frage, deren Auflösung das Vermögen der spekulativen Vernunft gänzlich übersteigt und die sich dennoch von selbst einstellt, ans Herz gelegt wird, so muß selbst die Unbegreiflichkeit in diesem Selbsterkenntnisse der Seele eine Erhebung geben, die sie zum Heilighalten ihrer Pflicht nur desto stärker belebt, je mehr sie angefochten wird.

In dieser katechetischen Moralunterweisung würde es zur sittlichen Bildung von großem Nutzen sein, bei jeder Pfilcht-zergliederung einige kasuistische Fragen aufzuwerfen und die versammelten Kinder ihren Verstand versuchen zu lassen, wie ein jeder von ihnen die ihm vorgelegte verfängliche Aufgabe aufzulösen meinete. – Nicht allein, daß dieses eine, der Fähigkeit des Ungebildeten am meisten angemessene, Kultur der Vernunft ist (weil diese in Fragen, die, was Pflicht ist, betreffen, weit leichter entscheiden kann, als in Ansehung der spekulativen) und so den Verstand der Jugend überhaupt zu schärfen die schicklichste Art ist: sondern vornehmlich deswegen, weil es in der Natur des Menschen liegt, das zu lieben, worin und in dessen Bearbeitung er es bis zu einer Wissenschaft (mit der er nun Bescheid weiß) gebracht hat, und so der Lehrling durch dergleichen Übungen unvermerkt in das Interesse der Sittlichkeit gezogen wird.

Von der größten Wichtigkeit aber in der Erziehung ist es, den moralischen Katechism nicht mit dem Religionskatechism vermischt vorzutragen (zu amalgamieren), noch weniger ihn auf den letzteren folgen zu lassen; sondern jederzeit den ersteren, und zwar mit dem größten Fleiße und Ausführlichkeit, zur klärsten Einsicht zu bringen. Denn ohne dieses wird nachher aus der Religion nichts als Heuchelei, sich aus Furcht zu Pflichten zu bekennen und eine Teilnahme an derselben, die nicht im Herzen ist, zu lügen.

ZWEITER ABSCHNITT

DIE ETHISCHE ASKETIK

§ 53 Die Regeln der Übung in der Tugend (exercitiorum virtutis) gehen auf die zwei Gemütsstimmungen hinaus, wackeren und fröhlichen Gemüts (animus strenuus et hilaris) in Befolgung ihrer Pflichten zu sein. Denn sie hat mit Hindernissen zu kämpfen, zu deren Überwältigung sie ihre Kräfte zusammen nehmen muß, und zugleich manche Lebensfreuden zu opfern, deren Verlust das Gemüt wohl bisweilen finster und mürrisch machen kann; was man aber nicht mit Lust, sondern bloß als Frohndienst tut, das hat für den, der hierin seiner Pflicht gehorcht, keinen inneren Wert und wird nicht geliebt, sondern die Gelegenheit ihrer Ausübung so viel möglich geflohen.

Die Kultur der Tugend, d. i. die moralische Asketik, hat, in Ansehung des Prinzips der rüstigen, mutigen und wackeren Tugendübung den Wahlspruch der Stoiker: gewöhne dich, die zufälligen Lebensübel zu ertragen und die eben so überflüssigen Ergötzlichkeiten zu entbehren (assuesce incommodis et desuesce commoditatibus vitae). Es ist eine Art von Diätetik für den Menschen, sich moralisch gesund zu erhalten. Gesundheit ist aber nur ein negatives Wohlbefinden, sie selber kann nicht gefühlt werden. Es muß etwas dazu kommen, was einen angenehmen Lebensgenuß gewährt und doch bloß moralisch ist. Das ist das jederzeit fröhliche Herz in der Idee des tugendhaften Epikurs. Denn wer sollte wohl mehr Ursache haben, frohen Muts zu sein und nicht darin selbst eine Pflicht finden sich in eine fröhliche Gemütsstimmung zu versetzen und sie sich habituell zu machen, als der, welcher sich keiner vorsätzlichen Übertretung bewußt und, wegen des Verfalls in eine solche, gesichert ist (hic murus ahenëus esto etc. Horat.). – Die Mönchsasketik hingegen, welche aus abergläubischer Furcht, oder geheucheltem Abscheu an sich selbst, mit Selbstpeinigung und Fleischeskreuzigung zu Werke geht, zweckt auch nicht auf Tugend, sondern auf schwärmerische Entsündigung ab, sich selbst Strafe aufzulegen und, anstatt sie moralisch (d.i. in Absicht auf die Besserung) zu bereuen, sie büßen zu wollen; welches, bei einer selbstgewählten und an sich vollstreckten Strafe (denn die muß immer ein anderer auflegen), ein Widerspruch ist, und kann auch den Frohsinn, der die Tugend begleitet, nicht bewirken, vielmehr nicht ohne geheimen Haß gegen das Tugendgebot statt finden. – Die ethische Gymnastik besteht also nur in der Bekämpfung der Naturtriebe, die das Maß erreicht, über sie bei vorkommenden, der Moralität Gefahr drohenden, Fällen Meister werden zu können; mithin die wacker und, im Bewußtsein seiner wiedererworbenen Freiheit, fröhlich macht. Etwas bereuen (welches bei der Rückerinnerung ehemaliger Übertretungen unvermeidlich, ja wobei diese Erinnerung nicht schwinden zu lassen es so gar Pflicht ist) und sich eine Pönitenz auferlegen (z.B. das Fasten), nicht in diätetischer, sondern frommer Rücksicht, sind zwei sehr verschiedene, moralisch gemeinte, Vorkehrungen, von denen die letztere, welche freudenlos, finster und mürrisch ist, die Tugend selbst verhaßt macht und ihre Anhänger verjagt. Die Zucht (Disziplin), die der Mensch an sich selbst verübt, kann daher nur durch den Frohsinn, der sie begleitet, verdienstlich und exemplarisch werden.

ANTHROPOLOGIE IN PRAGMATISCHER HINSICHT. 1798

DER CHARAKTER DER GATTUNG

Von der Gattung gewisser Wesen einen Charakter anzugeben, dazu wird erfordert: daß sie mit anderen uns bekannten unter einen Begriff gefaßt, das aber, wodurch sie sich von einander unterscheiden, als Eigentümlichkeit (proprietas) zum Unterscheidungsgrunde angegeben und gebraucht wird. – Wenn aber eine Art von Wesen, die wir kennen (A), mit einer andern Art Wesen (non A), die wir nicht kennen, verglichen wird: wie kann man da erwarten oder verlangen, einen Charakter des ersteren anzugeben, da uns der Mittelbegriff der Vergleichung (tertium comparationis) abgeht? – Der oberste Gattungsbegriff mag der eines irdischen vernünftigen Wesens sein, so werden wir keinen Charakter desselben nennen können, weil wir von vernünftigen, nicht irdischen Wesen keine Kenntnis haben, um ihre Eigentümlichkeit angeben und so jene irdische, unter den vernünftigen überhaupt charakterisieren zu können. – Es scheint also, das Problem, den Charakter der Menschengattung anzugeben, sei schlechterdings unauflöslich; weil die Auflösung durch Vergleichung zweier Spezies vernünftiger Wesen durch Erfahrung angestellt sein müßte, welche die letztere uns nicht darbietet.

Es bleibt uns also, um dem Menschen im System der lebenden Natur seine Klasse anzuweisen und so ihn zu charakterisieren, nichts übrig, als: daß er einen Charakter hat, den er sich selbst schafft; indem er vermögend ist, sich nach seinen von ihm selbst genommenen Zwecken zu perfektionieren; wodurch er, als mit Vernunftfähigkeit begabtes Tier (animal rationabile), aus sich selbst ein vernünftiges Tier (animal rationale) machen kann; – wo er dann: erstlich sich selbst und seine Art erhält, zweitens sie übt, belehrt und für die häusliche Gesellschaft erzieht, drittens sie, als in ein systematisches (nach Vernunftprinzipien geordnetes) für die Gesellschaft gehöriges Ganze, regiert; wobei aber das Charakteristische der Menschengattung, in Vergleichung mit der Idee möglicher vernünftiger Wesen auf Erden überhaupt, dieses ist: daß die Natur den Keim der Zwietracht in sie gelegt und gewollt hat, daß ihre eigene Vernunft aus dieser diejenige Eintracht, wenigstens die beständige Annäherung zu derselben, herausbringe, welche letztere zwar in der Idee den Zweck, der Tat nach aber die erstere (die Zwietracht) in dem Plane der Natur das Mittel einer höchsten uns erforschlichen Weisheit ist: die Perfektionierung des Menschen durch fortschreitende Kultur, wenn gleich mit mancher Aufopferung der Lebensfreuden desselben, zu bewirken.

Unter den lebenden Erdbewohnern ist der Mensch durch seine technische (mit Bewußtsein verbunden-mechanische) zu Handhabung der Sachen, durch seine pragmatische (andere Menschen zu seinen Absichten geschickt zu brauchen) und durch die moralische Anlage in seinem Wesen (nach dem Freiheitsprinzip unter Gesetzen gegen sich und andere) zu handeln, von allen übrigen Naturwesen kenntlich unterschieden, und eine jede dieser drei Stufen kann für sich allein schon den Menschen zum Unterschiede von anderen Erdbewohnern charakteristisch unterscheiden.

I. Die technische Anlage. Die Fragen: ob der Mensch ursprünglich zum vierfüßigen Gange (wie Moscati, vielleicht bloß zur Thesis für eine Dissertation, vorschlug.): oder zum zweifüßigen bestimmt sei; – ob der Gibbon, der Orangutan, der Schimpanse u. a. bestimmt sei (worin Linneus und Camper einander widerstreiten); – ob er ein frucht- oder (weil er einen häutigen Magen hat) fleischfressendes Tier sei; – ob, da er weder Klauen noch Fangzähne, folglich (ohne Vernunft) keine Waffen hat, er von Natur ein Raub- oder friedliches Tier sei – die Beantwortung dieser Fragen hat keine Bedenklichkeit. Allenfalls könnte diese noch aufgeworfen werden: ob er von Natur ein geselliges oder einsiedlerisches und nachbarschaftscheues Tier sei; wovon das letztere wohl das wahrscheinlichste ist.

Ein erstes Menschenpaar, schon mit völliger Ausbildung, mithin unter Nahrungsmitteln von der Natur hingestellt, wenn ihm nicht zugleich ein Naturinstinkt, der uns doch in unserem jetzigen Naturzustande nicht beiwohnt, zugleich beigegeben worden, läßt sich schwerlich mit der Vorsorge der Natur für die Erhaltung der Art vereinigen. Der erste Mensch würde im ersten Teich, den er vor sich *sähe*, ertrinken; denn Schwimmen ist schon eine Kunst die man lernen muß; oder er würde giftige Wurzeln und Früchte genießen und dadurch umzukommen in beständiger Gefahr sein. Hatte aber die Natur dem ersten Menschenpaar diesen Instinkt eingepflanzt, wie war es möglich, daß er ihn nicht an seine Kinder vererbete; welches doch jetzt nie geschieht?

Zwar lehren die Singvögel ihren Jungen gewisse Gesänge und pflanzen sie durch Tradition fort: so, daß ein isolierter Vogel, der noch blind aus dem Neste genommen und aufgefüttert worden, nachdem er erwachsen, keinen Gesang sondern nur einen gewissen angebornen Organlaut hat. Wo ist aber nun der erste Gesang hergekommen;* denn gelernt ist dieser nicht, und wäre

* Man kann mit dem Ritter Linné für die Archäologie der Natur die Hypothese annehmen: daß aus dem allgemeinen Meer, welches die ganze Erde bedeckte, zuerst eine Insel unter dem Äquator, als ein Berg hervorgekom-

er instinktmäßig entsprungen, warum erbte er den Jungen nicht an?

Die Charakterisierung des Menschen·, als eines vernünftigen Tieres, liegt schon in der Gestalt und Organisation seiner Hand, seiner Finger und Fingerspitzen, deren teils Bau, teils zartes Gefühl, dadurch die Natur ihn nicht für Eine Art der Handhabung der Sachen, sondern unbestimmt für alle, mithin für den Gebrauch der Vernunft geschickt gemacht, und dadurch die technische- oder Geschicklichkeitsanlage seiner Gattung, als eines vernünftigen Tieres, bezeichnet hat.

II. Die pragmatische Anlage der Zivilisierung durch Kultur, vornehmlich der Umgangseigenschaften und der natürliche Hang seiner Art, im gesellschaftlichen Verhältnisse aus der Rohigkeit der bloßen Selbstgewalt herauszugehen und ein gesittetes (wenn gleich noch nicht sittliches), zur Eintracht bestimmtes, Wesen zu werden, ist nun eine höhere Stufe. – Er ist einer Erziehung, sowohl in Belehrung als Zucht (Disziplin), fähig und bedürftig. Hier ist nun (mit oder gegen Rousseau) die Frage: ob der Charakter seiner Gattung ihrer Naturanlage nach sich besser bei der Rohigkeit seiner Natur, als bei den Künsten der Kultur, welche kein Ende absehen lassen, befinden werde. – Zuvörderst muß man anmerken: daß bei allen übrigen sich selbst überlassenen Tieren jedes Individuum seine ganze Bestimmung erreicht, bei den Menschen aber allenfalls nur die Gattung: so,

men, auf welchem alle klimatische Stufen der Wärme, von der des heißen am niedrigen Ufer desselben, bis zur arktischen Kälte auf seinem Gipfel, samt denen ihnen angemessenen Pflanzen und Tieren, nach und nach entstanden; daß, was die Vögel aller Art betrifft, die Singvögel den angebornen Organlaut so vielerlei verschiedener Stimmen nachahmten, und jede, so viel ihre Kehle es verstattete, mit der anderen verbanden, wodurch eine jede Spezies sich ihren bestimmten Gesang machte, den nachher einer dem andern durch Belehrung (gleich einer Tradition) beibrachte; wie man auch sieht; daß Finken und Nachtigallen in verschiedenen Ländern auch einige Verschiedenheit in ihren Schlägen anbringen.

daß sich das menschliche Geschlecht nur durch Fortschreiten, in einer Reihe unabsehlich vieler Generationen, zu seiner Bestimmung empor arbeiten kann; wo das Ziel ihm doch immer noch im Prospekte bleibt, gleichwohl aber die Tendenz zu diesem Endzwecke zwar wohl öfters gehemmt, aber nie ganz rückläufig werden kann.*

III. Die moralische Anlage. Die Frage ist hier: ob der Mensch von Natur gut, oder von Natur böse oder von Natur gleich für eines oder das andere empfänglich sei; nachdem er in diese oder jene ihn bildende Hände fällt (cereus in vitium flecti etc.). Im letztern Falle würde die Gattung selbst keinen Charakter haben. – Aber dieser Fall widerspricht sich selbst; denn ein mit praktischem Vernunftvermögen und Bewußtsein der Freiheit seiner Willkür ausgestattetes Wesen (eine Person) sieht sich in diesem Bewußtsein, selbst mitten in den dunkelsten Vorstellungen, unter einem Pflichtgesetze und im Gefühl (welches dann das moralische heißt), daß ihm, oder durch ihn anderen recht oder unrecht geschehe.**

* Weil nun der Übergang aus dem rohen in den zivilisierten Zustand [unaufhaltsam dabei aber auch] kein Sprung sondern ein unmerklich fortschreitendes Werk der Gesittung ist so [kann man allenfalls zwar Epochen angeben welche] ist es [erstlich] so wohl vergeblich dawider zu warnen als den Strom aufzuhalten unter dem Vorwande daß natürliche [Übel und La <?> und] so wohl als durch Ungerechtigkeit mit Gewalt gleich aus der Büchse der Pandora auf die unglückliche Welt sich stürzen werde [dagegen in der ruhigen] wovon die ruhige Einfalt und Gnugsamkeit (des Hirtenlebens) wozu nicht viel Kunst [und] oder gewandte Klugheit erfordert wird frei bleibt sondern diese Berechnung des Vorteils mit dem Nachteil ist unrichtig. Denn der Anwachs der Menschenmenge im gesitteten Zustande welche einerseits den Menschen den Spielraum ihrer Absichten durch Kriege verengt [ist] gibt bei fortschreitender Kultur des menschlichen Geschlechts ein so reichen Überschuß über den Verlust daß die Summe der Tugenden so wohl als der Lebensfreuden ihre Gegenteile im ganzen doch immer mehr überwiegen und einen in der Reihe der Jahrhunderte immer wachsenden Gewinn versprechen müssen weil die durch Erfahrung gewitzigte Klugheit sie natürlicherweise immer in ein besseres Gleis zu lenken wissen wird.

** Daher man auch die Frage aufwerfen kann ob der Mensch von Natur (d. i.

Dieses ist nun schon selbst der intelligibele Charakter der Menschheit überhaupt und in so fern ist der Mensch seiner angebornen Anlage nach (von Natur) gut. Da aber doch auch die Erfahrung zeigt: daß in ihm ein Hang zur tätigen Begehrung des Unerlaubten, ob er gleich weiß, daß es unerlaubt sei, d.i. zum Bösen sei, der sich so unausbleiblich und so früh regt, als der Mensch nur von seiner Freiheit Gebrauch zu machen anhebt, und darum als angeboren betrachtet werden kann: so ist der Mensch, seinem sensibelen Charakter nach, auch als (von Natur) böse zu beurteilen, ohne daß sich dieses widerspricht, wenn vom Charakter der Gattung die Rede ist; weil man annehmen kann, daß dieser ihre Naturbestimmung im kontinuierlichen Fortschreiten zum Besseren bestehe.

Die *Summe* der pragmatischen Anthropologie in Ansehung

ehe er noch die Bestimmungsgründe seines freien Tuns und Lassens mithin ein Gesetz deutlich [vorstellen] denken kann) gut oder böse genannt werden könne, [mit anderen Worten ob er in der Rohigkeit seines Zustandes einen größeren Hang zu dem habe wovon er sich bewußt ist daß es böse sei als [der] sein Hang zu dem ist was er als gut und darum <?> auch weil es gut ist erkennt: mithin was hierin der Charakter der Menschengattung sei. // Die Stufen aus dieser Rohigkeit hinauszugehen sind: daß er kultiviert, zivilisiert und endlich auch moralisiert wird] welches so viel sagen will als: Ob der Mensch nach Grundsätzen geneigt sei den Antrieben des Sinnenreizes [gegen] zuwider den Bewegursachen des Sittengesetzes den Vorzug zu geben und ob dazu ein angeborner Hang in ihm liege wo er dann für von Natur böse erklärt werden müßte; wodurch aber der zum Bösen vorzüglich geneigte Mensch darum nicht so fort [zum] für einen bösen Menschen [gemacht] erklärt wird weil eben dieselbe Freiheit der Willkür es auch der Vernunft möglich macht diesen Hang durch ihre Maximen habituell aber freilich nur durch einen für jeden Akt besonders genommenen Vorsatz zu überwiegen [nicht aber] ohne doch einen fortdaurenden Hang zum Guten gleichsam einwurzeln zu machen.] // << Am Rand von H: >>kultiviert, zivilisiert, morali<s.?> // Die Frage ob die menschliche Natur gut oder böse sei kommt auf den Begriff von dem was was man böse nennt an Es ist der Hang zu Begehrung des Unerlaubten ob man gleich weiß daß es Unrecht ist. Das Schreien eines Kindes dem man seinen Willen nicht erfüllt ob es zwar ein anderer ihm eben so wenig erfüllen würde ist bösartig und so ist es mit jedem Verlangen über andere zu herrschen. – Warum schreit ein Kind bei der Geburt ohne Weinen<<.

der Bestimmung des Menschen und die Charakteristik seiner Ausbildung ist folgende. Der Mensch ist durch seine Vernunft bestimmt, in einer Gesellschaft mit Menschen zu sein, und in ihr sich durch Kunst und Wissenschaften zu kultivieren, zu zivilisieren und zu moralisieren; wie groß auch sein tierischer Hang sein mag, sich den Anreizen der Gemächlichkeit und des Wohllebens, die er Glückseligkeit nennt, passiv zu überlassen, sondern vielmehr tätig, im Kampf mit den Hindernissen, die ihm von der Rohigkeit der Natur anhängen, sich der Menschheit würdig zu machen.

Der Mensch muß also zum Guten erzogen werden; der aber, welcher ihn erziehen soll, ist wieder ein Mensch, der noch in der Rohigkeit der Natur liegt, und nun doch dasjenige bewirken soll, was er selbst bedarf. Daher die beständige Abweichung von seiner Bestimmung, mit immer wiederholten Einlenkungen zu derselben. – Wir wollen die Schwierigkeiten der Auflösung dieses Problems und die Hindernisse derselben anführen.

A

Die erste physische Bestimmung desselben besteht in dem Antriebe des Menschen zur Erhaltung seiner Gattung, als Tiergattung. – Aber hier wollen nun schon die Naturepochen seiner Entwickelung mit den bürgerlichen nicht zusammentreffen. Nach der ersteren ist er im Naturzustande wenigstens in seinem 15ten Lebensjahr durch den Geschlechtsinstinkt angetrieben und auch vermögend, seine Art zu erzeugen und zu erhalten. Nach der zweiten kann er es (im Durchschnitte) vor dem 20sten schwerlich wagen. Denn wenn der Jüngling gleich früh genug das Vermögen hat, seine und eines Weibes Neigung als Weltbürger zu befriedigen, so hat er doch lange noch nicht das Vermögen, als Staatsbürger sein Weib und Kind zu erhalten. – Er muß ein Gewerbe erlernen, sich in Kundschaft bringen, um ein Hauswesen mit einem Weibe anzufangen; worüber aber in der geschliffenern Volksklasse auch wohl das 25ste Jahr verfließen kann, ehe er zu seiner Bestimmung reif wird. – Womit füllt er nun diesen Zwischenraum einer abgenötigten und unnatürlichen Enthaltsamkeit aus? Kaum anders als mit Lastern.

B

Der Trieb zur Wissenschaft, als einer die Menschheit veredelnden Kultur, hat im Ganzen der Gattung keine Proportion zur Lebensdauer. Der Gelehrte, wenn er bis dahin in der Kultur vorgedrungen ist, um das Feld derselben selbst zu erweitern, wird durch den Tod abgerufen und seine Stelle nimmt der ABC-Schüler ein, der kurz vor seinem Lebensende, nachdem er eben so einen Schritt weiter getan hat, wiederum seinen Platz einem andern überläßt. – Welche Masse von Kenntnissen, welche Erfindung neuer Methoden würde nun schon vorrätig daliegen, wenn ein Archimed, ein Newton, oder Lavoisier, mit seinem Fleiß und Talent, ohne Verminderung der Lebenskraft, von der Natur mit einem, Jahrhunderte durch fortdaurenden, Alter wäre begünstigt worden? Nun aber ist das Fortschreiten der Gattung in Wissenschaften immer nur fragmentarisch (der Zeit nach) und gewährt keine Sicherheit wegen des Rückganges, womit es durch dazwischen tretende staatsumwälzende Barbarei immer bedroht wird.

C

Eben so wenig scheint die Gattung in Ansehung der Glückseligkeit, wozu beständig hin zu streben ihn seine Natur antreibt, die Vernunft aber auf die Bedingung der Würdigkeit glücklich zu sein, d. i. der Sittlichkeit einschränkt, ihre Bestimmung zu erreichen. – Man darf eben nicht die hypochondrische (übellaunige) Schilderung, die Rousseau vom Menschengeschlecht macht, das aus dem Naturzustande herauszugehen wagt, für

Anpreisung, wieder dahin ein- und in die Wälder zurück zu kehren, als dessen wirkliche Meinung annehmen, womit er die Schwierigkeit für unsere Gattung, in das Gleis der kontinuierlichen Annäherung zu ihrer Bestimmung zu kommen, ausdrückte; man darf sie nicht aus der Luft greifen: – die Erfahrung alter und neuer Zeiten muß jeden Denkenden hierüber verlegen und zweifelhaft machen, ob es mit unserer Gattung jemals besser stehen werde.

Seine drei Schriften von dem Schaden, den 1. der Ausgang aus der Natur in die Kultur unserer Gattung, durch Schwächung unserer Kraft, 2. die Zivilisierung, durch Ungleichheit und wechselseitige Unterdrückung, 3. die vermeinte Moralisierung, durch naturwidrige Erziehung und Mißbildung der Denkungsart, angerichtet hat: – Diese drei Schriften sage ich, welche den Naturzustand gleich als einen Stand der Unschuld vorstellig machten (dahin wieder zurückzukehren der Torwächter eines Paradieses mit feurigem Schwert verhindert), sollten nur seinem Sozialkontrakt, seinem Emil und seinem Savoyardischen Vikar zum Leitfaden dienen, aus dem Irrsal der Übel sich heraus zu finden, womit sich unsere Gattung, durch ihre eigene Schuld, umgeben hat – Rousseau wollte im Grunde nicht, daß der Mensch wiederum in den Naturzustand zurück gehen, sondern von der Stufe, auf der er jetzt steht, dahin zurücksehen sollte. Er nahm an: der Mensch sei von Natur (wie sie sich vererben läßt) gut, aber auf negative Art, nämlich von selbst und absichtlich nicht böse zu sein, sondern nur in Gefahr, von bösen oder ungeschickten Führern und Beispielen angesteckt und verdorben zu werden. Da nun aber hiezu wiederum gute Menschen erforderlich sind, die dazu selbst haben erzogen werden müssen und deren es wohl keinen geben wird, der nicht (angeborne oder zugezogene) Verdorbenheit in sich hätte: so bleibt das Problem der moralischen Erziehung für unsere Gattung, selbst der Qualität des Prinzips, nicht bloß dem Grade nach, unaufgelöst; weil ein ihr angeborner böser Hang wohl durch die allgemeine

Menschenvernunft getadelt, allenfalls auch gebändigt, dadurch aber doch nicht vertilgt wird.

***

In einer bürgerlichen Verfassung, welche der höchste Grad der künstlichen Steigerung der guten Anlage in der Menschengattung zum Endzweck ihrer Bestimmung ist, ist doch die Tierheit früher und im Grunde mächtiger als die reine Menschheit in ihren Äußerungen und das zahme Vieh ist nur durch Schwächungen dem Menschen nützlicher, als das wilde. Der eigene Wille ist immer in Bereitschaft, in Widerwillen gegen seinen Nebenmenschen auszubrechen, und strebt jederzeit seinen Anspruch auf unbedingte Freiheit, nicht bloß unabhängig, sondern selbst über andere ihm von Natur gleiche Wesen Gebieter zu sein; welches man auch an dem kleinsten Kinde schon gewahr wird;* weil die Natur in ihm von der Kultur zur Moralität,

* Das Geschrei, welches ein kaum gebornes Kind hören läßt, hat nicht den Ton des Jammerns, sondern der Entrüstung und aufgebrachten Zorns an sich; nicht weil ihm was schmerzt, sondern weil ihm etwas verdrießt; vermutlich darum, weil es sich bewegen will und sein Unvermögen dazu gleich als eine Fesselung fühlt, wodurch ihm die Freiheit genommen wird. – Was mag doch die Natur hiemit für eine Absicht haben, daß sie das Kind mit lautem Geschrei auf die Welt kommen läßt, welches doch für dasselbe und die Mutter im rohen Naturzustande von äußerster Gefahr ist? Denn ein Wolf, ein Schwein sogar, würde ja dadurch angelockt, in Abwesenheit, oder bei der Entkräftung derselben durch die Niederkunft, es zu fressen. Kein Tier aber, außer dem Menschen (wie er jetzt ist), wird beim Geborenwerden seine Existenz laut ankündigen; welches von der Weisheit der Natur so angeordnet zu sein scheint, um die Art zu erhalten. Man muß also annehmen: daß in der frühen Epoche der Natur in Ansehung dieser Tierklasse (nämlich des Zeitlaufs der Rohigkeit) dieses Lautwerden des Kindes bei seiner Geburt noch nicht war; mithin nur späterhin eine zweite Epoche, wie beide Eltern schon zu derjenigen Kultur, die zum häuslichen Leben notwendig ist, gelangt waren, eingetreten ist; ohne daß wir wissen: wie die Natur und durch welche mitwirkende Ursachen sie eine solche Entwickelung veranstaltete. Diese Bemerkung führt weit, z. B. auf den Gedanken: ob nicht auf dieselbe zweite Epoche, bei großen Naturrevolutionen, noch eine dritte folgen

nicht (wie es doch die Vernunft vorschreibt), von der Moralität und ihrem Gesetze anhebend, zu einer darauf angelegten zweckmäßigen Kultur hinzuleiten strebt; welches unvermeidlich eine verkehrte, zweckwidrige Tendenz abgibt; z. B. wenn Religionsunterricht, der notwendig eine moralische Kultur sein sollte, mit der historischen, die bloß Gedächtniskultur ist, anhebt und daraus Moralität zu folgern vergeblich sucht.

Die Erziehung des Menschengeschlechts im Ganzen ihrer Gattung, d. i. kollektiv genommen (universorum) nicht aller einzelnen (singulorum), wo die Menge nicht ein System, sondern nur ein zusammengelesenes Aggregat abgibt, das Hinstreben zu einer bürgerlichen auf dem Freiheits- zugleich aber auch gesetzmäßigen Zwangs-Prinzip zu gründenden Verfassung ins Auge gefaßt, erwartet der Mensch doch nur von der Vorsehung, d. i. von einer Weisheit, die nicht die seine, aber doch die (durch seine eigene Schuld) ohnmächtige Idee seiner eigenen Vernunft ist, – diese Erziehung von oben herab, sage ich, ist heilsam, aber rauh und strenge, durch viel Ungemach und bis nahe an die Zerstörung des ganzen Geschlechts reichende Bearbeitung der Natur, nämlich der Hervorbringung des vom Menschen nicht beabsichtigten, aber, wenn es einmal da ist, sich ferner erhaltenden Guten, aus dem innerlich mit sich selbst immer sich veruneinigenden Bösen. Vorsehung bedeutet eben dieselbe Weisheit, welche wir in der Erhaltung der Spezies organisierter an ihrer Zerstörung beständig arbeitender und dennoch sie immer schützender Naturwesen mit Bewunderung wahrnehmen, ohne darum ein höheres Prinzip in der Vorsorge anzunehmen, als wir es für die Erhaltung der Gewächse und Tiere anzuneh-

dürfte. Da ein Orang-Utan, oder ein Schimpansen die Organe, die zum Gehen, zum Befühlen der Gegenstände und zum Sprechen dienen, sich zum Gliederbau eines Menschen ausbildete, deren Innerstes ein Organ für den Gebrauch des Verstandes enthielte und durch gesellschaftliche Kultur sich allmählich entwickelte.

men schon im Gebrauch haben. – Übrigens soll und kann die Menschengattung selbst Schöpferin ihres Glücks sein; nur daß sie es sein wird, läßt sich nicht a priori, aus den uns von ihr bekannten Naturanlagen, sondern nur aus der Erfahrung und Geschichte, mit so weit gegründeter Erwartung schließen, als nötig ist, an diesem ihrem Fortschreiten zum Besseren nicht zu verzweifeln, sondern, mit aller Klugheit und moralischer Vorleuchtung, die Annäherung zu diesem Ziele (ein jeder, so viel an ihm ist) zu befördern.

Man kann also sagen: der erste Charakter der Menschengattung ist: das Vermögen, als vernünftigen Wesens, sich für seine Person so wohl als für die Gesellschaft, worin ihn die Natur versetzt, einen Charakter überhaupt zu verschaffen; welches aber schon eine günstige Naturanlage und einen Hang zum Guten in ihm voraussetzt; weil das Böse (da es Widerstreit mit sich selbst bei sich führt und kein bleibendes Prinzip in sich selbst verstattet) eigentlich ohne Charakter ist.

Der Charakter eines lebenden Wesens ist das, woraus sich seine Bestimmung zum voraus erkennen läßt. – Man kann es aber für die Zwecke der Natur als Grundsatz annehmen: sie wolle, daß jedes Geschöpf seine Bestimmung erreiche; dadurch, daß alle Anlagen seiner Natur sich zweckmäßig für dasselbe entwickeln, damit, wenn gleich nicht jedes Individuum, doch die Spezies die Absicht derselben erfülle. – Bei vernunftlosen Tieren geschieht dieses wirklich und ist Weisheit der Natur; beim Menschen aber erreicht es nur die Gattung, wovon wir unter vernünftigen Wesen auf Erden nur Eine, nämlich die Menschengattung, kennen, und in dieser auch nur eine Tendenz der Natur zu diesem Zwecke: nämlich durch ihre eigene Tätigkeit die Entwickelung des Guten aus dem Bösen dereinst zu Stande zu bringen: im Prospekt, der, wenn nicht Naturrevolutionen ihn auf einmal abschneiden, mit moralischer (zur Pflicht der Hinwirkung zu jenem Zweck hinreichender) Gewißheit erwartet werden kann. – Denn es sind Menschen, d. i. zwar bösgeartete, aber doch mit erfindungsreicher, dabei auch zugleich mit einer moralischen Anlage begabte vernünftige Wesen; welche die Übel, die sie sich unter einander selbstsüchtig antun, bei Zunahme der Kultur nur immer desto stärker fühlen und, indem sie kein anderes Mittel dagegen vor sich sehen, als den Privatsinn (einzelner) dem Gemeinsinn (aller vereinigt), obzwar ungern, einer Disziplin (des bürgerlichen Zwanges) zu unterwerfen, der sie sich aber nur nach von ihnen selbst gegebenen Gesetzen unterwerfen, durch dies Bewußtsein sich veredelt fühlen, nämlich zu einer Gattung zu gehören, die der Bestimmung des Menschen, so wie die Vernunft sie ihm im Ideal vorstellt, angemessen ist.

Der Charakter der Gattung kann nur aus der Geschichte gezogen werden. // Daß das menschl: Geschl: kollektiv genommen eine Bestrebung der Kunstgeschicklichkeit in sich enthalte durch die Selbstsüchtigkeit aller Einzelnen (singulorum) sich zur Glückseligkeit des Ganzen (universorum) vermittelst der moral. Anlage zu bearbeiten. // Der Charakter der Gattung ist daß das menschl. Geschlecht im ganzen eine natürliche Tendenz hat immer besser zu werden. // Die Gattung kann kollektiv als ein Ganzes oder distributiv als die logische Einheit des Begriffs vom Menschen betrachtet werden. // Der Charakter der Gattung kann nicht historisch durch Geschichte allein ausgemacht werden // Das ist nur von der Menschengattung als Tiergattung zu verstehen. – Er kann aus der Vernunft so fern sie subjektiv sich selbst einzeln und im Verhältnis gegen andere kennt und modifiziert geschlossen werden.

IV.

IMMANUEL KANT ÜBER PÄDAGOGIK

IMMANUEL KANT ÜBER PÄDAGOGIK. HERAUSGEGEBEN VON D. FRIEDRICH THEODOR RINK. 1803

VORREDE DES HERAUSGEBERS

Nach einer älteren Verordnung mußte ehedessen fortwährend auf der Universität Königsberg, und zwar abwechselnd jedes Mal, von einem Professor der Philosophie, den Studierenden die Pädagogik vorgetragen werden. So traf denn zuweilen auch die Reihe dieser Vorlesungen den Herrn Professor Kant, welcher dabei das von seinem ehemaligen Kollegen, dem Konsistorialrat D. Bock herausgegebene Lehrbuch der Erziehungskunst zum Grunde legte, ohne sich indessen, weder im Gange der Untersuchung, noch in den Grundsätzen, genau daran zu halten.

Diesem Umstande verdanken folgende Bemerkungen über die Pädagogik ihr Entstehen. Sie würden wahrscheinlich interessanter noch, und in mancher Hinsicht ausführlicher sein, wenn der Zeitumfang jener Vorlesungen nicht so enge wäre zugemessen gewesen, als er es würklich war, und Kant in der Art Veranlassung gefunden hätte, sich weiter über diesen Gegenstand auszubreiten, und schriftlich ausführlicher zu sein.

Die Pädagogik hat neuerdings durch die Bemühungen mehrerer verdienter Männer, namentlich eines Pestalozzi und Olivier, eine neue interessante Richtung genommen, zu der wir dem kommenden Geschlechte, nicht minder, als zu den Schutzblattern Glück wünschen dürfen, ohngeachtet der mancherlei Einwendungen, die beide noch erfahren müssen, und die sich freilich bald sehr gelehrt, bald sehr vornehm ausgeben, ohne doch deshalb eben sonderlich solide zu sein. Daß Kant die neuen Ideen damaliger Zeit auch in dieser Hinsicht kannte, über sie nachdachte, und manchen Blick weiter hinaustat, als seine Zeitgenossen, das versteht sich freilich von selbst und ergibt sich auch aus diesen, wenn gleich nicht aus eigner Wahl, hingeworfenen Bemerkungen.

Von meinen beiläufigen Anmerkungen habe ich nichts zu sagen; sie sprechen für sich.

Nach den niedrigen Angriffen, die sich der Buchhändler Vollmer in Beziehung auf meine Ausgabe der Kantischen physischen Geographie erlaubt hat, kann die Herausgabe solcher Handschriften unmöglich mehr ein angenehmes Geschäfte für mich sein. Da ich ruhig, zufrieden und tätig in meinem ohnedies nicht engen Würkungskreise leben kann, warum soll ich mich unberufenen Anforderungen bloßstellen, und unzeitigen Urteilen preisgeben? Besser, ich widme die Augenblicke meiner Muße jenen Studien, in denen ich, mit dem Beifalle der Kenner, mir einige Verdienste erworben zu haben, und noch erwerben zu können, glauben darf.

Die Literatur unsers Vaterlandes, mit Ausnahme ihrer eigentlich gelehrten Zweige, bietet ja eben kein reizendes Schauspiel dar, und das überall hervorspringende Parteimachen, verbunden mit den anzüglichen Fehden und durchfallenden Klopffechtereien, worauf sich mitunter sogar unsre bessere Köpfe einlassen, ist nicht sonderlich einladend zur Teilnahme. Gar gerne überlasse ich andern das Vergnügen, sich Beulen zu holen, um sie ihren Gegnern mit Zinsen wieder abtragen zu können, und sich dadurch ein gewisses Dreifußrecht zu erwerben, unter dessen Gewaltstreichen sie sich zur literarischen Diktatur zu erheben wähnen. Wehe dieser papiernen Herrlichkeit! Aber wenn wird es anders, wenn besser werden?

Zur Jubilatemesse 1803.

Rink.

EINLEITUNG

Der Mensch ist das einzige Geschöpf, das erzogen werden muß. Unter der Erziehung nämlich verstehen wir die Wartung (Verpflegung, Unterhaltung), Disziplin (Zucht) und Unterweisung nebst der Bildung. Dem zufolge ist der Mensch Säugling, – Zögling, – und Lehrling.

Die Tiere gebrauchen ihre Kräfte, sobald sie deren nur welche haben, regelmäßig, d. h. in der Art, daß sie ihnen selbst nicht schädlich werden. Es ist in der Tat bewundernswürdig, wenn man z. E. die jungen Schwalben wahrnimmt, die kaum aus den Eiern gekrochen, und noch blind sind, wie die es nichts desto weniger zu machen wissen, daß sie ihre Exkremente aus dem Neste fallen lassen. Tiere brauchen daher keine Wartung, höchstens Futter, Erwärmung und Anführung, oder einen gewissen Schutz. Ernährung brauchen wohl die meisten Tiere, aber keine Wartung. Unter Wartung nämlich versteht man die Vorsorge der Eltern, daß die Kinder keinen schädlichen Gebrauch von ihren Kräften machen. Sollte ein Tier z. E., gleich wenn es auf die Welt kommt, schreien, wie die Kinder es tun: so würde es unfehlbar der Raub der Wölfe und anderer wilden Tiere werden, die es durch sein Geschrei herbeigelockt.

Disziplin oder Zucht ändert die Tierheit in die Menschheit um. Ein Tier ist schon alles durch seinen Instinkt; eine fremde Vernunft hat bereits alles für dasselbe besorgt. Der Mensch aber braucht eigene Vernunft. Er hat keinen Instinkt, und muß sich selbst den Plan seines Verhaltens machen. Weil er aber nicht sogleich im Stande ist, dieses zu tun, sondern roh auf die Welt kommt: so müssen es andere für ihn tun.

Die Menschengattung soll die ganze Naturanlage der Menschheit, durch ihre eigne Bemühung, nach und nach von selbst herausbringen. Eine Generation erzieht die andere. Den ersten Anfang kann man dabei in einem rohen, oder auch in einem vollkommnen, ausgebildeten Zustande suchen. Wenn dieser letztere als vorher und zuerst gewesen angenommen wird: so muß der Mensch doch nachmals wieder verwildert und in Rohigkeit verfallen sein.

Disziplin verhütet, daß der Mensch nicht durch seine tierischen Antriebe von seiner Bestimmung, der Menschheit, abweiche. Sie muß ihn z. E. einschränken, daß er sich nicht wild und unbesonnen in Gefahren begebe. Zucht ist also bloß negativ, nämlich die Handlung, wodurch man dem Menschen die Wildheit benimmt, Unterweisung hingegen ist der positive Teil der Erziehung.

Wildheit ist die Unabhängigkeit von Gesetzen. Disziplin unterwirft den Menschen den Gesetzen der Menschheit, und fängt an, ihm den Zwang der Gesetze fühlen zu lassen. Dieses muß aber frühe geschehen. So schickt man z. E. Kinder anfangs in die Schule, nicht schon in der Absicht, damit sie dort etwas lernen sollen, sondern damit sie sich daran gewöhnen mögen, still zu sitzen, und pünktlich das zu beobachten, was ihnen vorgeschrieben wird, damit sie nicht, in Zukunft, jeden ihrer Einfälle würklich auch und augenblicklich in Ausübung bringen mögen.

Der Mensch hat aber von Natur einen so großen Hang zur Freiheit, daß, wenn er erst eine Zeitlang an sie gewöhnt ist, er ihr alles aufopfert. Eben daher muß denn die Disziplin auch, wie gesagt, sehr frühe in Anwendung gebracht werden, denn wenn das nicht geschieht, so ist es schwer, den Menschen nachher zu ändern. Er folgt dann jeder Laune. Man sieht es auch an den wilden Nationen, daß, wenn sie gleich den Europäern längere Zeit hindurch Dienste tun, sie sich doch nie an ihre Lebensart gewöhnen. Bei ihnen ist dieses aber nicht ein edler Hang zur Freiheit, wie Rousseau und andere meinen, sondern eine gewisse Rohigkeit, indem das Tier hier gewissermaßen die Menschheit noch nicht in sich entwickelt hat. Daher muß der Mensch frühe gewöhnt werden, sich den Vorschriften der Vernunft zu unterwerfen. Wenn man ihm in der Jugend seinen

Willen gelassen und ihm da nichts widerstanden hat: so behält er eine gewisse Wildheit durch sein ganzes Leben. Und es hilft denen auch nicht, die durch allzugroße mütterliche Zärtlichkeit in der Jugend geschont werden, denn es wird ihnen weiterhin nur desto mehr, von allen Seiten her, widerstanden, und überall bekommen sie Stöße, sobald sie sich in die Geschäfte der Welt einlassen.

Dieses ist ein gewöhnlicher Fehler bei der Erziehung der Großen, daß man ihnen, weil sie zum Herrschen bestimmt sind, auch in der Jugend nie eigentlich widersteht. Bei dem Menschen ist, wegen seines Hanges zur Freiheit, eine Abschleifung seiner Rohigkeit nötig; bei dem Tiere hingegen wegen seines Instinktes nicht.

Der Mensch braucht Wartung und Bildung. Bildung begreift unter sich Zucht und Unterweisung. Diese braucht, soviel man weiß, kein Tier. Denn keins derselben lernt etwas von den Alten, außer die Vögel ihren Gesang. Hierin werden sie von den Alten unterrichtet, und es ist rührend anzusehen, wenn, wie in einer Schule, die Alte ihren Jungen aus allen Kräften vorsingt, und diese sich bemühen, aus ihren kleinen Kehlen dieselben Töne herauszubringen. Um sich zu überzeugen, daß die Vögel nicht aus Instinkt singen, sondern es würklich lernen, lohnt es der Mühe, die Probe zu machen, und etwa die Hälfte von ihren Eiern den Kanarienvögeln wegzunehmen, und ihnen Sperlingseier unterzulegen, oder auch wohl die ganz jungen Sperlinge mit ihren Jungen zu vertauschen. Bringt man diese nun in eine Stube, wo sie die Sperlinge nicht draußen hören können: so lernen sie den Gesang der Kanarienvögel, und man bekommt singende Sperlinge. Es ist auch in der Tat sehr zu bewundern, daß jede Vogelgattung durch alle Generationen einen gewissen Hauptgesang behält, und die Tradition des Gesanges ist wohl die treueste in der Welt.

Der Mensch kann nur Mensch werden durch Erziehung. Er ist nichts, als was die Erziehung aus ihm macht. Es ist zu bemerken, daß der Mensch nur durch Menschen erzogen wird, durch Menschen, die ebenfalls erzogen sind. Daher macht auch Mangel an Disziplin und Unterweisung bei einigen Menschen sie wieder zu schlechten Erziehern ihrer Zöglinge. Wenn einmal ein Wesen höherer Art sich unserer Erziehung annähme, so würde man doch sehen, was aus dem Menschen werden könne. Da die Erziehung aber teils den Menschen einiges lehrt, teils einiges auch nur bei ihm entwickelt: so kann man nicht wissen, wie weit bei ihm die Naturanlagen gehen. Würde hier wenigstens ein Experiment durch Unterstützung der Großen, und durch die vereinigten Kräfte vieler gemacht: so würde auch das schon uns Aufschlüsse darüber geben, wie weit es der Mensch etwa zu bringen vermöge. Aber es ist für den spekulativen Kopf eine eben so wichtige, als für den Menschenfreund eine traurige Bemerkung, zu sehen, wie die Großen meistens nur immer für sich sorgen, und nicht an dem wichtigen Experimente der Erziehung in der Art Teil nehmen, daß die Natur einen Schritt näher zur Vollkommenheit tue.

Es ist niemand, der nicht in seiner Jugend verwahrloset wäre, und es im reifem Alter nicht selbst einsehen sollte, worin, es sei in der Disziplin, oder in der Kultur (so kann man die Unterweisung nennen) er vernachlässigt worden. Derjenige, der nicht kultiviert ist, ist roh, wer nicht diszipliniert ist, ist wild. Verabsäumung der Disziplin ist ein größeres Übel, als Verabsäumung der Kultur, denn diese kann noch weiterhin nachgeholt werden; Wildheit aber läßt sich nicht weg bringen, und ein Versehen in der Disziplin kann nie ersetzt werden. Vielleicht, daß die Erziehung immer besser werden, und daß jede folgende Generation einen Schritt näher tun wird zur Vervollkommnung der Menschheit; denn hinter der Edukation steckt das große Geheimnis der Vollkommenheit der menschlichn Natur. Von jetzt an kann dieses geschehen. Denn nun erst fängt man an, richtig zu urteilen, und deutlich einzusehen, was eigentlich zu einer guten Erziehung gehöre. Es ist entzükkend, sich vorzustellen, daß die menschliche Natur immer besser durch Erziehung werde entwickelt werden, und daß man diese in eine Form bringen kann, die der Menschheit angemessen ist. Dies eröffnet uns den Prospekt zu einem künftigen glücklichern Menschengeschlechte. –

Ein Entwurf zu einer Theorie der Erziehung ist ein herrliches Ideal, und es schadet nichts, wenn wir auch nicht gleich im Stande sind, es zu realisieren. Man muß nur nicht gleich die Idee für schimärisch halten, und sie als einen schönen Traum verrufen, wenn auch Hindernisse bei ihrer Ausführung eintreten.

Eine Idee ist nichts anderes, als der Begriff von einer Vollkommenheit, die sich in der Erfahrung noch nicht vorfindet. Z. E. die Idee einer vollkommnen, nach Regeln der Gerechtigkeit regierten Republik! Ist sie deswegen unmöglich? Erst muß unsere Idee nur richtig sein, und dann ist sie bei allen Hindernissen, die ihrer Ausführung noch im Wege stehen, gar nicht unmöglich. Wenn z. E. ein jeder löge, wäre deshalb das Wahrreden eine bloße Grille? Und die Idee einer Erziehung, die alle Naturanlagen im Menschen entwickelt, ist allerdings wahrhaft.

Bei der jetzigen Erziehung erreicht der Mensch nicht ganz den Zweck seines Daseins. Denn wie verschieden leben die Menschen! Eine Gleichförmigkeit unter ihnen kann nur Statt finden, wenn sie nach einerlei Grundsätzen handeln, und diese Grundsätze müßten ihnen zur andern Natur werden. Wir können an dem Plane einer zweckmäßigern Erziehung arbeiten, und eine Anweisung zu ihr der Nachkommenschaft überliefern, die sie nach und nach realisieren kann. Man sieht z. B. an den Aurikeln, daß, wenn man sie aus der Wurzel zieht, man sie alle nur von einer und derselben Farbe bekommt; wenn man dagegen aber ihren Samen aussäet: so bekommt man sie von ganz andern und den verschiedensten Farben. Die Natur hat also doch die Keime in sie gelegt, und es kömmt nur auf das gehörige Säen und Verpflanzen an, um diese in ihnen zu entwickeln. So auch bei dem Menschen!

Es liegen viele Keime in der Menschheit, und nun ist es unsere Sache, die Naturanlagen proportionierlich zu entwickeln, und die Menschheit aus ihren Keimen zu entfalten, und zu machen, daß der Mensch seine Bestimmung erreiche. Die Tiere erfüllen diese von selbst, und ohne daß sie sie kennen. Der Mensch muß erst suchen, sie zu erreichen, dieses kann aber nicht geschehen, wenn er nicht einmal einen Begriff von seiner Bestimmung hat. Bei dem Individuo ist die Erreichung der Bestimmung auch gänzlich unmöglich. Wenn wir ein wirklich ausgebildetes erstes Menschenpaar annehmen, so wollen wir doch sehen, wie es seine Zöglinge erzieht. Die ersten Eltern geben den Kindern schon ein Beispiel, die Kinder ahmen es nach, und so entwickeln sich einige Naturanlagen. Alle können nicht auf diese Art ausgebildet werden, denn es sind meistens alles nur Gelegenheitsumstände, bei denen die Kinder Beispiele sehen. Vormals hatten die Menschen keinen Begriff einmal von der Vollkommenheit, die die menschliche Natur erreichen kann. Wir selbst sind noch nicht einmal mit diesem Begriffe auf dem reinen. Soviel ist aber gewiß, daß nicht einzelne Menschen, bei aller Bildung ihrer Zöglinge, es dahin bringen können, daß dieselben ihre Bestimmung erreichen. Nicht einzelne Menschen, sondern die Menschengattung soll dahin gelangen.

Die Erziehung ist eine Kunst, deren Ausübung durch viele Generationen vervollkommnet werden muß. Jede Generation, versehen mit den Kenntnissen der vorhergehenden, kann immer mehr eine Erziehung zu Stande bringen, die alle Naturanlagen des Menschen proportionierlich und zweckmäßig entwickelt, und so die ganze Menschengattung zu ihrer Bestimmung führt. – Die Vorsehung hat gewollt, daß der Mensch das Gute aus sich selbst herausbringen soll, und spricht, so zu sagen, zum Menschen: »Gehe in die Welt,« – so etwa könnte der Schöpfer den Menschen anreden! – »ich habe dich ausgerüstet mit allen Anlagen zum Guten. Dir kömmt es zu, sie zu entwickeln; und so hängt dein eignes Glück und Unglück von dir selbst ab.«

Der Mensch soll seine Anlagen zum Guten erst entwickeln; die Vorsehung hat sie nicht schon fertig in ihn gelegt; es sind bloße Anlagen und ohne den Unterschied der Moralität. Sich selbst besser machen, sich selbst kultivieren, und, wenn er böse ist, Moralität bei sich hervorbringen, das soll der Mensch. Wenn man das aber reiflich überdenkt, so findet man, daß dieses sehr schwer sei. Daher ist die Erziehung das größeste Problem, und das schwerste, was dem Menschen kann aufgegeben werden. Denn Einsicht hängt von der Erziehung, und Erziehung hängt wieder von der Einsicht ab. Daher kann die Erziehung auch nur nach und nach einen Schritt vorwärts tun, und nur dadurch, daß eine Generation ihre Erfahrungen und Kenntnisse der folgenden überliefert, diese wieder etwas hinzu tut, und es so der folgenden übergibt, kann ein richtiger Begriff von der Erziehungsart entspringen. Welche große Kultur und Erfahrung setzt also nicht dieser Begriff voraus? Er konnte demnach auch nur spät entstehen, und wir selbst haben ihn noch nicht ganz ins reine gebracht. Ob die Erziehung im einzelnen wohl der Ausbildung der Menschheit im allgemeinen, durch ihre verschiedenen Generationen, nachahmen soll?

Zwei Erfindungen der Menschen kann man wohl als die schweresten ansehen: die der Regierungs- und die der Erziehungskunst nämlich, und doch ist man selbst in ihrer Idee noch streitig.

Von wo fangen wir nun aber an, die menschlichen Anlagen zu entwickeln? Sollen wir von dem rohen, oder von einem schon ausgebildeten Zustande anfangen! Es ist schwer, sich eine Entwickelung aus der Roheit zu denken (daher ist auch der Begriff des ersten Menschen so schwer), und wir sehen, daß, bei einer Entwickelung aus einem solchen Zustande, man doch immer wieder in Rohigkeit zurückgefallen ist, und dann erst sich wieder aufs neue aus demselben emporgehoben hat. Auch bei sehr gesitteten Völkern finden wir in den frühesten Nachrichten, die sie uns aufgezeichnet hinterlassen haben, – und wie viele Kultur gehört nicht schon zum Schreiben? so daß man, in Rücksicht auf gesittete Menschen, den Anfang der Schreibekunst den Anfang der Welt nennen könnte – ein starkes Angrenzen an Rohigkeit.

Weil die Entwickelung der Naturanlagen bei dem Menschen nicht von selbst geschieht, so ist alle Erziehung – eine Kunst. – Die Natur hat dazu keinen Instinkt in ihn gelegt. – Der Ursprung sowohl, als der Fortgang dieser Kunst ist entweder mechanisch, ohne Plan, nach gegebenen Umständen geordnet, oder judiziös. Mechanisch entspringt die Erziehungskunst bloß bei vorkommenden Gelegenheiten, wo wir erfahren, ob etwas dem Menschen schädlich, oder nützlich sei. Alle Erziehungskunst, die bloß mechanisch entspringt, muß sehr viele Fehler und Mängel an sich tragen, weil sie keinen Plan zum Grunde hat. Die Erziehungskunst oder Pädagogik muß also judiziös werden, wenn sie die menschliche Natur so entwickeln soll, daß sie ihre Bestimmung erreiche. Schon erzogene Eltern sind Beispiele, nach denen sich die Kinder bilden, zur Nachachtung. Aber wenn diese besser werden sollen: so muß die Pädagogik ein Studium werden, sonst ist nichts von ihr zu hoffen, und ein in der Erziehung Verdorbener erzieht sonst den andern. Der Mechanismus in der Erziehungskunst muß in Wissenschaft verwandelt werden, sonst wird sie nie ein zusammenhängendes Bestreben werden, und eine Generation möchte niederreißen, was die andere schon aufgebaut hätte.

Ein Prinzip der Erziehungskunst, das besonders solche Männer, die Pläne zur Erziehung machen, vor Augen haben sollten, ist: Kinder sollen nicht dem gegenwärtigen, sondern dem zukünftig möglich bessern Zustande des menschlichen Geschlechts, das ist: der Idee der Menschheit, und deren ganzer Bestimmung angemessen, erzogen werden. Dieses Prinzip ist von großer Wichtigkeit. Eltern erziehen gemeiniglich ihre Kinder nur so, daß sie in die gegenwärtige Welt, sei sie auch verderbt, passen. Sie sollten sie aber besser erziehen, damit ein zukünftiger besserer Zustand dadurch hervorgebracht werde. Es finden sich hier aber zwei Hindernisse:

1) Die Eltern nämlich sorgen gemeiniglich nur dafür, daß ihre Kinder gut in der Welt fortkommen, und 2) die Fürsten betrachten ihre Untertanen nur wie Instrumente zu ihren Absichten.

Eltern sorgen für das Haus, Fürsten für den Staat. Beide haben nicht das Weltbeste und die Vollkommenheit, dazu die Menschheit bestimmt ist, und wozu sie auch die Anlage hat, zum Endzwecke. Die Anlage zu einem Erziehungsplane muß aber kosmopolitisch gemacht werden. Und ist dann das Weltbeste eine Idee, die uns in unserm Privatbesten kann schädlich sein? Niemals! denn wenn es gleich scheint, daß man bei ihr etwas aufopfern müsse: so befördert man doch nichts desto weniger durch sie immer auch das Beste seines gegenwärtigen Zustandes. Und dann, welche herrliche Folgen begleiten sie! Gute Erziehung gerade ist das, woraus alles Gute in der Welt entspringt. Die Keime, die im Menschen liegen, müssen nur immer mehr entwickelt werden. Denn die Gründe zum Bösen findet man nicht in den Naturanlagen des Menschen. Das nur ist die Ursache des Bösen; daß die Natur nicht unter Regeln gebracht wird. Im Menschen liegen nur Keime zum Guten.

Wo soll der bessere Zustand der Welt nun aber herkommen? Von den Fürsten oder von den Untertanen? daß diese nämlich sich erst selbst bessern, und einer guten Regierung auf dem halben Wege entgegen kommen? Soll er von den Fürsten begründet werden: so muß erst die Erziehung der Prinzen besser werden, die geraume Zeit hindurch noch immer den großen Fehler hatte, daß man ihnen in der Jugend nicht widerstand. Ein Baum aber, der auf dem Felde allein steht, wächst krumm, und breitet seine Äste weit aus; ein Baum hingegen, der mitten im Walde stehet, wächst, weil die Bäume neben ihm ihm widerstehen, gerade auf, und sucht Luft und Sonne über sich. So ist es auch mit den Fürsten. Doch ist es noch immer besser, daß sie von jemand aus der Zahl der Untertanen erzogen werden, als wenn sie von ihresgleichen erzogen würden: Das Gute dürfen wir also von oben her nur in dem Falle erwarten, daß die Erziehung dort die vorzüglichere ist! Daher kommt es hier denn hauptsächlich auf Privatbemühungen an, und nicht sowohl auf das Zutun der Fürsten, wie Basedow und andere meinten, denn die Erfahrung lehrt es, daß sie zunächst nicht sowohl das Weltbeste, als vielmehr nur das Wohl ihres Staates zur Absicht haben, damit sie ihre Zwecke erreichen. Geben sie aber das Geld dazu her: so muß es ja ihnen auch anheimgestellt bleiben, dazu den Plan vorzuzeichnen. So ist es in allem, was die Ausbildung des menschlichen Geistes, die Erweiterung menschlicher Erkenntnisse betrifft. Macht und Geld schaffen es nicht, erleichtern es höchstens. Aber sie könnten es schaffen, wenn die Staatsökonomie nicht für die Reichskasse nur im voraus die Zinsen berechnete. Auch Akademien taten es bisher nicht, und daß sie es noch tun werden, dazu war der Anschein nie geringer, als jetzt.

Demnach sollte auch die Einrichtung der Schulen bloß von dem Urteile der aufgeklärtesten Kenner abhängen. Alle Kultur fängt von dem Privatmanne an, und breitet von daher sich aus. Bloß durch die Bemühung der Personen von extendierteren Neigungen, die Anteil an dem Weltbesten nehmen, und der Idee eines zukünftigen bessern Zustandes fähig sind, ist die allmähliche Annäherung der menschlichen Natur zu ihrem Zwecke möglich. Siehet hin und wieder doch noch mancher Große sein Volk gleichsam nur für einen Teil des Naturreiches an, und richtet also auch nur darauf sein Augenmerk, daß es fortgepflanzt werde. Höchstens verlangt man dann auch noch Geschicklichkeit, aber bloß um die Untertanen desto besser als Werkzeug zu seinen Absichten gebrauchen zu können. Privatmänner müssen freilich auch zuerst den Naturzweck vor Augen haben, aber dann auch besonders auf die Entwickelung der Menschheit und dahin sehn, daß sie nicht nur geschickt, sondern auch gesittet werde, und, welches das schwerste ist, daß sie suchen, die

Nachkommenschaft weiter zu bringen, als sie selbst gekommen sind.

Bei der Erziehung muß der Mensch also 1) diszipliniert werden. Disziplinieren heißt suchen zu verhüten, daß die Tierheit nicht der Menschheit, in dem einzelnen sowohl, als gesellschaftlichen Menschen, zum Schaden gereiche. Disziplin ist also bloß Bezähmung der Wildheit:

2) Muß der Mensch kultiviert werden. Kultur begreift unter sich die Belehrung und die Unterweisung. Sie ist die Verschaffung der Geschicklichkeit. Diese ist der Besitz eines Vermögens, welches zu allen beliebigen Zwecken zureichend ist. Sie bestimmt also gar keine Zwecke, sondern überläßt das nachher den Umständen.

Einige Geschicklichkeiten sind in allen Fällen gut, z. E. das Lesen und Schreiben; andere nur zu einigen Zwecken, z. E. die Musik, um uns beliebt zu machen. Wegen der Menge der Zwecke wird die Geschicklichkeit gewissermaßen unendlich.

3) Muß man darauf sehen, daß der Mensch auch klug werde, in die menschliche Gesellschaft passe, daß er beliebt sei, und Einfluß habe. Hiezu gehört eine gewisse Art von Kultur, die man Zivilisierung nennet. Zu derselben sind Manieren, Artigkeit und eine gewisse Klugheit erforderlich, der zufolge man alle Menschen zu seinen Endzwecken gebrauchen kann. Sie richtet sich nach dem wandelbaren Geschmacke jedes Zeitalters. So liebte man noch vor wenigen Jahrzehenden Zeremonien im Umgange.

4) Muß man auf die Moralisierung sehen. Der Mensch soll nicht bloß zu allerlei Zwecken geschickt sein, sondern auch die Gesinnung bekommen, daß er nur lauter gute Zwecke erwähle. Gute Zwecke sind diejenigen, die notwendigerweise von jedermann gebilligt werden; und die auch zu gleicher Zeit jedermanns Zwecke sein können.

***

Der Mensch kann entweder bloß dressiert, abgerichtet, mechanisch unterwiesen, oder würklich aufgeklärt werden. Man dressiert Hunde, Pferde, und man kann auch Menschen dressieren. (Dieses Wort kommt aus dem Englischen her, von to dress, kleiden. Daher auch Dreßkammer, der Ort, wo die Prediger sich umkleiden, und nicht Trostkammer.)

Mit dem Dressieren aber ist es noch nicht ausgerichtet, sondern es kommt vorzüglich darauf an, daß Kinder denken lernen. Das geht auf die Prinzipien hinaus, aus denen alle Handlungen entspringen. Man sieht also, daß bei einer echten Erziehung sehr vieles zu tun ist. Gewöhnlich wird aber bei der Privaterziehung das vierte wichtigste Stück noch wenig in Ausübung gebracht, denn man erzieht die Kinder im wesentlichen so, daß man die Moralisierung dem Prediger überlässet. Wie unendlich wichtig ist es aber nicht, die Kinder von Jugend auf das Laster verabscheuen zu lehren, nicht gerade allein aus dem Grunde, weil Gott es verboten hat, sondern weil es in sich selbst verabscheuungswürdig ist. Sonst nämlich kommen sie leicht auf die Gedanken, daß sie es wohl immer würden ausüben können, und daß es übrigens wohl würde erlaubt sein, wenn Gott es nur nicht verboten hätte, und daß Gott daher wohl einmal eine Ausnahme machen könne. Gott ist das heiligste Wesen, und will nur das, was gut ist, und verlangt, daß wir die Tugend, ihres innern Wertes wegen, ausüben sollen, und nicht deswegen, weil er es verlangt.

Wir leben im Zeitpunkte der Disziplinierung, Kultur und Zivilisierung, aber noch lange nicht in dem Zeitpunkte der Moralisierung. Bei dem jetzigen Zustande der Menschen kann man sagen, daß das Glück der Staaten zugleich mit dem Elende der Menschen wachse. Und es ist noch die Frage, ob wir im rohen Zustande, da alle diese Kultur bei uns Statt fände, nicht glücklicher, als in unserm jetzigen Zustande sein würden? Denn wie kann man Menschen glücklich machen, wenn man sie nicht sittlich und weise macht? Die Quantität des Bösen wird dann nicht vermindert.

Erst muß man Experimentalschulen errichten, ehe man Normalschulen errichten kann. Die Erziehung und Unterweisung muß nicht bloß mechanisch sein, sondern auf Prinzipien beruhen. Doch darf sie auch nicht bloß räsonierend, sondern gleich, in gewisser Weise, Mechanismus sein. In Österreich gab es meistens nur Normalschulen, die nach einem Plan errichtet waren, wider den vieles mit Grunde gesagt wurde, und dem man besonders blinden Mechanismus vorwerfen konnte. Nach diesen Normalschulen mußten sich denn alle andere richten, und man weigerte sich sogar, Leute zu befördern, die nicht in diesen Schulen gewesen waren. Solche Vorschriften zeigen, wie sehr die Regierung sich hiermit befasse, und bei einem dergleichen Zwange kann wohl unmöglich etwas Gutes gedeihen.

Man bildet sich zwar insgemein ein, daß Experimente bei der Erziehung nicht nötig wären, und daß man schon aus der Vernunft urteilen könne, ob etwas gut, oder nicht gut sein werde. Man irret hierin aber sehr, und die Erfahrung lehrt, daß sich oft bei unsern Versuchen ganz entgegengesetzte Würkungen zeigen von denen, die man erwartete. Man sieht also, daß, da es auf Experimente ankommt, kein Menschenalter einen völligen Erziehungsplan darstellen kann. Die einzige Experimentalschule, die hier gewissermaßen den Anfang machte, die Bahn zu brechen, war das Dessauische Institut. Man muß ihm diesen Ruhm lassen, ohngeachtet der vielen Fehler, die man ihm zum Vorwurfe machen könnte; Fehler, die sich bei allen Schlüssen, die man aus Versuchen macht, vorfinden, daß nämlich noch immer neue Versuche dazu gehören. Es war in gewisser Weise die einzige Schule, bei der die Lehrer die Freiheit hatten, nach eigenen Methoden und Planen zu arbeiten, und wo sie unter sich sowohl, als auch mit allen Gelehrten in Deutschland in Verbindung standen.

***

Die Erziehung schließt Versorgung und Bildung in sich. Diese ist 1) negativ, die Disziplin, die bloß Fehler abhält; 2) positiv, die Unterweisung und Anführung, und gehört in so ferne zur Kultur. Anführung ist die Leitung in der Ausübung desjenigen, was man gelehrt hat. Daher entsteht der Unterschied zwischen Informator, der bloß ein Lehrer, und Hofmeister, der ein Führer ist. Jener erzieht bloß für die Schule, dieser für das Leben.

Die erste Epoche bei dem Zöglinge ist die, da er Unterwürfigkeit und einen passiven Gehorsam beweisen muß; die andere, da man ihm schon einen Gebrauch von der Überlegung und seiner Freiheit, doch unter Gesetzen, machen läßt. In der ersten ist ein mechanischer, in der andern ein moralischer Zwang.

Die Erziehung ist entweder eine Privat- oder eine öffentliche Erziehung. Letztere betrifft nur die Information, und diese kann immer öffentlich bleiben. Die Ausübung der Vorschriften wird der erstern überlassen: Eine vollständige öffentliche Erziehung ist diejenige, die beides, Unterweisung und moralische Bildung, vereiniget. Ihr Zweck ist: Beförderung einer guten Privaterziehung. Eine Schule, in der dieses geschieht, nennt man ein Erziehungsinstitut. Solcher Institute können nicht viele, und die Anzahl der Zöglinge in denselben kann nicht groß sein, weil sie sehr kostbar sind, und ihre bloße Einrichtung schon sehr vieles Geld erfordert. Es verhält sich mit ihnen, wie mit den Armenhäusern und Hospitälern. Die Gebäude, die dazu erfordert werden, die Besoldung der Direktoren, Aufseher und Bedienten, nehmen schon die Hälfte von dem dazu ausgesetzten Gelde weg, und es ist ausgemacht, daß, wenn man dieses Geld den Armen in ihre Häuser schickte, sie viel besser verpflegt werden würden. Daher ist es auch schwer, daß andere, als bloß reicher Leute Kinder, an solchen Instituten Teil nehmen können.

Der Zweck solcher öffentlicher Institute ist: die Vervollkommnung der häuslichen Erziehung. Wenn erst nur die Eltern, oder andere, die ihre Mitgehülfen in der Erziehung sind, gut erzogen wären: so könnte der Aufwand der öffentlichen Institute wegfallen. In ihnen sollen Versuche gemacht, und Subjekte gebildet werden, und so soll aus ihnen dann eine gute häusliche Erziehung entspringen.

Die Privaterziehung besorgen entweder die Eltern selbst, oder, da diese bisweilen nicht Zeit, Fähigkeit, oder auch wohl gar nicht Lust dazu haben, andere Personen, die besoldete Mitgehülfen sind. Bei der Erziehung durch diese Mitgehülfen findet sich aber der sehr schwierige Umstand, daß die Auktorität zwischen den Eltern und diesen Hofmeistern geteilt ist. Das Kind soll sich nach den Vorschriften der Hofmeister richten, und dann auch wieder den Grillen der Eltern folgen. Es ist bei einer solchen Erziehung notwendig, daß die Eltern ihre ganze Auktorität an die Hofmeister abtreten.

In wie ferne dürfte aber die Privaterziehung vor der öffentlichen, oder diese vor jener, Vorzüge haben? Im allgemeinen scheint doch, nicht bloß vonseiten der Geschicklichkeit, sondern auch in betreff des Charakters eines Bürgers, die öffentliche Erziehung vorteilhafter, als die häusliche zu sein. Die letztere bringt gar oft nicht nur Familienfehler hervor, sondern pflanzt dieselben auch fort.

Wie lange aber soll die Erziehung denn dauern? Bis zu der Zeit, da die Natur selbst den Menschen bestimmt hat, sich selbst zu führen; da der Instinkt zum Geschlechte sich bei ihm entwickelt; da er selbst Vater werden kann, und selbst erziehen soll, ohngefähr bis zu dem sechzehnten Jahre. Nach dieser Zeit kann man wohl noch Hülfsmittel der Kultur gebrauchen, und eine versteckte Disziplin ausüben, aber keine ordentliche Erziehung mehr.

Die Unterwürfigkeit des Zöglinges ist entweder positiv, da er tun muß, was ihm vorgeschrieben wird, weil er nicht selbst urteilen kann, und die bloße Fähigkeit der Nachahmung noch in ihm fortdauert, oder negativ, da er tun muß, was andere wollen, wenn er will, daß andere ihm wieder etwas zu Gefallen tun sollen. Bei der ersten tritt Strafe ein, bei der andern dies, daß man nicht tut, was er will; er ist hier, obwohl er bereits denken kann, dennoch in seinem Vergnügen abhängig.

Eines der größesten Probleme der Erziehung ist, wie man die Unterwerfung unter den gesetzlichen Zwang mit der Fähigkeit, sich seiner Freiheit zu bedienen, vereinigen könne. Denn Zwang ist nötig! Wie kultiviere ich die Freiheit bei dem Zwange? Ich soll meinen Zögling gewöhnen, einen Zwang seiner Freiheit zu dulden, und soll ihn selbst zugleich anführen, seine Freiheit gut zu gebrauchen. Ohne dies ist alles bloßer Mechanism, und der der Erziehung Entlassene weiß sich seiner Freiheit nicht zu bedienen. Er muß früh den unvermeidlichen Widerstand der Gesellschaft fühlen, um die Schwierigkeit, sich selbst zu erhalten, zu entbehren, und zu erwerben, um unabhängig zu sein, kennen zu lernen.

Hier muß man folgendes beobachten: 1) daß man das Kind, von der ersten Kindheit an, in allen Stücken frei sein lasse (ausgenommen in den Dingen, wo es sich selbst schadet, z. E. wenn es nach einem blanken Messer greift), wenn es nur nicht auf die Art geschieht, daß es anderer Freiheit im Wege ist, z. E. wenn es schreiet, oder auf eine allzulaute Art lustig ist, so beschwert es andere schon. 2) Muß man ihm zeigen, daß es seine Zwecke nicht anders erreichen könne, als nur dadurch, daß es andere ihre Zwecke auch erreichen lasse, z. E. daß man ihm kein Vergnügen mache, wenn es nicht tut, was man will, daß es lernen soll etc. 3) Muß man ihm beweisen, daß man ihm einen Zwang auflegt, der es zum Gebrauche seiner eigenen Freiheit führt, daß man es kultiviere, damit es einst frei sein könne, d. h. nicht von der Vorsorge anderer abhängen dürfe. Dieses letzte ist das späteste. Denn bei den Kindern kommt die Betrachtung erst spät, daß man sich z. E. nachher selbst um seinen Unterhalt bekümmern müsse. Sie meinen, das werde immer so sein, wie in dem Hause der Eltern, daß sie Essen und Trinken bekommen, ohne daß sie dafür sorgen dürfen. Ohne jene Behandlung sind Kinder, besonders reicher Eltern, und Fürstensöhne, so wie die

Einwohner von Otaheite, das ganze Leben hin durch, Kinder. Hier hat die öffentliche Erziehung ihre augenscheinlichsten Vorzüge, denn bei ihr lernet man seine Kräfte messen, man lernet Einschränkung, durch das Recht anderer. Hier genießt keiner Vorzüge, weil man überall Widerstand fühlt, weil man sich nur dadurch bemerklich macht, daß man sich durch Verdienst hervortut. Sie gibt das beste Vorbild des künftigen Bürgers.

Aber noch einer Schwierigkeit muß hier gedacht werden, die darin besteht, die Geschlechtskenntnis zu antizipieren, um, schon vor dem Eintritte der Mannbarkeit, Laster zu verhüten. Doch davon soll noch weiter unten gehandelt werden.

ABHANDLUNG

Die Pädagogik oder Erziehungslehre ist entweder physisch oder praktisch. Die physische Erziehung ist diejenige, die der Mensch mit den Tieren gemein hat, oder die Verpflegung. Die praktische oder moralische ist diejenige, durch die der Mensch soll gebildet werden, damit er wie ein freihandelndes Wesen leben könne. (Praktisch nennt man alles dasjenige, was Beziehung auf Freiheit hat.) Sie ist Erziehung zur Persönlichkeit, Erziehung eines frei handelnden Wesens, das sich selbst erhalten, und in der Gesellschaft ein Glied ausmachen, für sich selbst aber einen innern Wert haben kann.

Sie besteht demnach 1) aus der scholastisch-mechanischen Bildung, in Ansehung der Geschicklichkeit; ist also didaktisch (Informator), 2) aus der pragmatischen, in Ansehung der Klugheit (Hofmeister), 3) aus der moralischen, in Ansehung der Sittlichkeit.

Der scholastischen Bildung oder der Unterweisung bedarf der Mensch, um zur Erreichung aller seiner Zwecke geschickt zu werden. Sie gibt ihm einen Wert in Ansehung seiner selbst als Individuum. Durch die Bildung zur Klugheit aber wird er zum Bürger gebildet, da bekommt er einen öffentlichen Wert. Da lernt er sowohl die bürgerliche Gesellschaft zu seiner Absicht lenken, als sich auch in die bürgerliche Gesellschaft schicken. Durch die moralische Bildung endlich bekommt er einen Wert in Ansehung des ganzen menschlichen Geschlechts.

Die scholastische Bildung ist die früheste und erste. Denn alte Klugheit setzt Geschicklichkeit voraus. Klugheit ist das Vermögen, seine Geschicklichkeit gut an den Mann zu bringen. Die moralische Bildung, in so ferne sie auf Grundsätzen beruhet, die der Mensch selbst einsehen soll, ist die späteste; in so ferne sie aber nur auf dem gemeinen Menschenverstande beruht, muß sie gleich von Anfang, auch gleich bei der physischen Erziehung beobachtet werden, denn sonst wurzeln sich leicht Fehler ein, bei denen nachher alle Erziehungskunst vergebens arbeitet. In Ansehung der Geschicklichkeit und Klugheit muß alles nach den Jahren gehen. Kindisch geschickt, kindisch klug, und gutartig, nicht listig, auf männliche Art; das taugt eben so wenig, als eine kindische Sinnesart des Erwachsenen.

VON DER PHYSISCHEN ERZIEHUNG

Ob auch gleich derjenige, der eine Erziehung als Hofmeister übernimmt, die Kinder nicht so früh unter seine Aufsicht bekommt, daß er auch für die physische Erziehung derselben Sorge tragen kann: so ist es doch nützlich zu wissen, was alles bei der Erziehung von ihrem Anfange ab, bis zu ihrem Ende zu beobachten nötig ist. Wenn man es auch, als Hofmeister, nur mit größern Kindern zu tun hat, so geschieht es doch wohl, daß in dem Hause neue Kinder geboren werden, und, wenn man sich gut führt, so hat man immer Ansprüche darauf, der Vertraute der Eltern zu sein, und auch bei der physischen Erziehung von ihnen zu Rate gezogen zu werden, da man ohnedem oft nur der einzige Gelehrte im Hause ist. Daher sind einem Hofmeister auch Kenntnisse hievon nötig.

Die physische Erziehung ist eigentlich nur Verpflegung, entweder durch Eltern, oder Ammen, oder Wärterinnen. Die Nahrung, die die Natur dem Kinde bestimmt hat, ist die Muttermilch. Daß das Kind mit ihr Gesinnungen einsauge, wie man oft sagen hört: du hast das schon mit der Muttermilch eingesogen! ist ein bloßes Vorurteil. Es ist der Mutter und dem Kinde am zuträglichsten, wenn die Mutter selbst säuget. Doch finden auch hier im äußersten Falle, wegen kränklicher Umstände, Ausnahmen statt. Man glaubte vor Zeiten, daß die erste Milch, die sich nach der Geburt bei der Mutter findet und molkicht ist, dem Kinde schädlich sei, und daß die Mutter sie erst fortschaffen müsse, ehe sie das Kind säugen könne. Rousseau machte aber zuerst die Ärzte aufmerksam darauf, ob diese erste Milch nicht auch dem Kinde zuträglich sein könne, indem doch die Natur nichts umsonst veranstaltet habe. Und, man hat auch würklich gefunden, daß diese Milch am besten den Unrat, der sich bei neugebornen Kindern vorfindet, und den die Ärzte Meconium nennen, fortschaffe, und also den Kindern höchst zuträglich sei.

Man hat die Frage aufgeworfen: ob man nicht das Kind eben sowohl mit tierischer Milch nähren könne? Menschenmilch ist sehr von der tierischen verschieden. Die Milch aller grasfressenden, von Vegetabilien lebenden Tiere gerinnet sehr bald, wenn man etwas Säure hin zutut, z. E. Weinsäure, Zitronensäure, oder besonders die Säure im Kälbermagen, die man Lab oder Laff nennet. Menschenmilch gerinnt aber gar nicht. Wenn aber die Mütter oder Ammen einige Tage hindurch nur vegetabilische Kost genießen: so gerinnt ihre Milch so gut, wie die Kuhmilch etc., wenn sie dann aber nur einige Zeit hindurch wieder Fleisch essen: so ist die Milch auch wieder eben so gut, wie vorhin. Man hat hieraus geschlossen, daß es am besten, und dem Kinde am zuträglichsten sei, wenn Mütter oder Ammen unter der Zeit, daß sie säugen, Fleisch äßen: Denn wenn Kinder die Milch wieder von sich geben, so sieht man, daß sie geronnen ist. Die Säure im Kindermagen muß also noch mehr, als alle andere Säuren, das Gerinnen der Milch befördern, weil Menschenmilch sonst auf keine Weise zum Gerinnen gebracht werden kann. Wie viel schlimmer wäre es also, wenn man dem Kinde Milch gäbe, die schon von selbst gerinnet. Daß es aber auch nicht bloß hierauf ankomme, sieht man an andern Nationen. Die Waldtunguse z. E. essen fast nichts als Fleisch, und sind starke und gesunde Leute. Alle solche Völker leben aber auch nicht lang, und man kann einen großen erwachsenen Jungen, dem man es nicht ansehen sollte, daß er leicht sei, mit geringer Mühe aufheben. Die Schweden hingegen, vorzüglich aber die Nationen in Indien, essen fast gar kein Fleisch, und doch werden die Menschen bei ihnen ganz wohl aufgezogen. Es scheint also, daß es bloß auf das Gedeihen der Amme ankomme, und daß die Kost die beste sei, bei der sie sich am besten befindet.

Es fragt sich hier, was man nachher habe, um das Kind zu ernähren, wenn die Muttermilch nun aufhört? Man hat es seit einiger Zeit mit allerlei Mehlbreien versucht. Aber von Anfang an das Kind mit solchen Speisen zu ernähren, ist nicht gut. Besonders muß man merken, daß man den Kindern nichts Pikantes gebe, als Wein, Gewürz, Salz etc. Es ist aber doch sonderbar, daß Kinder eine so große Begierde nach dergleichen allem haben! Die Ursache ist, weil es ihren noch stumpfen Empfindungen einen Reiz und eine Belebung verschafft, die ihnen angenehm sind. Die Kinder in Rußland erhalten freilich von ihren Müttern, die selbst fleißig Branntwein trinken, auch dergleichen, und man bemerkt dabei, daß die Russen gesunde, starke Leute sind. Freilich müssen diejenigen, die das aushalten, von guter Leibeskonstitution sein; aber es sterben auch viele daran, die doch hätten erhalten werden können. Denn ein solcher früher Reiz der Nerven bringt viele Unordnungen hervor. Sogar schon für zu warme Speisen oder Getränke muß man die Kinder sorgfältig hüten, denn auch diese verursachen Schwäche.

Ferner ist zu bemerken, daß Kinder nicht sehr warm gehalten werden müssen, denn ihr Blut ist an sich schon viel wärmer, als das der Erwachsenen. Die Wärme des Blutes bei Kindern beträgt nach dem Fahrenheitischen Thermometer 110°, und das Blut der Erwachsenen nur 96 Grade. Das Kind erstickt in der Wärme, in der sich Ältere recht wohl befinden. Die kühle Gewöhnung macht überhaupt den Menschen stark. Und es ist auch bei Erwachsenen nicht gut, sich zu warm zu kleiden, zu bedecken, und sich an zu warme Getränke zu gewöhnen. Daher bekomme denn das Kind auch ein kühles und hartes Lager. Auch kalte Bäder sind gut. Kein Reizmittel darf eintreten, um Hunger bei dem Kinde zu erregen, dieser vielmehr muß immer nur die Folge der Tätigkeit und Beschäftigung sein. Nichts indessen darf man das Kind sich angewöhnen lassen, so daß es ihm zum Bedürfnisse werde. Auch bei dem Guten sogar muß man ihm nicht alles durch die Kunst zur Angewohnheit machen.

Das Windeln findet bei rohen Völkern gar nicht statt. Die wilden Nationen in Amerika z. E. machen für ihre jungen Kinder Gruben in die Erde, streuen sie mit dem Staube von faulen Bäumen aus, damit der Urin und die Unreinigkeiten der Kinder sich darein ziehen, und die Kinder also trocken liegen mögen, und bedecken sie mit Blättern; übrigens aber lassen sie ihnen den freien Gebrauch ihrer Glieder. Es ist auch bloß Bequemlichkeit von uns, daß wir die Kinder wie Mumien einwickeln, damit wir nur nicht Acht geben dürfen darauf, daß sich die Kinder nicht verbiegen, und oft geschieht es dennoch eben durch das Windeln. Auch ist es den Kindern selbst ängstlich, und sie geraten dabei in eine Art von Verzweiflung, da sie ihre Glieder gar nicht brauchen können. Da meint man denn ihr Schreien durch bloßes Zurufen stillen zu können. Man wickle aber nur einmal einen großen Menschen ein, und sehe doch, ob er nicht auch schreien, und in Angst und Verzweiflug geraten werde.

Überhaupt muß man merken, daß die erste Erziehung nur negativ sein müsse, d. h. daß man nicht, über die Vorsorge der Natur, noch eine neue hinzutun müsse, sondern die Natur nur nicht stören dürfe. Ist je die Kunst in der Erziehung erlaubt, so ist es allein die der Abhärtung. – Auch daher ist denn das Windeln zu verwerfen. Wenn man indessen einige Vorsicht beobachten will, so ist eine Art von Schachtel, die oben mit Riemen bezogen ist, hiezu das zweckmäßigste. Die Italiener gebrauchen sie, und nennen sie Arcuccio. Das Kind bleibt immer in dieser Schachtel, und wird auch in ihr zum Säugen angelegt. Dadurch wird selbst verhütet, daß die Mutter, wenn sie auch des Nachts, während des Säugens, einschläft, das Kind doch nicht tot drücken kann. Bei uns kommen aber auf diese Art viele Kinder ums Leben. Diese Vorsorge ist also besser, als das Windeln, denn die Kinder haben hier doch mehrere Freiheit, und das Verbiegen wird verhütet; da hingegen die Kinder oft durch das Windeln selbst, schief werden.

Eine andere Gewohnheit bei der ersten Erziehung ist das Wiegen. Die leichteste Art desselben ist die, die einige Bauern haben. Sie hängen nämlich die Wiege an einem Seile an den Balken, dürfen also nur anstoßen, so schaukelt die Wiege von selbst von einer Seite zur andern. Das Wiegen taugt aber überhaupt nicht. Denn das Hin- und Herschaukeln ist dem Kinde schädlich. Man sieht es ja selbst an großen Leuten, daß das Schaukeln eine Bewegung zum Erbrechen und einen Schwindel hervorbringt. Man will das Kind dadurch betäuben, daß es nicht schreie. Das Schreien ist aber den Kindern heilsam. Sobald sie aus dem Mutterleibe kommen, wo sie keine Luft genossen haben, atmen sie die erste Luft ein. Der dadurch veränderte Gang des Blutes bringt in ihnen eine schmerzhafte Empfindung hervor. Durch das Schreien aber entfaltet das Kind die innern Bestandteile und Kanäle seines Körpers desto mehr. Daß man dem Kinde, wenn es schreit, gleich zu Hülfe kommt, ihm etwas vorsingt, wie dies die Gewohnheit der Amme ist, oder dergl.: das ist sehr schädlich. Dies ist gewöhnlich das erste Verderben des Kindes, denn wenn es sieht, daß auf seinen Ruf alles herbeikommt: so wiederholt es sein Schreien öfter.

Man kann wohl mit Wahrheit sagen, daß die Kinder der gemeinen Leute viel mehr verzogen werden, als die Kinder der Vornehmen. Denn die gemeinen Leute spielen mit ihren Kindern, wie die Affen. Sie singen ihnen vor, herzen, küssen sie, tanzen mit ihnen. Sie denken also dem Kinde etwas zu gute zu tun, wenn sie, sobald es schreit, hinzulaufen, und mit ihm spielen u. s. w. Desto öfter schreien sie aber. Wenn man sich dagegen an ihr Schreien nicht kehrt, so hören sie zuletzt damit auf. Denn kein Geschöpf macht sich gerne eine vergebliche Arbeit. Man gewöhne sie aber nur daran, alle ihre Launen erfüllt zu sehn: so kömmt das Brechen des Willens nachher zu spät. Läßt man sie aber schreien, so werden sie selbst desselben überdrüssig. Wenn man ihnen aber in der ersten Jugend alle Launen erfüllt, so verdirbt man dadurch ihr Herz und ihre Sitten.

Das Kind hat freilich noch keinen Begriff von Sitten, es wird aber dadurch seine Naturanlage in der Art verdorben, daß man nachher sehr harte Strafen anwenden muß, um das Verdorbene wieder gut zu machen. Die Kinder äußern nachher, wenn man es ihnen abgewöhnen will, daß man immer auf ihr Verlangen hinzueile, bei ihrem Schreien eine so große Wut, als nur immer große Leute deren fähig sind, nur daß ihnen die Kräfte fehlen, sie in Tätigkeit zu setzen. So lange haben sie nur rufen dürfen, und alles kam herbei, sie herrschten also ganz despotisch. Wenn diese Herrschaft nun aufhört, so verdrüßt sie das ganz natürlich. Denn wenn auch große Menschen eine Zeitlang im Besitze einer Macht gewesen sind: so fällt es ihnen sehr schwer, sich geschwinde derselben zu entwöhnen.

Kinder können in der ersten Zeit, ohngefähr in den ersten 3 Monaten, nicht recht sehen. Sie haben zwar die Empfindung vom Lichte, können aber die Gegenstände nicht von einander unterscheiden. Man kann sich davon überzeugen, wenn man ihnen etwas Glänzendes vorhält, so verfolgen sie es nicht mit den Augen. Mit dem Gesichte findet sich auch das Vermögen, zu lachen und zu weinen. Wenn das Kind nun in diesem Zustande ist, so schreit es mit Reflexion, sie sei auch noch so dunkel, als sie wolle. Es meint dann immer, es sei ihm etwas zu Leide getan. Rousseau sagt: wenn man einem Kinde, das nur ohngefähr sechs Monate alt ist, auf die Hand schlägt: so schreit es in der Art, als wenn ihm ein Feuerbrand auf die Hand gefallen wäre. Es verbindet hier schon würklich den Begriff einer Beleidigung. Die Eltern reden gemeiniglich sehr viel von dem Brechen des Willens bei den Kindern. Man darf ihren Willen nicht brechen, wenn man ihn nicht erst verdorben hat. Dies ist aber das erste Verderben, wenn man dem despotischen Willen der Kinder willfahret, indem sie durch ihr Schreien alles erzwingen können. Äußerst schwer ist es noch nachher, dies wieder gut zu machen, und es wird kaum je gelingen. Man kann wohl machen, daß das Kind stille sei, es frißt aber die Galle in sich, und hegt destomehr innerliche Wut. Man gewöhnt es dadurch zur Verstellung und innern Gemütsbewegungen. So ist es z. E. sehr sonderbar, wenn Eltern verlangen, daß die Kinder, nachdem sie sie mit der Rute geschlagen haben, ihnen die Hände küssen sollen. Man gewöhnt sie dadurch zur Verstellung und Falschheit. Denn die Rute ist doch eben nicht so ein schönes Geschenk, für das man sich noch bedanken darf, und man kann leicht denken, mit welchem Herzen das Kind dann die Hand küßt.

Man bedient sich gewöhnlich, um die Kinder gehen zu lehren, des Leitbandes und Gängelwagens. Es ist doch auffallend, daß man die Kinder das Gehen lehren will, als wenn irgend ein Mensch aus Mangel des Unterrichtes nicht hätte gehen können. Die Leitbänder sind besonders sehr schädlich. Ein Schriftsteller klagte einst über Engbrüstigkeit, die er bloß dem Leitbande zuschrieb. Denn da ein Kind nach allem greift, und alles von der Erde aufhebt, so legt es sich mit der Brust in das Leitband. Da die Brust aber noch weich ist, so wird sie platt gedruckt, und behält nachher auch diese Form. Die Kinder lernen bei dergleichen Hülfsmitteln auch nicht so sicher gehen, als wenn sie dies von selbst lernen. Am besten ist es, wenn man sie auf der Erde herumkriechen läßt, bis sie nach und nach von selbst anfangen zu gehen. Zur Vorsicht kann man die Stube mit wollenen Decken ausschlagen, damit sie sich nicht Splitter einreißen, auch nicht so hart fallen.

Man sagt gemeinhin, daß Kinder sehr schwer fallen. Außerdem aber, daß Kinder nicht einmal schwer fallen können, so schadet es ihnen auch nicht, wenn sie einmal fallen.

Sie lernen nur, sich desto besser das Gleichgewicht geben, und sich so zu wenden, daß ihnen der Fall nicht schadet. Man setzt ihnen gewöhnlich die sogenannten Butzmützen auf, die so weit vorstehen, daß das Kind nie auf das Gesicht fallen kann. Das ist aber eben eine negative Erziehung, wenn man künstliche Instrumente anwendet, da, wo das Kind natürliche hat. Hier sind die natürlichen Werkzeuge die Hände, die sich das Kind bei dem Fallen schon vorhalten wird. Je mehrere künstliche Werkzeuge man gebraucht, desto abhängiger wird der Mensch von Instrumenten.

Überhaupt wäre es besser, wenn man im Anfange weniger Instrumente gebrauchte, und die Kinder mehr von selbst lernen ließe, sie möchten dann manches viel gründlicher lernen. So wäre es z. B. wohl möglich, daß das Kind von selbst schreiben lernte. Denn jemand hat es doch einmal erfunden, und die Erfindung ist auch nicht so sehr groß. Man dürfte nur, z. E. wenn das Kind Brot will, sagen: Kannst du es auch wohl malen? Das Kind würde dann eine ovale Figur malen. Man dürfte ihm dann nur sagen, daß man nun doch nicht wisse, ob es Brot oder einen Stein vorstellen solle: so würde es nachher versuchen, das B zu bezeichnen, u. s. w. und so würde sich das Kind mit der Zeit sein eignes ABC erfinden, das es nachher nur mit andern Zeichen vertauschen dürfte.

Es gibt gewisse Gebrechen, mit denen einige Kinder auf die Welt kommen. Hat man denn nicht Mittel, diese fehlerhafte, gleichsam verpfuschte Gestalt wieder zu verbessern? Es ist durch die Bemühung vieler und kenntnisreicher Schriftsteller ausgemacht, daß Schnürbrüste hier nichts helfen, sondern das Übel nur noch ärger machen, indem sie den Umlauf des Blutes und der Säfte, so wie die höchst nötige Ausdehnung der äußern und innerlichen Teile des Körpers hindern. Wenn das Kind frei gelassen wird, so exerziert es noch seinen Leib, und ein Mensch, der eine Schnürbrust trägt, ist, wenn er sie ablegt, viel schwächer, als einer, der sie nie angelegt hat. Man könnte denen, die schief geboren sind, vielleicht helfen, wenn man auf die Seite, wo die Muskeln stärker sind, mehr Gewicht legte. Dies ist aber auch sehr gefährlich: denn welcher Mensch kann das Gleichgewicht ausmachen? Am besten ist, daß das Kind sich selbst übe, und eine Stellung annehme, wenn sie ihm gleich beschwerlich wird, denn alle Maschinen richten hier nichts aus.

Alle dergleichen künstliche Vorrichtungen sind um so nachteiliger, da sie dem Zwecke der Natur, in einem organisierten, vernünftigen Wesen, gerade zuwider laufen, dem zufolge ihm die Freiheit bleiben muß, seine Kräfte brauchen zu lernen. Man soll bei der Erziehung nur verhindern, daß Kinder nicht weichlich werden. Abhärtung aber ist das Gegenteil von Weichlichkeit. Man wagt zu viel, wenn man Kinder an alles gewöhnen will. Die Erziehung der Russen geht hierin sehr weit. Es stirbt dabei aber auch eine unglaubliche Zahl von Kindern. Die Angewohnheit ist ein durch öftere Wiederholung desselben Genusses, oder derselben Handlung, zur Notwendigkeit gewordener Genuß, oder Handlung. Nichts können sich Kinder leichter angewöhnen, und nichts muß man ihnen also weniger geben, als pikante Sachen, z. E. Tobak, Branntwein, und warme Getränke. Die Entwöhnung dessen ist nachher sehr schwer, und anfänglich mit Beschwerden verbunden, weil durch den öftern Genuß eine Veränderung in den Funktionen unsers Körpers vorgegangen ist.

Je mehr aber der Angewohnheiten sind, die ein Mensch hat, desto weniger ist er frei und unabhängig. Bei dem Menschen ist es, wie bei allen andern Tieren: wie es frühe gewöhnt wird, so bleibt auch nachher ein gewisser Hang bei ihm. Man muß also verhindern, daß sich das Kind an nichts gewöhne; man muß keine Angewohnheit bei ihm entstehen lassen.

Viele Eltern wollen ihre Kinder an alles gewöhnen. Dieses taugt aber nicht. Denn die menschliche Natur überhaupt, teils auch die Natur der einzelnen Subjekte, läßt sich nicht an alles gewöhnen, und es bleiben viele Kinder in der Lehre. So wollen sie z. E., daß die Kinder zu aller Zeit sollen schlafen gehen und aufstehen können, oder daß sie essen sollen, wenn sie es verlangen. Es gehört aber eine besondere Lebensart dazu, wenn man dieses aushalten soll, eine Lebensart, die den Leib roboriert, und das also wieder gut macht, was jenes verdorben hat. Finden wir doch auch in der Natur manches Periodische. Die Tiere haben auch ihre bestimmte Zeit zum Schlafen. Der Mensch sollte sich auch an eine gewisse Zeit gewöhnen, damit der Körper nicht in seinen Funktionen gestört werde. Was das andere anbetrifft, daß die Kinder zu allen Zeiten sollen essen können, so kann man hier wohl nicht die Tiere zum Beispiele anführen. Denn, weil z. E. alle Gras fressende Tiere wenig Nahrhaftes zu sich nehmen, so ist das Fressen bei ihnen ein ordentliches Geschäft. Es ist aber dem Menschen sehr zuträglich, wenn er immer zu einer bestimmten Zeit isset. So wollen manche Eltern, daß ihre Kinder große Kälte, Gestank, alles und jedes Geräusche und dergl. sollen ertragen können. Dies ist aber gar nicht nötig, wenn sie sich nur nichts angewöhnen. Und dazu ist es sehr dienlich, daß man die Kinder in verschiedene Zustände versetze.

Ein hartes Lager ist viel gesünder, als ein weiches. Überhaupt dient eine harte Erziehung sehr zur Stärkung des Körpers. Durch harte Erziehung verstehen wir aber bloß Verhinderung der Gemächlichkeit. An merkwürdigen Beispielen zur Bestätigung dieser Behauptung mangelt es nicht, nur daß man sie nicht beachtet, oder, richtiger gesagt, nicht beachten will.

Was die Gemütsbildung betrifft, die man würklich auch in

gewisser Weise physisch nennen kann, so ist hauptsächlich zu merken, daß die Disziplin nicht sklavisch sei, sondern das Kind muß immer seine Freiheit fühlen, doch so, daß es nicht die Freiheit anderer hindere; es muß daher Widerstand finden. Manche Eltern schlagen ihren Kindern alles ab, um dadurch die Geduld der Kinder zu exerzieren, und fordern demnach mehr Geduld von den Kindern, als sie deren selbst haben. Dies ist aber grausam. Man gebe dem Kinde, soviel ihm dienet, und nachher sage man ihm: du hast genug! Aber, daß dies dann auch unwiderruflich sei, ist schlechterdings nötig. Man merke nur nicht auf das Schreien der Kinder, und willfahre ihnen nur nicht, wenn sie etwas durch Geschrei erzwingen wollen: was sie aber mit Freundlichkeit bitten, das gebe man ihnen, wenn es ihnen dient. Das Kind wird dadurch auch gewöhnt; freimütig zu sein, und da es keinem durch sein Schreien lästig fällt, so ist auch hinwieder gegen dasselbe jeder freundlich. Die Vorsehung scheint wahrlich den Kindern freundliche Mienen gegeben zu haben, damit sie die Leute zu ihrem Vorteile einnehmen möchten. Nichts ist schädlicher, als eine neckende, sklavische Disziplin, um den Eigenwillen zu brechen.

Gemeinhin ruft man den Kindern ein: Pfui, schäme dich, wie schickt sich das! u. s. w. zu. Dergleichen sollte aber bei der ersten Erziehung gar nicht vorkommen. Das Kind hat noch keine Begriffe von Scham und vom Schicklichen, es hat sich nicht zu schämen, soll sich nicht schämen, und wird dadurch nur schüchtern. Es wird verlegen bei dem Anblicke anderer, und verbirgt sich gerne vor andern Leuten. Dadurch entsteht Zurückhaltung, und ein nachteiliges Verheimlichen. Es wagt nichts mehr zu bitten, und sollte doch um alles bitten können; es verheimlicht seine Gesinnung, und scheint immer anders, als es ist, statt daß es freimütig alles müßte sagen dürfen. Statt immer um die Eltern zu sein, meidet es sie, und wirft sich dem willfährigern Hausgesinde in die Arme.

Um nichts besser aber, als jene neckende Erziehung, ist das

Vertändeln und ununterbrochene Liebkosen. Dieses bestärkt das Kind im eigenen Willen, macht es falsch, und indem es ihm eine Schwachheit der Eltern verrät, raubt es ihnen die nötige Achtung in den Augen des Kindes. Wenn man es aber so erzieht, daß es nichts durch Schreien ausrichten kann, so wird es frei, ohne dummdreist, und bescheiden, ohne schüchtern zu sein. Dreist sollte man eigentlich dräust schreiben, denn es kömmt von dräuen, drohen her. Einen dräusten Menschen kann man nicht wohl leiden. Manche Menschen haben solche dreiste Gesichter, daß man sich immer vor einer Grobheit von ihnen fürchten muß, so wie man andern Gesichtern es gleich ansehen kann, daß sie nicht im Stande sind, jemanden eine Grobheit zu sagen. Man kann immer freimütig aussehen, wenn es nur mit einer gewissen Güte verbunden ist. Die Leute sagen oft von vornehmen Männern, sie sähen recht königlich aus. Dies ist aber weiter nichts, als ein gewisser dreister Blick, den sie sich von Jugend auf angewöhnt haben, weil man ihnen da nicht widerstanden hat.

Alles dieses kann man noch zur negativen Bildung rechnen. Denn viele Schwächen des Menschen kommen oft nicht davon her, weil man ihn nichts gelehrt, sondern weil ihm noch falsche Eindrücke beigebracht sind. So z. E. bringen die Ammen den Kindern eine Furcht vor Spinnen, Kröten u. s. w. bei. Die Kinder möchten gewiß nach den Spinnen eben so, wie nach andern Dingen greifen. Weil aber die Ammen, sobald sie eine Spinne sehen, ihren Abscheu durch Mienen bezeigen: so würkt dies durch eine gewisse Sympathie auf das Kind. Viele behalten diese Furcht ihr ganzes Leben hindurch, und bleiben darin immer kindisch. Denn Spinnen sind zwar den Fliegen gefährlich, und ihr Biß ist für sie giftig, dem Menschen schaden sie aber nicht. Und eine Kröte ist ein eben so unschuldiges Tier, als ein schöner grüner Frosch, oder irgend ein anderes Tier.

***

Der positive Teil der physischen Erziehung ist die Kultur. Der Mensch ist, in Beziehung auf dieselbe, von dem Tiere verschieden. Sie besteht vorzüglich in der Übung seiner Gemütskräfte. Deswegen müssen Eltern ihrem Kinde dazu Gelegenheit geben. Die erste und vornehmste Regel hiebei ist, daß man, so viel als möglich, aller Werkzeuge entbehre. So entbehrt man gleich anfänglich des Leitbandes und Gängelwagens, und läßt das Kind auf der Erde herumkriechen, bis es von selbst gehen lernet, und dann wird es desto sicherer gehen. Werkzeuge nämlich ruinieren nur die natürliche Fertigkeit. So braucht man eine Schnur, um eine Weite zu messen, man kann dies aber eben so gut durch das Augenmaß bewerkstelligen; eine Uhr, um die Zeit zu bestimmen, man kann es durch den Stand der Sonne; einen Kompaß, um im Walde die Gegend zu wissen, man kann es auch aus dem Stande der Sonne am Tage, und aus dem Stande der Sterne in der Nacht. Ja man kann sogar sagen, anstatt ein Kahn zu brauchen, um auf dem Wasser fortzukommen, kann man schwimmen. Der berühmte Franklin wundert sich, daß nicht jedermann dieses lernt, da es doch so angenehm und nützlich ist. Er führt auch eine leichte Art an, wie man es von selbst lernen kann. Man lasse in einen Bach, wo, wenn man auf dem Grunde steht, der Kopf wenigstens außer dem Wasser ist, ein Ei herunter. Nun suche man das Ei zu greifen. Indem man sich bückt, kommen die Füße in die Höhe, und, damit das Wasser nicht in den Mund komme, wird man den Kopf schon in den Nacken legen, und so hat man die rechte Stellung, die zum Schwimmen nötig ist. Nun darf man nur mit den Händen arbeiten, so schwimmt man. – Es kommt nur darauf an, daß die natürliche Geschicklichkeit kultiviert werde. Oft gehört Information dazu, oft ist das Kind selbst erfindungsreich genug, oder erfindet sich selbst Instrumente.

Was bei der physischen Erziehung, also in Absicht des Körpers, zu beobachten ist, bezieht sich entweder auf den Gebrauch der willkürlichen Bewegung, oder der Organe der Sinne. Bei dem erstern kommt es darauf an, daß sich das Kind immer selbst helfe. Dazu gehört Stärke, Geschicklichkeit, Hurtigkeit, Sicherheit; z. E. daß man auf schmalen Stegen, auf steilen Höhen, wo man eine Tiefe vor sich sieht, auf einer schwankenden Unterlage, gehen könne. Wenn ein Mensch das nicht kann, so ist er auch nicht völlig das, was er sein könnte. Seit das Dessauische Philanthropin hierin mit seinem Muster voranging, werden nun auch in andern Instituten mit den Kindern viele Versuche der Art gemacht. Es ist sehr bewunderungswürdig, wenn man lieset, wie die Schweizer sich schon von Jugend auf gewöhnen, auf den Gebürgen zu gehen, und zu welcher Fertigkeit sie es darin bringen, so daß sie auf den schmalsten Stegen mit völliger Sicherheit gehen, und über Klüfte springen, bei denen sie es schon nach dem Augenmaße wissen, daß sie gut darüber wegkommen werden. Die meisten Menschen aber fürchten sich vor einem eingebildeten Falle, und diese Furcht lähmt ihnen gleichsam die Glieder, so daß alsdann ein solches Gehen für sie mit Gefahr verknüpft ist. Diese Furcht nimmt gemeiniglich mit dem Alter zu, und man findet, daß sie vorzüglich bei Männern gewöhnlich ist, die viel mit dem Kopfe arbeiten.

Solche Versuche mit Kindern sind würklich nicht sehr gefährlich. Denn Kinder haben ein im Verhältnisse zu ihrer Stärke weit geringeres Gewicht, als andere Menschen, und fallen also auch nicht so schwer. Überdies sind die Knochen bei ihnen auch nicht so spröde und brüchig, als sie es im Alter werden. Die Kinder versuchen auch selbst ihre Kräfte. So sieht man sie z. E. oft klettern, ohne daß sie dabei irgend eine Absicht haben. Das Laufen ist eine gesunde Bewegung, und roboriert den Körper. Das Springen, Heben, Tragen, die Schleuder, das Werfen nach dem Ziele, das Ringen, der Wettlauf, und alle dergleichen Übungen sind sehr gut. Das Tanzen, in so ferne es kunstmäßig ist, scheint für eigentliche Kinder noch zu früh zu sein.

Die Übung im Werfen, teils weit zu werfen, teils auch zu treffen, hat auch die Übung der Sinne, besonders des Augenmaßes, mit zur Absicht. Das Ballspiel ist eines der besten Kinderspiele, weil auch noch das gesunde Laufen dazu kömmt. Überhaupt sind diejenigen Spiele die besten, bei welchen, neben den Exerzitien der Geschicklichkeit, auch Übungen der Sinne hinzukommen, z. E. die Übung des Augenmaßes, über Weite, Größe und Proportion richtig zu urteilen, die Lage der Örter nach den Weltgegenden zu finden, wozu die Sonne behülflich sein muß, u. s. w. das alles sind gute Übungen. So ist auch die lokale Einbildungskraft, unter der man die Fertigkeit versteht, sich alles an den Örtern vorzustellen, an denen man es würklich gesehen hat, etwas sehr Vorteilhaftes, z. E. das Vergnügen, sich aus einem Walde herauszufinden, und zwar dadurch, daß man sich die Bäume merket, an denen man vorher vorbeigegangen ist. So auch die memoria localis, daß man z. E. nicht nur wisse, in welchem Buche man etwas gelesen habe, sondern auch, wo es in demselben stehe. So hat der Musiker die Tasten im Kopfe, daß er nicht mehr erst nach ihnen sehen darf. Die Kultur des Gehörs der Kinder ist eben so erforderlich, um durch dasselbe zu wissen, ob etwas weit oder nahe, und auf welcher Seite es sei.

Das Blindekuhspiel der Kinder war schon bei den Griechen bekannt, sie nannten es μυινδα. Überhaupt sind Kinderspiele sehr allgemein. Diejenigen, die man in Deutschland hat, findet man auch in Engelland, Frankreich u. s. w. Es liegt bei ihnen ein gewisser Naturtrieb der Kinder zum Grunde; bei dem Blindekuhspiele z. E. zu sehen, wie sie sich helfen könnten, wenn sie eines Sinnes entbehren müßten. Der Kreisel ist ein besonderes Spiel; doch geben solche Kinderspiele Männern Stoff zum weitern Nachdenken, und bisweilen auch Anlaß zu wichtigen Erfindungen. So hat Segner eine Disputation vom Kreisel geschrieben, und einem englischen Schiffskapitän hat der Kreisel Gelegenheit gegeben, einen Spiegel zu erfinden, durch den man auf dem Schiffe die Höhe der Sterne messen kann.

Kinder haben gerne Instrumente, die Lärm machen, z. E. Trompetchen, Trommelchen und dergl. Solche taugen aber nichts, weil sie andern dadurch lästig werden. Dergleichen wäre indessen schon besser, wenn sie sich selbst ein Rohr so schneiden lernten, daß sie darauf blasen könnten. –

Die Schaukel ist auch eine gute Bewegung; selbst Erwachsene brauchen sie zur Gesundheit, nur bedürfen die Kinder dabei der Aufsicht, weil die Bewegung sehr geschwinde werden kann. Der Papierdrache ist ebenfalls ein tadelloses Spiel. Es kultiviert die Geschicklichkeit, indem es auf eine gewisse Stellung dabei in Absicht des Windes ankömmt, wenn er recht hoch steigen soll.

Diesen Spielen zu gut versagt sich der Knabe andere Bedürfnisse, und lernet so allmählich auch etwas anderes und mehr entbehren. Zudem wird er dadurch an fortdauernde Beschäftigung gewöhnt, aber eben daher darf es hier auch nicht bloßes Spiel, sondern es muß Spiel mit Absicht und Endzweck sein. Denn, jemehr auf diese Weise sein Körper gestärkt und abgehärtet wird, um so sicherer ist er vor den verderblichen Folgen der Verzärtelung. Auch die Gymnastik soll die Natur nur lenken, darf also nicht gezwungene Zierlichkeit veranlassen. Disziplin muß zuerst eintreten, nicht aber Information. Hier ist nun aber darauf zu sehen, daß man die Kinder, bei der Kultur ihres Körpers, auch für die Gesellschaft bilde. Rousseau sagt: »Ihr werdet niemals einen tüchtigen Mann bilden, wenn ihr nicht vorher einen Gassenjungen habt!« Es kann eher aus einem muntern Knaben ein guter Mann werden, als aus einem naseweisen, klug tuenden Burschen. Das Kind muß in Gesellschaften nur nicht lästig sein, es muß sich aber auch nicht einschmeicheln. Es muß auf die Einladung anderer zutraulich sein, ohne Zudringlichkeit; freimütig, ohne Dummdreistigkeit. Das Mittel dazu ist: man verderbe nur nichts, man bringe ihm nicht Begriffe von Anstand bei, durch die es nur schüchtern und menschenscheu gemacht, oder, auf der andern Seite, auf die Idee gebracht wird, sich geltend machen zu wollen. Nichts ist lächerlicher, als altkluge Sittsamkeit, oder naseweiser Eigendünkel des Kindes. Im letztern Falle müssen wir um so mehr das Kind seine Schwächen, aber doch auch nicht zu sehr unsre Überlegenheit und Herrschaft empfinden lassen, damit es sich zwar aus sich selbst ausbilde, aber nur als in der Gesellschaft, wo die Welt zwar groß genug für dasselbe, aber auch für andre sein muß.

Toby sagt im Tristram Shandy zu einer Fliege, die ihn lange beunruhiget hatte, indem er sie zum Fenster hinausläßt: »Gehe, du böses Tier, die Welt ist groß genug für mich und dich!« Und dies könnte jeder zu seinem Wahlspruche machen. Wir dürfen uns nicht einander lästig werden; die Welt ist groß genug für uns alle.

***

Wir kommen jetzt zur Kultur der Seele, die man gewissermaßen auch physisch nennen kann. Man muß aber Natur und Freiheit von einander unterscheiden. Der Freiheit Gesetze geben ist ganz etwas anderes, als die Natur bilden. Die Natur des Körpers und der Seele kommt doch darin überein, daß man ein Verderbnis bei ihrer beiderseitigen Bildung abzuhalten sucht, und daß die Kunst dann noch etwas bei jenem, wie bei dieser hinzusetzt. Man kann die Bildung der Seele also gewisserrnaßen eben so gut physisch nennen, als die Bildung des Körpers.

Diese physische Bildung des Geistes unterscheidet sich aber von der moralischen darin, daß diese nur auf die Freiheit, jene nur auf die Natur abzielt. Ein Mensch kann physisch sehr kultiviert sein; er kann einen sehr ausgebildeten Geist haben, aber dabei schlecht moralisch kultiviert, doch dabei ein böses Geschöpf sein.

Die physische Kultur aber muß von der praktischen unterschieden werden, welche letztere pragmatisch oder moralisch ist. Im letztern Falle ist es die Moralisierung, nicht Kultivierung.

Die physische Kultur des Geistes teilen wir ein in die freie und die scholastische. Die freie ist gleichsam nur ein Spiel, die scholastische dagegen macht ein Geschäfte aus; die freie ist die, die immer bei dem Zöglinge beobachtet werden muß; bei der scholastischen aber wird der Zögling wie unter dem Zwange betrachtet. Man kann beschäftigt sein im Spiele, das nennt man in der Muße beschäftiget sein; aber man kann auch beschäftiget sein im Zwange, und das nennet man arbeiten. Die scholastische Bildung soll für das Kind Arbeit, die freie soll Spiel sein.

Man hat verschiedene Erziehungsplane entworfen, um, welches auch sehr löblich ist, zu versuchen, welche Methode bei der Erziehung die beste sei. Man ist unter andern auch darauf verfallen, die Kinder alles, wie im Spiele, lernen zu lassen. Lichtenberg hält sich in einem Stücke des Göttingischen Magazins über den Wahn auf, nach welchem man aus den Knaben, die doch schon frühzeitig zu Geschäften gewöhnt werden sollten, weil sie einmal in ein geschäftiges Leben eintreten müssen, alles spielweise zu machen sucht. Dies tut eine ganz verkehrte Würkung. Das Kind soll spielen, es soll Erholungsstunden haben, aber es muß auch arbeiten lernen. Die Kultur seiner Geschicklichkeit ist freilich aber auch gut, wie die Kultur des Geistes, aber beide Arten der Kultur müssen zu verschiedenen Zeiten ausgeübt werden. Es ist ohnedies schon ein besonderes Unglück für den Menschen, daß er so sehr zur Untätigkeit geneigt ist. Je mehr ein Mensch gefaulenzt hat, desto schwerer entschließt er sich dazu, zu arbeiten.

Bei der Arbeit ist die Beschäftigung nicht an sich selbst angenehm, sondern man unternimmt sie einer andern Absicht wegen. Die Beschäftigung bei dem Spiele dagegen ist an sich angenehm, ohne weiter irgend einen Zweck dabei zu beabsichtigen. Wenn man spazieren geht: so ist das Spazierengehen selbst die Absicht, und je länger also der Gang ist, desto angenehmer ist er uns. Wenn wir aber irgend wohin gehen, so ist die Gesellschaft, die sich an dem Orte befindet, oder sonst etwas, die Absicht unsers Ganges, und wir wählen gerne den kürzesten

Weg. So ist es auch mit dem Kartenspiele. Es ist würklich besonders, wenn man sieht, wie vernünftige Männer oft stundenlang zu sitzen, und Karten zu mischen im Stande sind. Da ergibt es sich, daß die Menschen nicht so leicht aufhören Kinder zu sein. Denn was ist jenes Spiel besser, als das Ballspiel der Kinder? Nicht, daß die Erwachsenen gerade auf dem Stocke reiten, aber sie reiten doch auf andern Steckenpferden.

Es ist von der größesten Wichtigkeit, daß Kinder arbeiten lernen. Der Mensch ist das einzige Tier, das arbeiten muß. Durch viele Vorbereitungen muß er erst dahin kommen, daß er etwas zu seinem Unterhalte genießen kann. Die Frage: ob der Himmel nicht gütiger für uns würde gesorgt haben, wenn er uns alles, schon bereitet, hätte vorfinden lassen, so, daß wir gar nicht arbeiten dürften? ist gewiß mit Nein zu beantworten: denn der Mensch verlangt Geschäfte, auch solche, die einen gewissen Zwang mit sich führen. Eben so falsch ist die Vorstellung, daß, wenn Adam und Eva nur im Paradiese geblieben wären, sie da nichts würden getan, als zusammengesessen, arkadische Lieder gesungen, und die Schönheit der Natur betrachtet haben. Die Langeweile würde sie gewiß eben so gut, als andere Menschen, in einer ähnlichen Lage gemartert haben.

Der Mensch muß auf eine solche Weise okkupieret sein, daß er mit dem Zwecke, den er vor Augen hat, in der Art erfüllt ist, daß er sich gar nicht fühlt, und die beste Ruhe für ihn ist die nach der Arbeit. Das Kind muß also zum Arbeiten gewöhnt werden. Und wo anders soll die Neigung zur Arbeit kultiviert werden, als in der Schule? Die Schule ist eine zwangmäßige Kultur. Es ist äußerst schädlich, wenn man das Kind dazu gewöhnt, alles als Spiel zu betrachten. Es muß Zeit haben, sich zu erholen, aber es muß auch eine Zeit für dasselbe sein, in der es arbeitet. Wenn auch das Kind es nicht gleich einsieht, wozu dieser Zwang nütze: so wird es doch in Zukunft den großen Nutzen davon gewahr werden. Es würde überhaupt nur den Vorwitz der Kinder sehr verwöhnen, wenn man ihre Frage: Wozu ist das? und wozu das? immer beantworten wollte. Zwangmäßig muß die Erziehung sein, aber sklavisch darf sie deshalb nicht sein.

Was die freie Kultur der Gemütskräfte anbetrifft, so ist zu bemerken, daß sie immer fortgeht. Sie muß eigentlich die obern Kräfte betreffen. Die untern werden immer nebenbei kultivieret, aber nur in Rücksicht auf die obern; der Witz z. E. in Rücksicht auf den Verstand. Die Hauptregel hiebei ist, daß keine Gemütskraft einzeln für sich, sondern jede nur in Beziehung auf die andere müsse kultiviert werden; z. E. die Einbildungskraft nur zum Vorteile des Verstandes.

Die untern Kräfte haben für sich allein keinen Wert, z. E. ein Mensch, der viel Gedächtnis, aber keine Beurteilungskraft hat. Ein solcher ist dann ein lebendiges Lexikon. Auch solche Lastesel des Parnasses sind nötig, die, wenn sie gleich selbst nichts Gescheutes leisten können, doch Materialien herbeischleppen, damit andere etwas Gutes daraus zu Stande bringen können. Witz gibt lauter Albernheiten, wenn die Urteilskraft nicht hinzu kömmt. Verstand ist die Erkenntnis des Allgemeinen. Urteilskraft ist die Anwendung des Allgemeinen auf das Besondere. Vernunft ist das Vermögen, die Verknüpfung des Allgemeinen mit dem Besondern einzusehen. Diese freie Kultur geht ihren Gang fort von Kindheit auf, bis zu der Zeit, da der Jüngling aller Erziehung entlassen wird. Wenn ein Jüngling z. E. eine allgemeine Regel anführt, so kann man ihm Fälle aus der Geschichte, Fabeln, in die diese Regel verkleidet ist, Stellen aus Dichtern, wo sie schon ausgedrückt ist, anführen lassen, und so ihm Anlaß geben, seinen Witz, sein Gedächtnis u. s. w. zu üben.

Der Ausspruch tantum scimus, quantum memoria tenemus, hat freilich seine Richtigkeit, und daher ist die Kultur des Gedächtnisses sehr notwendig. Alle Dinge sind so beschaffen, daß der Verstand erst den sinnlichen Eindrücken folgt, und das Gedächtnis diese aufbehalten muß. So z. E. verhält es sich bei den Sprachen. Man kann sie entweder durch förmliches Memorieren, oder durch den Umgang lernen, und diese letztere ist bei lebenden Sprachen die beste Methode. Das Vokabelnlernen ist würklich nötig, aber am besten tut man wohl, wenn man diejenigen Wörter lernen läßt, die bei dem Autor, den man mit der Jugend gerade lieset, vorkommen. Die Jugend muß ihr gewisses und bestimmtes Pensum haben. So lernt man auch die Geographie durch einen gewissen Mechanism am besten. Das Gedächtnis vorzüglich liebt diesen Mechanism und in einer Menge von Fällen ist er auch sehr nützlich. Für die Geschichte ist bis jetzt noch kein recht geschickter Mechanism erfunden worden; man hat es zwar mit Tabellen versucht, doch scheint es auch mit denen nicht recht gehen zu wollen. Geschichte aber ist ein treffliches Mittel, den Verstand in der Beurteilung zu üben. Das Memorieren ist sehr nötig, aber das zur bloßen Übung taugt gar nichts, z. E. daß man Reden auswendig lernen läßt. Allenfalls hilft es bloß zur Beförderung der Dreistigkeit, und das Deklamieren ist überdem nur eine Sache für Männer. Hieher gehören auch alle Dinge, die man bloß zu einem künftigen Examen oder in Rücksicht auf die futuram oblivionem lernt. Man muß das Gedächtnis nur mit solchen Dingen beschäftigen, an denen uns gelegen ist, daß wir sie behalten, und die auf das würkliche Leben Beziehung haben. Am schädlichsten ist das Romanenlesen der Kinder, da sie nämlich weiter keinen Gebrauch davon machen, als daß sie ihnen in dem Augenblicke, indem sie sie lesen, zur Unterhaltung dienen. Das Romanenlesen schwächt das Gedächtnis. Denn es wäre lächerlich, Romane behalten und sie andern wieder erzählen zu wollen. Man muß daher Kindern alle Romane aus den Händen nehmen. Indem sie sie lesen, bilden sie sich in dem Romane wieder einen neuen Roman, da sie die Umstände sich selbst anders ausbilden, herumschwärmen, und gedankenlos da sitzen.

Zerstreuungen müssen nie, am wenigsten in der Schule gelitten werden, denn sie bringen endlich einen gewissen Hang dazu, eine gewisse Gewohnheit hervor. Auch die schönsten Talente gehen bei einem, der der Zerstreuung ergeben ist, zu Grunde.

Wenn Kinder sich gleich bei Vergnügungen zerstreuen: so sammeln sie sich doch bald wieder; man sieht sie aber am meisten zerstreut, wenn sie schlimme Streiche im Kopfe haben, denn da sinnen sie, wie sie sie verbergen, oder wieder gut machen können. Sie hören dann alles nur halb, antworten verkehrt, wissen nicht was sie lesen, u. s. w.

Das Gedächtnis muß man frühe, aber auch nebenher sogleich den Verstand kultivieren.

Das Gedächtnis wird kultiviert 1) durch das Behalten der Namen in Erzählungen; 2) durch das Lesen und Schreiben; jenes aber muß aus dem Kopfe geübt werden und nicht durch das Buchstabieren; 3) durch Sprachen, die den Kindern zuerst durchs Hören, bevor sie noch etwas lesen, müssen beigebracht werden. Dann tut ein zweckmäßig eingerichteter, sogenannter Orbis pictus seine guten Dienste, und man kann mit dem Botanisieren, mit der Mineralogie, und der Naturbeschreibung überhaupt den Anfang machen. Von diesen Gegenständen einen Abriß zu machen, das gibt dann Veranlassung zum Zeichnen und Modellieren, wozu es der Mathematik bedarf. Der erste wissenschaftliche Unterricht bezieht sich am vorteilhaftesten auf die Geographie, die mathematische sowohl, als die physikalische. Reiseerzählungen, durch Kupfer und Karten erläutert, führen dann zu der politischen Geographie. Von dem gegenwärtigen Zustande der Erdoberfläche geht man dann auf den ehemaligen zurück, gelangt zur alten Erdbeschreibung, alten Geschichte, u. s. w.

Bei dem Kinde aber muß man im Unterrichte allmählich das Wissen und Können zu verbinden suchen. Unter allen Wissenschaften scheint die Mathematik die einzige der Art zu sein, die diesen Endzweck am besten befriedigt. Ferner muß das Wissen und Sprechen verbunden werden (Beredtheit, Wohlredenheit und Beredsamkeit). Aber es muß auch das Kind das Wissen sehr wohl vom bloßen Meinen und Glauben unterscheiden lernen. In der Art bereitet man einen richtigen Verstand vor, und einen richtigen, nicht feinen oder zarten Geschmack. Dieser muß zuerst Geschmack der Sinne, namentlich der Augen, zuletzt aber Geschmack der Ideen sein. –

Regeln müssen in alle dem vorkommen, was den Verstand kultivieren soll. Es ist sehr nützlich, die Regeln auch zu abstrahieren, damit der Verstand nicht bloß mechanisch, sondern mit dem Bewußtsein einer Regel verfahre.

Es ist auch sehr gut, die Regeln in eine gewisse Formel zu bringen, und so dem Gedächtnisse anzuvertrauen. Haben wir die Regel im Gedächtnisse, und vergessen auch den Gebrauch: so finden wir uns doch bald wieder zurecht. Es ist hier die Frage: sollen die Regeln erst in abstracto vorangehn, und sollen Regeln erst nachher gelernt werden, wenn man den Gebrauch vollendet hat? oder soll Regel und Gebrauch gleichen Schrittes gehn? Dies letzte ist allein ratsam. In dem andern Falle ist der Gebrauch so lange, bis man zu den Regeln gelangt, sehr unsicher. Die Regeln müssen gelegentlich aber auch in Klassen gebracht werden, denn man behält sie nicht, wenn sie nicht in Verbindung mit sich selbst stehen. Die Grammatik muß also bei Sprachen immer in etwas vorausgehen.

***

Wir müssen nun aber auch einen systematischen Begriff von dem ganzen Zwecke der Erziehung, und der Art, wie er zu erreichen ist, geben.

1) Die allgemeine Kultur der Gemütskräfte, unterschieden von der besondern. Sie geht auf Geschicklichkeit und Vervollkommnung, nicht daß man den Zögling besonders worin informiere, sondern seine Gemütskräfte stärke. Sie ist

a) entweder physisch. Hier beruht alles auf Übung und Disziplin, ohne daß die Kinder Maximen kennen dürfen. Sie ist passiv für den Lehrling, er muß der Leitung eines andern folgsam sein. Andere denken für ihn.

b) oder moralisch. Sie beruht dann nicht auf Disziplin, sondern auf Maximen. Alles wird verdorben, wenn man sie auf Exempel, Drohungen, Strafen u.s.w. gründen will. Sie wäre dann bloß Disziplin. Man muß dahin sehen, daß der Zögling aus eignen Maximen, nicht aus Gewohnheit, gut handle, daß er nicht bloß das Gute tue, sondern es darum tue, weil es gut ist. Denn der ganze moralische Wert der Handlungen besteht in den Maximen des Guten. Die physische Erziehung unterscheidet sich darin von der moralischen, daß jene passiv für den Zögling, diese aber tätig ist. Er muß jederzeit den Grund und die Ableitung der Handlung von den Begriffen der Pflicht einsehen.

2) Die besondere Kultur der Gemütskräfte. Hier kommt vor: die Kultur des Erkenntnisvermögens, der Sinne, der Einbildungskraft, des Gedächtnisses, der Stärke der Aufmerksamkeit, und des Witzes, was also die untern Kräfte des Verstandes betrifft. Von der Kultur der Sinne, z. E. des Augenmaßes, ist schon oben geredet worden. Was die Kultur der Einbildungskraft anlangt: so ist folgendes zu merken. Kinder haben eine ungemein starke Einbildungskraft, und sie braucht gar nicht erst durch Märchen mehr gespannt, und extendiert zu werden. Sie muß vielmehr gezügelt, und unter Regeln gebracht werden, aber doch muß man sie auch nicht ganz unbeschäftigt lassen.

Landkarten haben etwas an sich, das alle, auch die kleinsten Kinder reizet. Wenn sie alles andere überdrüssig sind, so lernen sie doch noch etwas, wobei man Landkarten braucht. Und dieses ist eine gute Unterhaltung für Kinder, wobei ihre Einbildungskraft nicht schwärmen kann, sondern sich gleichsam an eine gewisse Figur halten muß. Man könnte bei den Kindern würklich mit der Geographie den Anfang machen. Figuren von Tieren, Gewächsen u.s.w. können damit zu gleicher Zeit verbunden werden; diese müssen die Geographie beleben. Die Geschichte aber müßte wohl erst später eintreten.

Was die Stärkung der Aufmerksamkeit anbetrifft: so ist zu bemerken, daß diese allgemein gestärkt werden muß. Eine starre

Anheftung unserer Gedanken an ein Objekt ist nicht sowohl ein Talent, als vielmehr eine Schwäche unsers innern Sinnes, da er in diesem Falle unbiegsam ist, und sich nicht nach Gefallen anwenden läßt. Zerstreuung ist der Feind aller Erziehung. Das Gedächtnis aber beruht auf der Aufmerksamkeit.

Was aber die obern Verstandeskräfte betrifft: so kommt hier vor: die Kultur des Verstandes, der Urteilskraft und der Vernunft. Den Verstand kann man im Anfange gewissermaßen auch passiv bilden: durch Anführung von Beispielen für die Regel, oder umgekehrt: durch Auffindung der Regel für die einzelnen Fälle. Die Urteilskraft zeigt, welcher Gebrauch von dem Verstande zu machen ist. Er ist erforderlich, um, was man lernt, oder spricht, zu verstehen, und um nichts, ohne es zu verstehen, nachzusagen. Wie mancher lieset und hört etwas, ohne es, wenn er es auch glaubt, zu verstehen. Dazu gehören Bilder und Sachen.

Durch die Vernunft sieht man die Gründe ein. Aber man muß bedenken, daß hier von einer Vernunft die Rede ist, die noch geleitet wird. Sie muß also nicht immer räsonieren wollen, aber es muß auch ihr, über das, was die Begriffe übersteigt, nicht viel vorräsoniert werden. Noch gilt es hier nicht die spekulative Vernunft, sondern die Reflexion über das, was vorgeht, nach seinen Ursachen und Würkungen. Es ist eine in ihrer Wirtschaft und Einrichtung praktische Vernunft.

Die Gemütskräfte werden am besten dadurch kultiviert, wenn man das alles selbst tut, was man leisten will, z. E. wenn man die grammatische Regel, die man gelernt hat, gleich in Ausübung bringt. Man versteht eine Landkarte am besten, wenn man sie selbst verfertigen kann. Das Verstehen hat zum größesten Hülfsmittel das Hervorbringen. Man lernt das am gründlichsten, und behält das am besten, was man gleichsam aus sich selbst lernet. Nur wenige Menschen indessen sind das im Stande. Man nennt sie (αυτοδιδακτοι) Autodidakten.

Bei der Ausbildung der Vernunft muß man sokratisch verfahren. Sokrates nämlich, der sich die Hebamme der Kenntnisse seiner Zuhörer nannte, gibt in seinen Dialogen, die uns Plato gewissermaßen aufbehalten hat, Beispiele, wie man, selbst bei alten Leuten, manches aus ihrer eigenen Vernunft hervorziehen kann. Vernunft braucht in vielen Stücken nicht von Kindern ausgeübt zu werden. Sie müssen nicht über alles vernünfteln. Von dem, was sie wohlgezogen machen soll, brauchen sie nicht die Gründe zu wissen, sobald es aber die Pflicht betrifft, so müssen ihnen dieselben bekannt gemacht werden. Doch muß man überhaupt dahin sehen, daß man nicht Vernunfterkenntnisse in sie hineintrage, sondern dieselben aus ihnen heraushole. Die sokratische Methode sollte bei der katechetischen die Regel ausmachen. Sie ist freilich etwas langsam, und es ist schwer, es so einzurichten, daß, indem man aus dem einen die Erkenntnisse herausholt, die andern auch etwas dabei lernen. Die mechanisch-katechetische Methode ist bei manchen Wissenschaften auch gut; z. E. bei dem Vortrage der geoffenbarten Religion. Bei der allgemeinen Religion hingegen muß man die sokratische Methode benutzen. In Ansehung dessen nämlich, was historisch gelernt werden muß, empfiehlt sich die mechanisch-katechetische Methode vorzüglich.

Es gehöret hieher auch die Bildung des Gefühls der Lust oder Unlust. Sie muß negativ sein, das Gefühl selbst aber nicht verzärtelt werden. Hang zur Gemächlichkeit ist für den Menschen schlimmer, als alle Übel des Lebens. Es ist daher äußerst wichtig, daß Kinder von Jugend auf arbeiten lernen. Kinder, wenn sie nur nicht schon verzärtelt sind, lieben würklich Vergnügungen, die mit Strapazen verknüpft, Beschäftigungen, zu denen Kräfte erforderlich sind. In Ansehung dessen, was sie genießen, muß man sie nicht leckerhaft machen, und sie nicht wählen lassen. Gemeinhin verziehen die Mütter ihre Kinder hierin, und verzärteln sie überhaupt. Und doch bemerkt man, daß die Kinder, vorzüglich die Söhne, die Väter mehr, als die Mütter lieben. Dies kömmt wohl daher, die Mütter lassen sie gar nicht herumspringen, herumlaufen, und dergl., aus Furcht, daß sie Schaden nehmen möchten. Der Vater, der sie schilt, auch wohl schlägt, wenn sie ungezogen gewesen sind, führt sie dagegen auch bisweilen ins Feld, und läßt sie da recht jungenmäßig herumlaufen, spielen und fröhlich sein.

Man glaubt, die Geduld der Kinder dadurch zu üben, daß man sie lange auf etwas warten läßt. Dies dürfte indessen eben nicht nötig sein. Wohl aber brauchen sie Geduld in Krankheiten u. dergl. Die Geduld ist zwiefach. Sie besteht entweder darin, daß man alle Hoffnung aufgibt, oder darin, daß man neuen Mut fasset. Das erstere ist nicht nötig, wenn man immer nur das Mögliche verlangt, und das letztere darf man immer, wenn man nur, was recht ist, begehrt. In Krankheiten aber verschlimmert die Hoffnungslosigkeit eben so viel, als der gute Mut zu verbessern im Stande ist. Wer diesen aber, in Beziehung auf seinen physischen oder moralischen Zustand noch zu fassen vermag, der gibt auch die Hoffnung nicht auf.

Kinder müssen auch nicht schüchtern gemacht werden. Das geschieht vornehmlich dadurch, wenn man gegen sie mit Scheltworten ausfährt, und sie öfter beschämet. Hierher gehört besonders der Zuruf vieler Eltern: Pfui, schäme dich! Es ist gar nicht anzusehen, worüber die Kinder sich eigentlich sollten zu schämen haben, wenn sie z. E. den Finger in den Mund stecken und dergl. Es ist nicht Gebrauch, nicht Sitte! das kann man ihnen sagen, aber nie muß man ihnen ein »Pfui, schäme dich!« zurufen, als nur in dem Falle, daß sie lügen. Die Natur hat dem Menschen die Schamhaftigkeit gegeben, damit er sich, sobald er lügt, verrate. Reden daher Eltern nie den Kindern von Scham vor, als wenn sie lügen, so behalten sie diese Schamröte in betreff des Lügens für ihre Lebenszeit. Wenn sie aber ohne Aufhören beschämt werden: so gründet das eine Schüchternheit, die ihnen weiterhin unabänderlich anklebt.

Der Wille der Kinder muß, wie schon oben gesagt, nicht gebrochen, sondern nur in der Art gelenkt werden, daß er den natürlichen Hindernissen nachgebe. Im Anfange muß das Kind freilich blindlings gehorchen. Es ist unnatürlich, daß das Kind durch sein Geschrei kommandiere, und der Starke einem Schwachen gehorche. Man muß daher nie den Kindern, auch in der ersten Jugend, auf ihr Geschrei willfahren, und sie dadurch etwas erzwingen lassen. Gemeinhin versehen es die Eltern hierin, und wollen es dadurch nachher wieder gut machen, daß sie den Kindern in späterer Zeit wieder alles, um das sie bitten, abschlagen. Dies ist aber sehr verkehrt, ihnen ohne Ursache abzuschlagen, was sie von der Güte der Eltern erwarten, bloß um ihnen Widerstand zu tun, und sie, die Schwächeren, die Übermacht der Älteren fühlen zu lassen.

Kinder werden verzogen; wenn man ihren Willen erfüllt, und ganz falsch erzogen, wenn man ihrem Willen und ihren Wünschen gerade entgegen handelt. Jenes geschieht gemeinhin so lange, als sie ein Spielwerk der Eltern sind, vornehmlich in der Zeit, wenn sie zu sprechen beginnen. Aus dem Verziehen aber entspringt ein gar großer Schade für das ganze Leben. Bei dem Entgegenhandeln gegen den Willen der Kinder verhindert man sie zugleich zwar daran, ihren Unwillen zu zeigen, was freilich geschehen muß, destomehr aber toben sie innerlich. Die Art, nach der sie sich jetzt verhalten sollen, haben sie noch nicht kennen gelernt. – Die Regel, die man also bei Kindern von Jugend auf beobachten muß, ist diese, daß man, wenn sie schreien, und man glaubt, daß ihnen etwas schade, ihnen zu Hülfe komme, daß man aber, wenn sie es aus bloßem Unwillen tun, sie liegen lasse. Und ein gleiches Verfahren muß auch nachher unablässig eintreten. Der Widerstand, den das Kind in diesem Falle findet, ist ganz natürlich, und ist eigentlich negativ, indem man ihm nur nicht willfahrt. Manche Kinder erhalten dagegen wieder alles von den Eltern, was sie nur verlangen, wenn sie sich aufs Bitten legen. Wenn man die Kinder alles durch Schreien erhalten läßt, so werden sie boshaft, erhalten sie aber alles durch Bitten, so werden sie weichlich. Findet daher keine erhebliche Ursache des Gegenteils statt: so muß man die Bitte des Kindes erfüllen. Findet man aber Ursache, sie nicht zu erfüllen: so muß man sich auch nicht durch vieles Bitten bewegen lassen. Eine jede abschlägige Antwort muß unwiderruflich sein. Sie hat dann zunächst den Effekt, daß man nicht öfter abschlagen darf.

Gesetzt es wäre, was man doch nur äußerst selten annehmen kann, bei dem Kinde natürliche Anlage zum Eigensinne vorhanden: so ist es am besten, in der Art zu verfahren, daß, wenn es uns nichts zu Gefallen tut, wir auch ihm wieder nichts zu Gefallen tun. – Brechung des Willens bringt eine sklavische Denkungsart, natürlicher Widerstand dagegen Lenksamkeit zuwege.

Die moralische Kultur muß sich gründen auf Maximen, nicht auf Disziplin. Diese verhindert die Unarten, jene bildet die Denkungsart. Man muß dahin sehen, daß das Kind sich gewöhne, nach Maximen, und nicht nach gewissen Triebfedern zu handeln. Durch Disziplin bleibt nur eine Angewohnheit übrig, die doch auch mit den Jahren verlöscht. Nach Maximen soll das Kind handeln lernen, deren Billigkeit es selbst einsieht. Daß dies bei jungen Kindern schwer zu bewürken, und die moralische Bildung daher auch die meisten Einsichten von seiten der Eltern und der Lehrer erfordern, sieht man leicht ein.

Wenn das Kind z. E. lügt, muß man es nicht bestrafen, sondern ihm mit Verachtung begegnen, ihm sagen, daß man ihm in Zukunft nicht glauben werde, und dergl. Bestraft man das Kind aber, wenn es Böses tut, und belohnt es, wenn es Gutes tut, so tut es Gutes, um es gut zu haben. Kommt es nachher in die Welt, wo es nicht so zugeht, wo es Gutes tun kann, ohne eine Belohnung, und Böses, ohne Strafe zu empfangen: so wird aus ihm ein Mensch, der nur sieht, wie er gut in der Welt fortkommen kann, und gut oder böse ist, je nachdem er es am zuträglichsten findet. –

Die Maximen müssen aus dem Menschen selbst entstehen.

Bei der moralischen Kultur soll man schon früher den Kindern Begriffe beizubringen suchen von dem, was gut oder böse ist. Wenn man Moralität gründen will: so muß man nicht strafen. Moralität ist etwas so Heiliges und Erhabenes, daß man sie nicht so wegwerfen und mit Disziplin in einen Rang setzen darf. Die erste Bemühung bei der moralischen Erziehung ist, einen Charakter zu gründen. Der Charakter besteht in der Fertigkeit, nach Maximen zu handeln. Im Anfange sind es Schulmaximen, und nachher Maximen der Menschheit. Im Anfange gehorcht das Kind Gesetzen. Maximen sind auch Gesetze, aber subjektive; sie entspringen aus dem eignen Verstande des Menschen. Keine Übertretung des Schulgesetzes aber muß ungestraft hingehen, obwohl die Strafe immer der Übertretung angemessen sein muß.

Wenn man bei Kindern einen Charakter bilden will, so kömmt es viel darauf an, daß man ihnen in allen Dingen einen gewissen Plan, gewisse Gesetze bemerkbar mache, die auf das genaueste befolgt werden müssen. So setzt man ihnen z. E. eine Zeit zum Schlafe, zur Arbeit, zur Ergötzung fest, und diese muß man dann auch nicht verlängern oder verkürzen. Bei gleichgültigen Dingen kann man Kindern die Wahl lassen, nur müssen sie das, was sie sich einmal zum Gesetze gemacht haben, nachher immer befolgen. – Man muß bei Kindern aber nicht den Charakter eines Bürgers, sondern den Charakter eines Kindes bilden.

Menschen, die sich nicht gewisse Regeln vorgesetzt haben, sind unzuverlässig, man weiß sich oft nicht in sie zu finden, und man kann nie recht wissen, wie man mit ihnen dran ist. Zwar tadelt man Leute häufig, die immer nach Regeln handeln, z. E. den Mann, der, nach der Uhr, jeder Handlung eine gewisse Zeit festgesetzt hat, aber oft ist dieser Tadel unbillig, und diese Abgemessenheit, ob sie gleich nach Peinlichkeit aussieht, eine Disposition zum Charakter.

Zum Charakter eines Kindes, besonders eines Schülers, gehört vor allen Dingen Gehorsam. Dieser ist zwiefach, erstens: ein Gehorsam gegen den absoluten, dann zweitens aber auch gegen den für vernünftig und gut erkannten Willen eines Führers. Der Gehorsam kann abgeleitet werden aus dem Zwange, und dann ist er absolut, oder aus dem Zutrauen, und dann ist er von der andern Art. Dieser freiwillige Gehorsam ist sehr wichtig; jener aber auch äußerst notwendig, indem er das Kind zur Erfüllung solcher Gesetze vorbereitet, die es künftighin, als Bürger, erfüllen muß, wenn sie ihm auch gleich nicht gefallen.

Kinder müssen daher unter einem gewissen Gesetze der Notwendigkeit stehen. Dieses Gesetz aber muß ein allgemeines sein, worauf man besonders in Schulen zu sehen hat. Der Lehrer muß unter mehreren Kindern keine Prädilektion, keine Liebe des Vorzuges gegen ein Kind besonders zeigen. Denn das Gesetz hört sonst auf, allgemein zu sein. Sobald das Kind sieht, daß sich nicht alle übrige auch demselben Gesetze unterwerfen müssen, so wird es aufsetzig.

Man redet immer so viel davon, alles müsse den Kindern in der Art vorgestellt werden, daß sie es aus Neigung täten. In manchen Fällen ist das freilich gut, aber vieles muß man ihnen auch als Pflicht vorschreiben. Dieses hat nachher großen Nutzen für das ganze Leben. Denn bei öffentlichen Abgaben, bei Arbeiten des Amtes, und in vielen andern Fällen kann uns nur die Pflicht, nicht die Neigung leiten. Gesetzt das Kind sähe die Pflicht auch nicht ein, so ist es doch so besser, und, daß etwas seine Pflicht als Kind sei, sieht es doch wohl ein, schwerer aber, daß etwas seine Pflicht als Mensch sei. Könnte es dieses auch einsehen, welches aber erst bei zunehmenden Jahren möglich ist: so wäre der Gehorsam noch vollkommner.

Alle Übertretung eines Gebotes bei einem Kinde ist eine Ermangelung des Gehorsams, und diese zieht Strafe nach sich. Auch bei einer unachtsamen Übertretung des Gebotes ist Strafe nicht unnötig. Diese Strafe ist entweder physisch oder moralisch.

Moralisch straft man, wenn man der Neigung, geehrt und geliebt zu werden, die Hülfsmittel der Moralität sind, Abbruch tut, z. E. wenn man das Kind beschämt, ihm frostig und kalt begegnet. Diese Neigungen müssen so viel als möglich erhalten werden. Daher ist diese Art zu strafen die beste; weil sie der Moralität zu Hülfe kommt, z. E. wenn ein Kind lügt, so ist ein Blick der Verachtung Strafe genug, und die zweckmäßigste Strafe.

Physische Strafen bestehen entweder in Verweigerungen des Begehrten, oder in Zufügung der Strafen. Die erstere Art derselben ist mit der moralischen verwandt, und ist negativ. Die andern Strafen müssen mit Behutsamkeit ausgeübt werden, damit nicht eine indoles servilis entspringe. Daß man Kindern Belohnungen erteilt, taugt nicht, sie werden dadurch eigennützig, und es entspringt daraus eine indoles mercenaria.

Der Gehorsam ist ferner: entweder Gehorsam des Kindes, oder des angehenden Jünglinges. Bei der Übertretung desselben erfolgt Strafe. Diese ist entweder eine würklich natürliche Strafe, die sich der Mensch selbst durch sein Betragen zuzieht, z. E. daß das Kind, wenn es zu viel isset, krank wird, und diese Strafen sind die besten, denn der Mensch erfährt sie sein ganzes Leben hindurch, und nicht bloß als Kind; oder aber die Strafe ist künstlich. Die Neigung, geachtet und geliebt zu werden, ist ein sicheres Mittel, die Züchtigungen in der Art einzurichten, daß sie dauerhaft sind. Physische Strafen müssen bloß Ergänzungen der Unzulänglichkeit der moralischen sein. Wenn moralische Strafen gar nicht mehr helfen, und man schreitet dann zu physischen fort, so wird durch diese doch kein guter Charakter mehr gebildet werden. Anfänglich aber muß der physische Zwang den Mangel der Überlegung der Kinder ersetzen.

Strafen, die mit dem Merkmale des Zornes verrichtet werden, würken falsch. Kinder sehen sie dann nur als Folgen, sich selbst aber als Gegenstände des Affektes eines andern an. Überhaupt müssen Strafen den Kindern immer mit der Behutsamkeit zugefügt werden, daß sie sehen, daß bloß ihre Besserung der Endzweck derselben sei. Die Kinder, wenn sie gestraft sind, sich bedanken, sie die Hände küssen lassen, u. dergl. ist töricht, und macht die Kinder sklavisch. Wenn physische Strafen oft wiederholt werden, bilden sie einen Starrkopf, und strafen Eltern ihre Kinder des Eigensinnes wegen, so machen sie sie nur noch immer eigensinniger. – Das sind auch nicht immer die schlechtesten Menschen, die störrisch sind, sondern sie geben gütigen Vorstellungen öfters leicht nach.

Der Gehorsam des angehenden Jünglinges ist unterschieden von dem Gehorsam des Kindes. Er besteht in der Unterwerfung unter die Regeln der Pflicht. Aus Pflicht etwas tun heißt: der Vernunft gehorchen. Kindern etwas von Pflicht zu sagen, ist vergebliche Arbeit. Zuletzt sehen sie dieselbe als etwas an, auf dessen Übertretung die Rute folgt. Das Kind könnte durch bloße Instinkte geleitet werden, sobald es aber erwächst, muß der Begriff der Pflicht dazutreten. Auch die Scham muß nicht gebraucht werden bei Kindern, sondern erst in den Jünglingsjahren. Sie kann nämlich nur dann erst Statt finden, wenn der Ehrbegriff bereits Wurzel gefaßt hat.

Ein zweiter Hauptzug in der Gründung des Charakters der Kinder ist Wahrhaftigkeit. Sie ist der Grundzug und das Wesentliche eines Charakters. Ein Mensch, der lügt, hat gar keinen Charakter, und hat er etwas Gutes an sich, so rührt dies bloß von seinem Temperamente her. Manche Kinder haben einen Hang zum Lügen, der gar oft von einer lebhaften Einbildungskraft muß hergeleitet werden. Des Vaters Sache ist es, darauf zu sehen, daß sich die Kinder dessen entwöhnen; denn die Mütter achten es gemeiniglich für eine Sache von keiner, oder doch nur geringen Bedeutung; ja sie finden darin oft einen, ihnen selbst schmeichelhaften Beweis der vorzüglichen Anlagen und Fähigkeiten ihrer Kinder. Hier nun ist der Ort, von der Scham Gebrauch zu machen, denn hier begreift es das Kind wohl. Die Schamröte verrät uns, wenn wir lügen, aber ist nicht immer ein Beweis davon. Oft errötet man über die Unverschämtheit eines andern, uns einer Schuld zu zeihen. Unter keiner Bedingung muß man durch Strafen die Wahrheit von Kindern zu erzwingen suchen, ihre Lüge müßte denn gleich Nachteil nach sich ziehen, und dann werden sie des Nachteils wegen gestraft. Entziehung der Achtung ist die einzig zweckmäßige Strafe der Lüge.

Auch lassen sich die Strafen in negative und positive Strafen abteilen, deren erstere bei Faulheit oder Unsittlichkeit eintreten würden, z. E. bei der Lüge, bei Unwillfährigkeit und Unvertragsamkeit. Die positiven Strafen aber gelten für boshaften Unwillen. Vor allen Dingen aber muß man sich hüten, ja den Kindern nichts nachzutragen.

Ein dritter Zug im Charakter eines Kindes muß Geselligkeit sein. Es muß auch mit andern Freundschaft halten, und nicht immer für sich alleine sein. Manche Lehrer sind zwar in Schulen dawider; das aber ist sehr unrecht. Kinder sollen sich vorbereiten zu dem süßesten Genusse des Lebens. Lehrer müssen aber keines derselben seiner Talente, sondern nur seines Charakters wegen vorziehen, denn sonst entsteht eine Mißgunst, die der Freundschaft zuwider ist.

Kinder müssen auch offenherzig sein, und so heiter in ihren Blicken, wie die Sonne. Das fröhliche Herz allein ist fähig, Wohlgefallen am Guten zu empfinden. Eine Religion, die den Menschen finster macht, ist falsch; denn er muß Gott mit frohem Herzen, und nicht aus Zwang dienen. Das fröhliche Herz muß nicht immer strenge im Schulzwange gehalten werden, denn in diesem Falle wird es bald niedergeschlagen. Wenn es Freiheit hat, so erholt es sich wieder. Dazu dienen gewisse Spiele, bei denen es Freiheit hat, und wo das Kind sich bemüht, immer dem andern etwas zuvor zu tun. Alsdann wird die Seele wieder heiter.

Viele Leute denken, ihre Jugendjahre seien die besten, und die angenehmsten ihres Lebens gewesen. Aber dem ist wohl nicht so. Es sind die beschwerlichsten Jahre, weil man da sehr unter der Zucht ist, selten einen eigentlichen Freund, und noch seltener Freiheit haben kann. Schon Horaz sagt: Multa tulit, fecitque puer, sudavit et alsit.

***

Kinder müssen nur in solchen Dingen unterrichtet werden, die sich für ihr Alter schicken. Manche Eltern freuen sich, wenn ihre Kinder frühzeitig altklug reden können. Aus solchen Kindern wird aber gemeiniglich nichts. Ein Kind muß nur klug sein, wie ein Kind. Es muß kein blinder Nachäffer werden. Ein Kind aber, das mit altklugen Sittensprüchen versehen ist, ist ganz außer der Bestimmung seiner Jahre, und es äffet nach. Es soll nur den Verstand eines Kindes haben, und sich nicht zu frühe sehen lassen. Ein solches Kind wird nie ein Mann von Einsichten, und von aufgeheitertem Verstande werden. Eben so unausstehlich ist es, wenn ein Kind schon alle Moden mitmachen will, z. E. wenn es frisiert sein, Handkrausen, auch wohl gar eine Tabaksdose bei sich tragen will. Es bekommt dadurch ein affektiertes Wesen, das einem Kinde nicht ansteht. Eine gesittete Gesellschaft ist ihm eine Last, und das Wackere eines Mannes fehlt ihm am Ende gänzlich. Eben daher muß man denn aber auch der Eitelkeit frühzeitig in ihm entgegenarbeiten, oder, richtiger gesagt, ihm nicht Veranlassung geben, eitel zu werden. Das geschieht aber, wenn man Kindern schon frühe davon vorschwatzt, wie schön sie sind, wie allerliebst ihnen dieser oder jener Putz stehe, oder wenn man ihnen diesen als Belohnung verspricht und erteilt. Putz taugt für Kinder nicht. Ihre reinliche und schlechte Bekleidung müssen sie nur als Notdurft erhalten. Aber auch die Eltern müssen für sich keinen Wert darauf setzen, sich nicht spiegeln, denn hier, wie überall, ist das Beispiel allmächtig, und befestigt oder vernichtet die gute Lehre.

VON DER PRAKTISCHEN ERZIEHUNG

Zu der praktischen Erziehung gehört 1) Geschicklichkeit, 2) Weltklugheit, 3) Sittlichkeit. Was die Geschicklichkeit anbetrifft, so muß man darauf sehen, daß sie gründlich, und nicht flüchtig sei. Man muß nicht den Schein annehmen, als hätte man Kenntnisse von Dingen, die man doch nachher nicht zu Stande bringen kann. Die Gründlichkeit muß in der Geschicklichkeit Statt finden, und allmählich zur Gewohnheit in der Denkungsart werden. Sie ist das Wesentliche zu dem Charakter eines Mannes. Geschicklichkeit gehört für das Talent.

Was die Weltklugheit betrifft: so besteht sie in der Kunst, unsere Geschicklichkeit an den Mann zu bringen, d. h. wie man die Menschen zu seiner Absicht gebrauchen kann. Dazu ist mancherlei nötig. Eigentlich ist es das Letzte am Menschen; dem Werte nach aber nimmt es die zweite Stelle ein. Wenn das Kind der Weltklugheit überlassen werden soll: so muß es sich verhehlen und undurchdringlich machen, den andern aber durchforschen können. Vorzüglich muß es sich in Ansehung seines Charakters verhehlen. Die Kunst des äußern Scheines ist der Anstand. Und diese Kunst muß man besitzen, Andere zu durchforschen ist schwer, aber man muß diese Kunst notwendig verstehen, sich selbst dagegen undurchdringlich machen. Dazu gehört das Dissimulieren, d. h. die Zurückhaltung seiner Fehler, und jener äußere Schein. Das Dissimulieren ist nicht allemal Verstellung, und kann bisweilen erlaubt sein, aber es grenzt doch nahe an Unlauterkeit. Die Verhehlung ist ein trostloses Mitttel. Zur Weltklugheit gehört, daß man nicht gleich auffahre; man muß aber auch nicht gar zu lässig sein. Man muß also nicht heftig, aber doch wacker sein. Wacker ist noch unterschieden von heftig. Ein Wackerer (strenuus) ist der, der Lust zum Wollen hat. Dieses gehört zur Mäßigung des Affektes. Die Weltklugheit ist für das Temperament.

Sittlichkeit ist für den Charakter. Sustine et abstine ist die

Vorbereitung zu einer weisen Mäßigkeit. Wenn man einen guten Charakter bilden will: so muß man erst die Leidenschaften wegräumen. Der Mensch muß sich in betreff seiner Neigungen so gewöhnen, daß sie nicht zu Leidenschaften werden, sondern er muß lernen, etwas zu entbehren, wenn es ihm abgeschlagen wird. Sustine heißt: erdulde, und gewöhne dich zu ertragen!

Es wird Mut und Neigung erfordert, wenn man etwas entbehren lernen will. Man muß abschlägige Antworten, Widerstand, u. s. w. gewohnt werden.

Zum Temperamente gehört Sympathie. Eine sehnsuchtvolle, schmachtende Teilnehmung muß bei Kindern verhütet werden. Teilnehmung ist würklich Empfindsamkeit; sie stimmt nur mit einem solchen Charakter überein, der empfindsam ist. Sie ist noch vom Mitleiden unterschieden, und ein Übel, das darin besteht, eine Sache bloß zu bejammern. Man sollte den Kindern ein Taschengeld geben, von dem sie Notleidenden Gutes tun könnten, da würde man sehen, ob sie mitleidig sind, oder nicht; wenn sie aber immer nur von dem Gelde ihrer Eltern freigebig sind, so fällt dies weg.

Der Ausspruch: festina lente deutet eine immerwährende Tätigkeit an, bei der man sehr eilen muß, damit man viel lerne, d. h. festina. Man muß aber auch mit Grund lernen, und also Zeit bei jedem gebrauchen, d. h. lente. Es ist nun die Frage, welches vorzuziehen sei, ob man einen großen Umfang von Kenntnissen haben soll, oder nur einen kleineren, der aber gründlich ist? Es ist besser, wenig, aber dieses Wenige gründlich zu wissen, als viel und obenhin, denn endlich wird man doch das Seichte in diesem letztern Falle gewahr. Aber das Kind weiß ja nicht, in welche Umstände es kommen kann, um diese oder jene Kenntnisse zu brauchen, und daher ist es wohl am besten, daß es von allem etwas Gründliches wisse, denn sonst betrügt und verblendet es andere mit seinen obenhin gelernten Kenntnissen.

Das letzte ist die Gründung des Charakters. Dieser besteht in dem festen Vorsatze, etwas tun zu wollen, und dann auch in der würklichen Ausübung desselben. Vir propositi tenax, sagt Horaz, und das ist ein guter Charakter! z. E. wenn ich jemanden etwas versprochen habe, so muß ich es auch halten, gesetzt gleich, daß es mir Schaden brächte. Denn ein Mann, der sich etwas vorsetzt, es aber nicht tut, kann sich selbst nicht mehr trauen, z. E. wenn jemand es sich vornimmt, immer frühe aufzustehn, um zu studieren, oder dies oder jenes zu tun, oder um einen Spaziergang zu machen, und sich im Frühlinge nun damit entschuldiget, daß es noch des Morgens zu kalt sei, und es ihm schaden könne; im Sommer aber, daß es sich so gut schlafen lasse, und der Schlaf ihm angenehm sei, und so seinen Vorsatz immer von einem Tage zum andern verschiebt: so traut er sich am Ende selbst nicht mehr.

Das, was wider die Moral ist, wird von solchen Vorsätzen ausgenommen. Bei einem bösen Menschen ist der Charakter sehr schlimm, aber hier heißt er auch schon Hartnäckigkeit, obgleich es doch gefällt, wenn er seine Vorsätze ausführt, und standhaft ist, wenn es gleich besser wäre, daß er sich so im Guten zeigte.

Von jemand, der die Ausübung seiner Vorsätze immer verschiebt, ist nicht viel zu halten. Die sogenannte künftige Bekehrung ist von der Art. Denn der Mensch, der immer lasterhaft gelebt hat, und in einem Augenblicke bekehrt werden will, kann unmöglich dahin gelangen, indem doch nicht sogleich ein Wunder geschehen kann, daß er auf einmal das werde, was jener ist, der sein ganzes Leben gut angewandt, und immer rechtschaffen gedacht hat. Eben daher ist denn auch nichts von Wallfahrten, Kasteiungen und Fasten zu erwarten; denn es läßt sich nicht absehen, was Wallfahrten und andere Gebräuche dazu beitragen können, um aus einem lasterhaften, auf der Stelle einen edeln Menschen zu machen.

Was soll es zur Rechtschaffenheit und Besserung, wenn man am Tage fastet, und in der Nacht noch einmal soviel dafür genießet, oder, seinem Körper eine Büßung auflegt, die zur Veränderung der Seele nichts beitragen kann.

Um in den Kindern einen moralischen Charakter zu begründen, müssen wir folgendes merken:

Man muß ihnen die Pflichten, die sie zu erfüllen haben, so viel als möglich, durch Beispiele und Anordnungen beibringen. Die Pflichten, die das Kind zu tun hat, sind doch nur gewöhnliche Pflichten, gegen sich selbst, und gegen andere. Diese Pflichten müssen also aus der Natur der Sache gezogen werden. Wir haben hier daher näher zu betrachten:

a) die Pflichten gegen sich selbst. Diese bestehen nicht darin, daß man sich eine herrliche Kleidung anschaffe, prächtige Mahlzeiten halte, u. s. w. obgleich alles reinlich sein muß. Nicht darin, daß man seine Begierden und Neigungen zu befriedigen suche, denn man muß im Gegenteile sehr mäßig und enthaltsam sein, sondern, daß der Mensch in seinem Innern eine gewisse Würde habe, die ihn vor allen Geschöpfen adelt, und seine Pflicht ist es, diese Würde der Menschheit in seiner eignen Person nicht zu verleugnen.

Die Würde der Menschheit aber verleugnen wir, wenn wir z. E. uns dem Trunke ergeben, unnatürliche Sünden begehen, alle Arten von Unmäßigkeit ausüben, u. s. w. welches alles den Menschen weit unter die Tiere erniedriget. Ferner, wenn ein Mensch sich kriechend gegen andere beträgt, immer Komplimente macht, um sich durch ein so unwürdiges Benehmen, wie er wähnt, einzuschmeicheln, so ist auch dieses wider die Würde der Menschheit.

Die Würde des Menschen würde sich auch dem Kinde schon an ihm selbst bemerkbar machen lassen, z. E. im Falle der Unreinlichkeit, die wenigstens doch der Menschheit unanständig ist. Das Kind kann sich aber würklich auch unter die Würde der Menschheit durch die Lüge erniedrigen, indem es doch schon zu denken, und seine Gedanken andern mitzuteilen vermag. Das Lügen macht den Menschen zum Gegenstande der allgemeinen Verachtung, und ist ein Mittel, ihm bei sich selbst die Achtung und Glaubwürdigkeit zu rauben, die jeder für sich haben sollte.

b) Die Pflichten gegen andere. Die Ehrfurcht und Achtung für das Recht der Menschen muß dem Kinde schon sehr frühe beigebracht werden, und man muß sehr darauf sehen, daß es dieselben in Ausübung bringe; z.E. wenn ein Kind einem andern ärmeren Kinde begegnet, und es dieses stolz aus dem Wege, oder von sich stößet, ihm einen Schlag gibt, u.s.w. so muß man nicht sagen: Tue das nicht, es tut dem andern wehe; sei doch mitleidig! es ist ja ein armes Kind u.s.w. sondern man muß ihm selbst wieder eben so stolz und fühlbar begegnen, weil sein Benehmen dem Rechte der Menschheit zuwider war. Großmut aber haben die Kinder eigentlich noch gar nicht. Das kann man z.E. daraus ersehen, daß, wenn Eltern ihrem Kinde befehlen, es solle von seinem Butterbrote einem andern die Hälfte abgeben, ohne daß es aber deshalb nachher um so mehr wieder von ihnen erhält: so tut es dieses entweder gar nicht, oder doch sehr selten und ungerne. Auch kann man ja dem Kinde ohnedem nicht viel von Großmut vorsagen, weil es noch nichts in seiner Gewalt hat.

Viele haben den Abschnitt der Moral, der die Lehre von den Pflichten gegen sich selbst enthält, ganz übersehen, oder falsch erklärt, wie Crugott. Die Pflicht gegen sich selbst aber besteht, wie gesagt, darin, daß der Mensch die Würde der Menschheit in seiner eignen Person bewahre. Er tadelt sich, wenn er die Idee der Menschheit vor Augen hat. Er hat ein Original in seiner Idee, mit dem er sich vergleicht. Wenn die Zahl der Jahre anwächset, wenn die Neigung zum Geschlechte sich zu regen beginnt, dann ist der kritische Zeitpunkt, in dem die Würde des Menschen allein im Stande ist, den Jüngling in Schranken zu halten. Frühe muß man aber dem Jünglinge Winke geben, wie er sich, vor diesem oder jenem zu bewahren habe.

Unsern Schulen fehlet fast durchgängig etwas, was doch sehr

die Bildung der Kinder zur Rechtschaffenheit befördern würde, nämlich ein Katechismus des Rechts. Er müßte Fälle enthalten, die populär wären, sich im gemeinen Leben zutragen, und bei denen immer die Frage ungesucht einträte: ob etwas recht sei oder nicht? z. E. wenn jemand, der heute seinem Kreditor bezahlen soll, durch den Anblick eines Notleidenden gerührt wird, und ihm die Summe, die er schuldig ist, und nun bezahlen sollte, hingibt: ist das recht oder nicht? Nein! es ist unrecht, denn ich muß frei sein, wenn ich Wohltaten tun will. Und, wenn ich das Geld dem Armen gebe, so tue ich ein verdienstliches Werk; bezahle ich aber meine Schuld, so tue ich ein schuldiges Werk. Ferner, ob wohl eine Notlüge erlaubt sei? Nein! es ist kein einziger Fall gedenkbar, in dem sie Entschuldigung verdiente, am wenigsten vor Kindern, die sonst jede Kleinigkeit für eine Not ansehen, und sich öfters Lügen erlauben würden. Gäbe es nun ein solches Buch schon, so könnte man, mit vielem Nutzen, täglich eine Stunde dazu aussetzen, die Kinder das Recht der Menschen, diesen Augapfel Gottes auf Erden, kennen, und zu Herzen nehmen zu lehren. –

Was die Verbindlichkeit zum Wohltun betrifft: so ist sie nur eine unvollkommene Verbindlichkeit. Man muß nicht sowohl das Herz der Kinder weich machen, daß es von dem Schicksale des andern affiziert werde, als vielmehr wacker. Es sei nicht voll Gefühl, sondern voll von der Idee der Pflicht. Viele Personen wurden in der Tat hartherzig, weil sie, da sie vorher mitleidig gewesen waren, sich oft betrogen sahen. Einem Kinde das Verdienstliche der Handlungen begreiflich machen zu wollen, ist umsonst. Geistliche fehlen sehr oft darin, daß sie die Werke des Wohltuns als etwas Verdienstliches vorstellen. Ohne daran zu denken, daß wir in Rücksicht auf Gott nie mehr, als unsere Schuldigkeit tun können, so ist es auch nur unsere Pflicht, dem Armen Gutes zu tun. Denn die Ungleichheit des Wohlstandes der Menschen kommt doch nur von gelegentlichen Umständen her. Besitze ich also ein Vermögen, so habe ich es auch nur dem

Ergreifen dieser Umstände, das entweder mir selbst oder meinem Vorgänger geglückt ist, zu danken, und die Rücksicht auf das Ganze bleibt doch immer dieselbe.

Der Neid wird erregt, wenn man ein Kind aufmerksam darauf macht, sich nach dem Werte anderer zu schätzen. Es soll sich vielmehr nach den Begriffen seiner Vernunft schätzen. Daher ist die Demut eigentlich nichts anders, als eine Vergleichung seines Wertes mit der moralischen Vollkommenheit. So lehrt z. E. die christliche Religion nicht sowohl die Demut, als sie vielmehr den Menschen demütig macht, weil er sich, ihr zufolge, mit dem höchsten Muster der Vollkommenheit vergleichen muß. Sehr verkehrt ist es, die Demut darein zu setzen, daß man sich geringer schätze, als andre. – Sieh, wie das und das Kind sich aufführt! u. dergl. Ein Zuruf der Art bringt eine nur sehr unedle Denkungsart hervor. Wenn der Mensch seinen Wert nach andern schätzt, so sucht er, entweder sich über den andern zu erheben, oder den Wert des andern zu verringern. Dieses letztere aber ist Neid. Man sucht dann immer nur dem andern eine Vergehung anzudichten; denn wäre der nicht da, so könnte man auch nicht mit ihm verglichen werden, so wäre man der Beste. Durch den übel angebrachten Geist der Ämulation wird nur Neid erregt. Der Fall, in dem die Ämulation noch zu etwas dienen könnte, wäre der, jemand von der Tunlichkeit einer Sache zu überzeugen, z. E. wenn ich von dem Kinde ein gewisses Pensum gelernt fordre, und ihm zeige, daß andre es leisten können.

Man muß auf keine Weise ein Kind das andre beschämen lassen. Allen Stolz, der sich auf Vorzüge des Glückes gründet, muß man zu vermeiden suchen. Zu gleicher Zeit muß man aber suchen, Freimütigkeit bei den Kindern zu begründen. Sie ist ein bescheidenes Zutrauen zu sich selbst. Durch sie wird der Mensch in den Stand gesetzt, alle seine Talente geziemend zu zeigen. Sie ist wohl zu unterscheiden von der Dummdreistigkeit, die in der Gleichgültigkeit gegen das Urteil anderer besteht.

Alle Begierden des Menschen sind entweder formal (Freiheit und Vermögen) oder material (auf ein Objekt bezogen), Begierden des Wahnes oder des Genusses, oder endlich sie beziehen sich auf die bloße Fortdauer von beiden, als Elemente der Glückseligkeit.

Begierden der ersten Art sind Ehrsucht, Herrschsucht und Habsucht. Die der zweiten: Genuß des Geschlechtes (Wollust), der Sache (Wohlleben), oder der Gesellscbaft (Geschmack an Unterhaltung). Begierden der dritten Art endlich sind: Liebe zum Leben, zur Gesundheit, zur Gemächlichkeit (in der Zukunft: Sorgenfreiheit).

Laster aber sind entweder: die der Bosheit, oder der Niederträchtigkeit, oder der Eingeschränktheit. Zu den erstern gehören: Neid, Undankbarkeit und Schadenfreude; zu denen der zweiten Art: Ungerechtigkeit, Untreue (Falschheit), Lüderlichkeit, sowohl im Verschwenden der Güter, als der Gesundheit (Unmäßigkeit), und der Ehre. Laster der dritten Art sind: Lieblosigkeit, Kargheit, Trägheit (Weichlichkeit).

Die Tugenden sind entweder Tugenden des Verdienstes, oder bloß der Schuldigkeit, oder der Unschuld. Zu den erstern gehört: Großmut (in Selbstüberwindung, sowohl der Rache, als der Gemächlichkeit und der Habsucht), Wohltätigkeit, Selbstbeherrschung; zu den zweiten: Redlichkeit, Anständigkeit und Friedfertigkeit; zu den dritten endlich: Ehrlichkeit, Sittsamkeit und Genügsamkeit.

Ob aber der Mensch nun von Natur moralisch gut oder böse ist? Keines von beiden, denn er ist von Natur gar kein moralisches Wesen; er wird dieses nur, wenn seine Vernunft sich bis zu den Begriffen der Pflicht und des Gesetzes erhebt. Man kann indessen sagen, daß er ursprünglich Anreize zu allen Lastern in sich habe, denn er hat Neigungen und Instinkte, die ihn anregen, ob ihn gleich die Vernunft zum Gegenteile treibt. Er kann daher nur moralisch gut werden durch Tugend, also aus Selbstzwang, ob er gleich ohne Anreize unschuldig sein kann.

Laster entspringen meistens daraus, daß der gesittete Zustand der Natur Gewalt tut, und unsre Bestimmung als Menschen ist doch, aus dem rohen Naturstande als Tier herauszutreten. Vollkommne Kunst wird wieder zur Natur.

Es beruht alles bei der Erziehung darauf, daß man überall die richtigen Gründe aufstelle, und den Kindern begreiflich und annehmlich mache. Sie müssen lernen, die Verabscheuung des Ekels und der Ungereimtheit an die Stelle der des Hasses zu setzen; innern Abscheu, statt des äußern vor Menschen und der göttlichen Strafen, Selbstschätzung und innere Würde, statt der Meinung der Menschen, – innern Wert der Handlung und des Tun, statt der Worte, und Gemütsbewegung, – Verstand, statt des Gefühles, – und Fröhlichkeit und Frömmigkeit bei guter Laune, statt der grämischen, schüchternen und finstern Andacht eintreten zu lassen.

Vor allen Dingen aber muß man sie auch dafür bewahren, daß sie die merita fortunae nie zu hoch anschlagen.

***

Was die Erziehung der Kinder in Absicht der Religion anbetrifft, so ist zuerst die Frage: ob es tunlich sei, frühe den Kindern Religionsbegriffe beizubringen? Hierüber ist sehr viel in der Pädagogik gestritten worden. Religionsbegriffe setzen allemal einige Theologie voraus. Sollte nun der Jugend, die die Welt, die sich selbst noch nicht kennt, wohl eine Theologie können beigebracht werden? Sollte die Jugend, die die Pflicht noch nicht kennt, eine unmittelbare Pflicht gegen Gott zu begreifen im Stande sein? So viel ist gewiß, daß, wenn es tunlich wäre, daß Kinder keine Handlungen der Verehrung des höchsten Wesens mit ansähen, selbst nicht einmal den Namen Gottes hörten, es der Ordnung der Dinge angemessen wäre, sie erst auf die Zwecke, und auf das, was dem Menschen ziemt, zu führen, ihre Beurteilungskraft zu schärfen, sie von der Ordnung und Schönheit der Naturwerke zu unterrichten, dann noch eine erweiterte Kenntnis des Weltgebäudes hinzuzufügen, und hierauf erst den Begriff eines höchsten Wesens, eines Gesetzgebers, ihnen zu eröffnen. Weil dies aber nach unserer jetzigen Lage nicht möglich ist, so würde, wenn man ihnen erst spät von Gott etwas beibringen wollte, sie ihn aber doch nennen hörten, und sogenannte Diensterweisungen gegen ihn mit ansähen, dieses entweder Gleichgültigkeit, oder verkehrte Begriffe bei ihnen hervorbringen, z. E. eine Furcht vor der Macht desselben. Da es nun aber zu besorgen ist, daß sich diese in die Phantasie der Kinder einnisten möchte: so muß man, um sie zu vermeiden, ihnen frühe Religionsbegriffe beizubringen suchen. Doch muß dies nicht Gedächtniswerk, bloße Nachahmung und alleiniges Affenwerk sein, sondern der Weg, den man wählt, muß immer der Natur angemessen sein. Kinder werden, auch ohne abstrakte Begriffe von Pflicht, von Verbindlichkeiten, von Wohl- oder Übelverhalten zu haben, einsehen, daß ein Gesetz der Pflicht vorhanden sei, daß nicht die Behaglichkeit, der Nutzen und dergl. sie bestimmen solle, sondern etwas Allgemeines, das sich nicht nach den Launen der Menschen richtet. Der Lehrer selbst aber muß sich diesen Begriff machen.

Zuvörderst muß man alles der Natur, nachher diese selbst aber Gott zuschreiben, wie z. E. erstlich alles auf Erhaltung der Arten und deren Gleichgewicht angelegt worden, aber von weitem zugleich auch auf den Menschen, damit er sich selbst glücklich mache.

Der Begriff von Gott dürfte am besten zuerst analogisch mit dem des Vaters, unter dessen Pflege wir sind, deutlich gemacht werden, wobei sich dann sehr vorteilhaft auf die Einigkeit der Menschen, als in einer Familie, hinweisen läßt.

Was ist denn aber Religion? Religion ist das Gesetz in uns, in so ferne es durch einen Gesetzgeber und Richter über uns Nachdruck erhält; sie ist eine auf die Erkenntnis Gottes angewandte Moral. Verbindet man Religion nicht mit Moralität, so wird Religion bloß zur Gunstbewerbung. Lobpreisungen, Gebete, Kirchengehen sollen nur dem Menschen neue Stärke, neuen Mut zur Besserung geben, oder der Ausdruck eines von der Pflichtvorstellung beseelten Herzens sein. Sie sind nur Vorbereitungen zu guten Werken, nicht aber selbst gute Werke, und man kann dem höchsten Wesen nicht anders gefällig werden, als dadurch, daß man ein besserer Mensch werde.

Zuerst muß man bei dem Kinde von dem Gesetze, das es in sich hat, anfangen. Der Mensch ist sich selbst verachtenswürdig, wenn er lasterhaft ist. Dieses ist in ihm selbst gegründet, und er ist es nicht deswegen erst, weil Gott das Böse verboten hat. Denn es ist nicht nötig, daß der Gesetzgeber zugleich auch der Urheber des Gesetzes sei. So kann ein Fürst in seinem Lande das Stehlen verbieten, ohne deswegen der Urheber des Verbotes des Diebstahles genannt werden zu können. Hieraus lernt der Mensch einsehen, daß sein Wohlverhalten allein ihn der Glückseligkeit würdig mache. Das göttliche Gesetz muß zugleich als Naturgesetz erscheinen, denn es ist nicht willkürlich. Daher gehört Religion zu aller Moralität.

Man muß aber nicht von der Theologie anfangen. Die Religion, die bloß auf Theologie gebaut ist, kann niemals etwas Moralisches enthalten. Man wird bei ihr nur Furcht auf der einen, und lohnsüchtige Absichten und Gesinnungen auf der andern Seite haben, und dies gibt dann bloß einen abergläubischen Kultus ab. Moralität muß also vorhergehen, die Theologie ihr dann folgen, und das heißt Religion.

Das Gesetz in uns heißt Gewissen. Das Gewissen ist eigentlich die Applikation unserer Handlungen auf dieses Gesetz. Die Vorwürfe desselben werden ohne Effekt sein, wenn man es sich nicht als den Repräsentanten Gottes denkt, der seinen erhabenen Stuhl über uns, aber auch in uns einen Richterstuhl aufgeschlagen hat. Wenn die Religion nicht zur moralischen Gewissenhaftigkeit hinzukommt: so ist sie ohne Wirkung. Religion, ohne moralische Gewissenhaftigkeit, ist ein abergläubischer

Dienst. Man will Gott dienen, wenn man z. E. ihn lobt, seine Macht, seine Weisheit preiset, ohne darauf zu denken, wie man die göttlichen Gesetze erfülle, ja, ohne einmal seine Macht, Weisheit, u. s. w. zu kennen, und denselben nachzuspüren. Diese Lobpreisungen sind ein Opiat für das Gewissen solcher Leute, und ein Polster, auf dem es ruhig schlafen soll.

Kinder können nicht alle Religionsbegriffe fassen, einige aber muß man ihnen demohngeachtet beibringen; nur müssen diese mehr negativ als positiv sein. – Formeln von Kindern herbeten zu lassen, das dient zu nichts, und bringt nur einen verkehrten Begriff von Frömmigkeit hervor. Die wahre Gottesverehrung besteht darin, daß man nach Gottes Willen handelt, und dies muß man den Kindern beibringen. Man muß bei Kindern, wie auch bei sich selbst, darauf sehen, daß der Name Gottes nicht so oft gemißbraucht werde. Wenn man ihn bei Glückwünschungen, ja selbst in frommer Absicht braucht: so ist dies eben auch ein Mißbrauch. Der Begriff von Gott sollte den Menschen, bei dem jedesmaligen Aussprechen seines Namens, mit Ehrfurcht durchdringen, und er sollte ihn daher selten, und nie leichtsinnig gebrauchen. Das Kind muß Ehrfurcht vor Gott empfinden lernen, als vor dem Herrn des Lebens und der ganzen Welt; ferner, als vor dem Vorsorger der Menschen, und drittens endlich, als vor dem Richter derselben. Man sagt, daß Newton immer, wenn er den Namen Gottes ausgesprochen, eine Weile inne gehalten, und nachgedacht habe.

Durch eine vereinigte Deutlichmachung des Begriffes von Gott und der Pflicht lernt das Kind um so besser die göttliche Vorsorge für die Geschöpfe respektieren, und wird dadurch vor dem Hange zur Zerstörung und Grausamkeit bewahrt, der sich so vielfach in der Marter kleiner Tiere äußert. Zugleich sollte man die Jugend auch anweisen, das Gute in dem Bösen zu entdecken, z. E. Raubtiere, Insekten sind Muster der Reinlichkeit und des Fleißes. Böse Menschen ermuntern zum Gesetze. Vögel, die den Würmern nachstellen, sind Beschützer des Gartens u. s. w.

Man muß den Kindern also einige Begriffe von dem höchsten Wesen beibringen, damit sie, wenn sie andre beten sehen u.s.w., wissen mögen, gegen wen und warum dieses geschieht. Diese Begriffe müssen aber nur wenige an der Zahl, und, wie gesagt, nur negativ sein. Man muß sie ihnen aber schon von früher Jugend an beizubringen anfangen, dabei aber ja dahin sehen, daß sie die Menschen nicht nach ihrer Religionsobservanz schätzen, denn, ohngeachtet der Verschiedenheit der Religionen, gibt es doch überall Einheit der Religion.

***

Wir wollen hiernun noch zum Schlusse einige Bemerkungen beibringen, die vorzüglich von der Jugend, bei ihrem Eintritte in die Jünglingsjahre, sollten beobachtet werden. Der Jüngling fängt um diese Zeit an, gewisse Unterschiede zu machen, die er vorher nicht machte. Nämlich erstens den Unterschied des Geschlechtes. Die Natur hat hierüber eine gewisse Decke des Geheimnisses verbreitet, als wäre diese Sache etwas, das dem Menschen nicht ganz anständig, und bloß Bedürfnis der Tierheit in dem Menschen ist. Die Natur hat aber gesucht, diese Angelegenheit mit aller Art von Sittlichkeit zu verbinden, die nur möglich ist. Selbst die wilden Nationen betragen sich dabei mit einer Art von Scham und Zurückhaltung. Kinder legen den Erwachsenen bisweilen hierüber vorwitzige Fragen vor, z. E. wo die Kinder herkämen? sie lassen sich aber leicht befriedigen, wenn man ihnen entweder unvernünftige Antworten, die nichts bedeuten, gibt, oder sie mit der Antwort, daß dieses Kinderfrage sei, abweiset.

Die Entwickelung dieser Neigungen bei dem Jünglinge ist mechanisch, und es verhält sich dabei, wie bei allen Instinkten, daß sie sich entwickeln, auch ohne einen Gegenstand zu kennen. Es ist also unmöglich, den Jüngling hier in der Unwissenheit, und in der Unschuld, die mit ihr verbunden ist, zu bewahren. Durch Schweigen macht man das Übel aber nur noch ärger. Dieses sieht man an der Erziehung unserer Vorfahren. Bei der Erziehung in neuern Zeiten nimmt man richtig an, daß man unverhohlen, deutlich und bestimmt mit dem Jünglinge davon reden müsse. Es ist dies freilich ein delikater Punkt, weil man ihn nicht gern als den Gegenstand eines öffentlichen Gespräches ansieht. Alles wird aber dadurch gut gemacht, daß man mit würdigem Ernste davon redet, und daß man in seine Neigungen entriert.

Das 13te oder 14te Jahr ist gewöhnlich der Zeitpunkt, in dem sich bei dem Jünglinge die Neigung zu dem Geschlechte entwickelt (es müßten denn Kinder verführt und durch böse Beispiele verdorben sein, wenn es früher geschähe). Ihre Urteilskraft ist dann auch schon ausgebildet, und die Natur hat sie um die Zeit bereits präpariert, daß man mit ihnen davon reden kann.

Nichts schwächet den Geist wie den Leib des Menschen mehr, als die Art der Wollust, die auf sich selbst gerichtet ist, und sie streitet ganz wider die Natur des Menschen. Aber auch diese muß man dem Jünglinge nicht verhehlen. Man muß sie ihm in ihrer ganzen Abscheulichkeit darstellen, ihm sagen, daß er sich dadurch für die Fortpflanzung des Geschlechtes unnütz mache, daß die Leibeskräfte dadurch am allermeisten zu Grunde gerichtet werden, daß er sich dadurch ein frühes Alter zuziehe, und sein Geist sehr dabei leide, u. s. w.

Man kann den Anreizen dazu entgehen: durch anhaltende Beschäftigung, dadurch, daß man dem Bette und Schlafe nicht mehr Zeit widmet, als nötig ist. Die Gedanken daran muß man sich durch jene Beschäftigungen aus dem Sinne schlagen, denn, wenn der Gegenstand auch nur bloß in der Imagination bleibt, so nagt er doch an der Lebenskraft. Richtet man seine Neigung auf das andere Geschlecht, so findet man doch noch immer einigen Widerstand, richtet man sie aber auf sich selbst, so kann man sie zu jeder Zeit befriedigen. Der physische Effekt ist überaus schädlich, aber die Folgen, in Absicht der Moralität, sind noch weit übler. Man überschreitet hier die Grenzen der Natur, und die Neigung wütet ohne Aufhalt fort, weil keine wirkliche Befriedigung Statt findet. Lehrer, bei erwachsenen Jünglingen, haben die Frage aufgeworfen: ob es erlaubt sei, daß ein Jüngling sich mit dem andern Geschlechte einlasse? Wenn eines von beiden gewählt werden muß: so ist dies allerdings besser. Bei jenem handelt er wider die Natur, hier aber nicht. Die Natur hat ihn zum Manne berufen, sobald er mündig wird, und also auch, seine Art fortzupflanzen; die Bedürfnisse aber, die der Mensch in einem kultivierten Staate notwendig hat, machen, daß er dann noch nicht immer seine Kinder erziehen kann. Er fehlt hier also wider die bürgerliche Ordnung. Am besten ist es also, ja, es ist Pflicht, daß der Jüngling warte, bis er im Stande ist, sich ordentlich zu verheiraten. Er handelt dann nicht nur wie ein guter Mensch, sondern auch wie ein guter Bürger.

Der Jüngling lerne frühzeitig, eine anständige Achtung vor dem andern Geschlechte hegen, sich dagegen, durch lasterfreie Tätigkeit, desselben Achtung erwerben, und so dem hohen Preise einer glücklichen Ehe entgegenstreben.

Ein zweiter Untcrschied, den der Jüngling um die Zeit, da er in die Gesellschaft eintritt, zu machen anfängt, besteht in der Kenntnis von dem Unterschiede der Stände und der Ungleichheit der Menschen. Als Kind muß man ihm diese gar nicht merken lassen. Man muß es ihm selbst nicht einmal zugeben, dem Gesinde zu befehlen. Sieht es, daß die Eltern dem Gesinde befehlen: so kann man ihm allenfalls sagen: wir geben ihnen Brot, und dafür gehorchen sie uns, du tust das nicht, und also dürfen sie dir auch nicht gehorchen. Kinder wissen davon auch nichts, wenn Eltern ihnen nur nicht selbst diesen Wahn beibringen. Dem Jünglinge muß man zeigen, daß die Ungleichheit der Menschen eine Einrichtung sei, welche entstanden ist, da ein Mensch Vorteile vor dem andern zu erhalten gesucht hat. Das Bewußtsein der Gleichheit der Menschen, bei der bürgerlichen Ungleichheit kann ihm nach und nach beigebracht werden.

Man muß bei dem Jünglinge darauf sehen, daß er sich absolut und nicht nach andern schätze. Die Hochschätzung anderer in dem, was den Wert des Menschen gar nicht ausmacht, ist Eitelkeit. Ferner muß man ihn auch auf Gewissenhaftigkeit in allen Dingen hinweisen, und daß er auch darin nicht bloß scheine, sondern alles zu sein sich bestrebe. Man muß ihn darauf aufmerksam machen, daß er in keinem Stücke, wo er einen Vorsatz wohl überlegt hat, ihn zum leeren Vorsatze werden lasse. Lieber muß man keinen Vorsatz fassen, und die Sache im Zweifel lassen; – auf Genügsamkeit mit äußern Umständen, und Duldsamkeit in Arbeiten: Sustine et abstine; – auf Genügsamkeit in Vergnügungen. Wenn man nicht bloß Vergnügungen verlangt, sondern auch geduldig im Arbeiten sein will, so wird man ein brauchbares Glied des gemeinen Wesens, und bewahrt sich vor Langeweile.

Auf Fröhlichkeit ferner und gute Laune muß man den Jüngling hinweisen. Die Fröhlichkeit des Herzens entspringt daraus, daß man sich nichts vorzuwerfen hat; – auf Gleichheit der Laune. Man kann sich durch Übung dahin bringen, daß man sich immer zum aufgeräumten Teilnehmer der Gesellschaft disponieren kann. –

Darauf, daß man vieles immer wie Pflicht ansieht. Eine Handlung muß mir wert sein, nicht, weil sie mit meiner Neigung stimmt, sondern, weil ich dadurch meine Pflicht erfülle. –

Auf Menschenliebe gegen andere, und dann auch auf weltbürgerliche Gesinnungen. In unserer Seele ist etwas, daß wir Interesse nehmen 1) an unserm Selbst, 2) an andern, mit denen wir aufgewachsen sind, und dann muß 3) noch ein Interesse am Weltbesten Statt finden. Man muß Kinder mit diesem Interesse bekannt machen, damit sie ihre Seelen daran erwärmen mögen. Sie müssen sich freuen über das Weltbeste, wenn es auch nicht der Vorteil ihres Vaterlandes, oder ihr eigner Gewinn ist. –

Darauf, daß er einen geringen Wert setze in den Genuß der Ergötzlichkeiten des Lebens. Die kindische Furcht vor dem Tode wird dann wegfallen. Man muß dem Jünglinge zeigen, daß der Genuß nicht liefert, was der Prospekt versprach. –

Auf die Notwendigkeit endlich der Abrechnung mit sich selbst an jedem Tage, damit man am Ende des Lebens einen Überschlag machen könne, in betreff des Wertes seines Lebens.

ANMERKUNGEN

VORWORT:

Die hier dargelegten Überlegungen und Deutungen schließen sich in Gedankengängen, Argumenten und zum Teil auch in Wendungen an frühere, sehr viel umfassendere Ausführungen an, die für den vorliegenden Band jedoch in bündiger Form noch einmal gezielt fortentwickelt wurden, um die Genese der pädagogischen Ideenwelt Immanuel Kants so deutlich wie möglich herauszuarbeiten. Grundlegend dazu: Manfred Geier: Kants Welt. Eine Biographie, Reinbek bei Hamburg 2003.

LUDWIG ERNST BOROWSKI: DARSTELLUNG DES LEBENS UND CHARAKTERS IMMANUEL KANT'S, 1804.

Borowski (1740–1832) studierte bei Kant und nahm bereits als fünfzehnjähriger Student an seiner ersten Vorlesung im Sommersemester 1755 teil. 1782 wurde er Prediger an der Neuroßgärter Kirche in Königsberg; seitdem bestand ein enger Kontakt zu Kant. Ab 1793 war er Kirchen- und Schulrat.

»Der Vater unsers Weltweisen«: Johann Georg Kandt (1683–1746) war als Riemermeister selbstständiger Handwerker. Am 13. November 1715 heiratete er Anna Regina Reuter.

»Seine Mutter«: Anna Regina Kandt, geb. Reuter (1697–1737).

»Dr. Franz Albert Schultz«: (1692–1763). Pietistischer Theologe. Schüler des Philosophen Christian Wolff an der Universität Halle. 1731 Konsistorialrat und Pfarrer an der Altstädtischen Kirche in Königsberg; von 1733 bis 1763 Direktor des Collegium Fridericianum, und Prof. für Theologie an der Albertus-Universität in Königsberg.

»Collegium Fridericianum« (Friedrichs-Kolleg): zunächst eine kleine Privatschule im pietistischen Geist, 1698 von Theodor Gehr gegründet. Seit 1701 eine »Königliche Schule«, benannt nach König Friedrich I. in Preußen, der das Schulprojekt von Gehr unterstützte.

»Schiffert«: Christian Schiffert, Inspektor am Collegium Fridericianum seit 1731; stellvertretender Rektor seit 1733. Vgl. Christian Schiffert; Nachricht von den jetzigen Anstaltungen des Collegii Friedericiani, Königsberg 1741. (Nachdruck in: Heiner F. Klemme (Hg.): Die Schule Immanuel Kants, Hamburg 1994, S. 61ff.)

»Martin Knutzen«: (1713–1751). Kants wichtigster Universitätslehrer. Er soll »Kants Genie aufgeschlossen haben«. Seit 1734 a. o. Professor für Logik und Metaphysik, ein guter Kenner der neuesten naturwissenschaftlichen Forschungen, besonders der Kosmologie.

»Konsistorial-Rat Teske«: Johann Gottfried Teske (1704–1772), Prof. für Physik seit 1729. Schwerpunkt seiner Forschungen: Elektrizität. Unter seiner Betreuung schrieb Kant 1755 seine Magisterarbeit über Feuer und Elektrizität: »De igne«.

»Johann Heinrich Wlömer, Christoph Friedrich Heilsberg, Johann Georg Trummer«: seit 1740 Kommilitonen und Freunde Kants an der Albertus-Universität.

»Baumeister, Baumgarten, Eberhard, Wolf«: Wie allgemein üblich benutzte auch Kant in seinen Lehrveranstaltungen Kompendien zur Orientierung. Dazu gehörten zu Beginn seiner akademischen Arbeit vor allem: Georg Friedrich Meier: Vernunftlehre, Halle 1752; Friedrich Christian Baumeister: Philosophia definitiva, Wittenberg 1733; Alexander Gottlieb Baumgarten: Metaphysica, Halle 1739; Johann Peter Eberhard: Erste Gründe der Naturlehre, Leipzig 1753; Christian Wolff: Anfangsgründe aller mathematischen Wissenschaften, Halle 1710.

»englischer Kaufmann Green«: Joseph Green (1726–1786), Kants engster Freund, betrieb seit 1751 (ab 1754 zusammen mit Robert Motherby) ein Handelsgeschäft in Königsberg.

»in des Prof. Kypke Hause«: Johann David Kypke (1692–1758), Professor für Logik und Mathematik an der Universität Königsberg, Mitglied der Philosophischen und der Theologischen Fakultät. – Kant war auch mit dessen Neffen Georg David Kypke (1723–1779) befreundet, der mit ihm das Collegium Fridericianum besuchte und an der Universität zu studieren begann. Seit 1755 war G. D. Kypke Professor für Orientalische Sprachen.

REINHOLD BERNHARD JACHMANN: IMMANUEL KANT GESCHILDERT IN BRIEFEN AN EINEN FREUND, 1804.

Jachmann (1767–1843) studierte bei Kant seit 1783; zeitweise war er sein »amanuensis« (wissenschaftliche Hilfskraft); Magister 1787; stand in enger Beziehung mit Joseph Green und Robert Motherby; ab 1794 Prediger in Marienburg.

»Gedanken von der wahren Schätzung der lebendigen Kräfte und Beurtheilung der Beweise, derer sich Herr von Leibniz und andere Mechaniker in dieser Streitsache bedienet haben, Königsberg 1746«, in: W 1, S. 9–218.

»Allgemeine Naturgeschichte und Theorie des Himmels, oder Versuch von der Verfassung und dem mechanischen Ursprunge des ganzen Weltgebäudes nach Newtonischen Grundsätzen abgehandelt, Königsberg und Leipzig 1755«, in: W 1, S. 219–396.

E. A. CH. WASIANSKI: IMMANUEL KANT IN SEINEN LETZTEN LEBENSJAHREN. 1804.

Ehregott Andreas Christoph Wasianski (1755–1831) studierte Theologie an der Universität in Königsberg, besuchte jedoch auch Philosophieveranstaltungen bei Kant ab 1773. Mehrere Jahre lang war er seine wissenschaftliche Hilfskraft. 1780 verließ er die Universität, wurde zunächst Kantor, ab 1786 dann Diakon. Seine Freundschaft mit Kant wurde enger seit 1790; ab 1799 besuchte er ihn täglich, half ihm im Alltag und war ab 1801 sein Vermögensverwalter.

FRIEDRICH THEODOR RINK: ANSICHTEN AUS IMMANUEL KANT'S LEBEN. 1805.

Rink (1770–1811) immatrikuliere sich als stud. theol. am 1. April 1789 an der Universität in Königsberg. Seit 1792 nahm er an Kants Tischgesellschaft teil. 1792 wurde er Privatdozent für Theologie, Orientalische Sprachen und Griechisch, 1794 a. o. Professor für Philosophie, 1798 Professor der Theologie. Aus

Kants Nachlass gab er die Vorlesungen »Physische Geographie«, »Pädagogik« und »Fortschritte der Metaphysik« heraus.

»Ruhnken«: David Ruhnken, Mitschüler Kants am Collegium Fridericianum, der mit Kant und Johann Cunde ein freundschaftliches Triumvirat bildete. Zusammen entwarfen sie Pläne für literarische Werke, die sie unter ihren latinisierten Namen Cantius, Cundeus und Ruhnkenius veröffentlichen wollten.

»Wlömer«; Johann Heinrich Wlömer, Kommilitone Kants an der Königsberger Universität seit 1740.

»Herdern«: Johann Gottfried Herder (1744–1804) studierte Theologie, besuchte aber auch Philosophievorlesungen bei Kant 1762–1764.

BEMERKUNGEN ZU DEN »BEOBACHTUNGEN ÜBER DAS GEFÜHL DES SCHÖNEN UND ERHABENEN«. 1764.

Nach seiner Lektüre von Jean-Jacques Rousseaus »Émile« (1762) wandte Kant seine Aufmerksamkeit auf menschliche Charaktereigenschaften. Im Häuschen des Försters Michael Wobser in Moditten schrieb er seine »Beobachtungen über das Gefühl des Schönen und Erhabenen«, in denen er diese unterschiedlichen Gefühle auch mit dem »Gegenverhältnis der beiden Geschlechter« und den unterschiedlichen Nationalcharakteren verknüpfte. Sie waren zur Jahreswende 1763/64 im Verlag von Johann Jacob Kanter erschienen. – Zwischen die Seiten seiner Ausgabe fügte Kant »Bemerkungen« ein, die erst 1942 vollständig in der Akademie-Ausgabe veröffentlicht wurden.

»Rousseau hat mich zurecht gebracht.« Jean-Jacques Rousseau (1712–1778), der sich selbst oft als »Bürger von Genf« titulierte, war Staatsphilosoph, Geschichtsphilosoph, Schriftsteller und Erziehungstheoretiker. 1762 erschienen seine beiden wichtigsten Schriften: »Du contrat social«, frz. EA Amsterdam; dt. EA »Vom Gesellschaftsvertrag«, Marburg 1763; »Émile ou l'éducation«, frz. EA Den Haag; dt. EA »Émile oder Von der Erziehung«, Berlin u. a. 1762.

»Émile«: Kant las Rousseaus Erziehungsroman 1762. Die Lektüre veränderte seine Erkenntnisinteressen. Die praktische Menschenkunde, vor allem in moralischer Hinsicht, rückte gegenüber der theoretischen Naturforschung in den Vordergrund. Damit war eine charakterliche Neuorientierung verbunden: Kant »lernte die Menschen ehren«. Bemerkenswert ist auch, dass Kant in seinen »Bemerkungen« zum ersten Mal Probleme der Erziehung erwähnt und erste Hinweise zu ihrer Lösung gibt.

JOHANN GOTTFRIED HERDER STUDIERT BEI KANT. 1762–1764.
Herder (1744–1804) war Philosoph, Theologe, Schriftsteller. Er immatrikulierte sich am 10. August 1762 als Student der Theologie an der Albertus-Universität in Königsberg, besuchte regelmäßig auch Kants Philosophie-Vorlesungen.

»Roußeau's Heloise«: Jean-Jacques Rousseau: »Julie ou la nouvelle Héloise«, frz. EA Amsterdam 1761; dt. EA Leipzig 1761: »Julie oder Die neue Heloise. Briefe zweier Liebender aus einer kleinen Stadt am Fuße der Alpen«. Der erfolgreichste Roman einer gescheiterten großen Liebe im 18. Jahrhundert.

PRAKTISCHE PHILOSOPHIE HERDER. SOMMERSEMESTER 1764.
Herder nahm an der Ethik-Vorlesung Kants teil, das sog. »Baumgarten-Kolleg«. Als Kompendium diente ihm die »Ethica philosophica« von Alexander Gottlieb Baumgarten, EA Halle 1751. Kant benutzte die 3. Auflage 1760. Baumgarten (1714–1762) war ein Anhänger der Leibniz-Wolffschen Schule. Ab 1737 war er a. o. Professor in Halle, seit 1739 Prof. in Frankfurt an der Oder. Er gilt als Initiator der Ästhetik (»aesthetica«) als eigenständige Disziplin.

»der Wilde« : Kant kommt in seinem Werk immer wieder einmal auf die Verhaltensweisen der aus seiner Sicht rohen und ungebildeten Menschen zu sprechen, die er – in der gängigen Sprache und im Urteil seiner Zeit – als »Wilde« bezeichnet oder auch als »wilde Nationen«. Damit sind von Kant meistenteils die indigenen Völker Nordamerikas gemeint, aber auch die in Afrika lebenden Menschen und Stammesgemeinschaften. Aus heutiger Sicht ist die von Kant sehr pauschal und generalisierend vorgenommene Begriffswahl klar abwertend und sie zeugt von mangelhafter Kenntnis der zivilisatorischen Leistungen jener Kontinente, die Kant nie bereist hat. Allerdings finden wir bei ihm gleichzeitig auch die Bereitschaft zur vorurteilsfreien Anerkennung bestimmter Kulturtechniken – etwa Ernährungsweisen oder Kleidungsarten – der von ihm ansonsten als »wild« diskreditierten

Menschen, wenn er diese im Einzelnen als sinnvoll oder vernünftig erachtet. Entsprechend sollten dann auch die – in seinen Augen grundsätzlich »zivilisierten« – Europäer offen genug sein, von den sogenannten »Wilden« lernen zu wollen. Umgekehrt ist Kant sich allerdings ebenso sicher, dass selbstverständlich auch die Europäer »verwildern« können und in bestimmten Phasen ihrer Geschichte bereits in zum Teil schrecklicher Weise »verwildert« sind – wenn sie beispielsweise in Zeiten des Krieges oder im Kontext eines autoritären Herrschaftssystems einen eklatanten Rückfall in »Rohigkeit«, »Wildheit« oder »Barbarei« erlebten. Kant ist somit der Auffassung, dass *keine* Nation und *keine* Menschengruppe ein für alle Mal entweder »wild« oder »kultiviert« ist. Ausnahmslos *alle* Menschen sind in seinen Augen der Erziehung bedürftig, sie müssen erst diszipliniert, dann kultiviert und schließlich zivilisiert werden, um das moralisch Gute aus sich selbst heraus frei ins Werk setzen zu können. So gibt es für Kant grundsätzlich an allen Orten der Welt Menschen, die roh, brutal, ungebildet, hartherzig, unmoralisch oder aber vernünftig, rechtschaffen und kultiviert sind: Überall auf der Welt bewirkt allein die gute Erziehung den entscheidenden Unterschied mit Blick auf die moralische Entwicklung der Menschen und des Individuums.

NACHRICHT VON DER EINRICHTUNG SEINER VORLESUNGEN IN DEM WINTERHALBENJAHRE 1765–1766.

»Polyb«: Polybios von Megalopolis (um 200 bis um 120 v. Chr.), griechischer Geschichtsschreiber, der eine frühe Universalgeschichte Roms schrieb, bis zur Zerstörung Karthagos und Korinths.

»Euklides«: Euklid von Alexandrien, 4./3. Jhd. v. Chr., Verfasser des berühmtesten Werks der Mathematikgeschichte: griech. »Stoicheia«, lat. »Elementa«, entstanden um 300 v. Chr.

»Ich habe in einer kurzen und eilfertig abgefaßten Schrift«: vermutlich sein lateinisch geschriebener Vortrag, den Kant am 10. April 1756 vor der Philosophischen Fakultät gehalten hat, um sich auf die durch Martin Knutzens Tod freigewordene Stelle zu bewerben: »Metphysicae cum geometria ...« (Der Gebrauch der Metaphysik, sofern sie mit der Geometrie verbunden ist, in der Naturphilosophie, dessen erste Probe die Physische Monadologie enthält.) In: W 2, S. 511–563.

»A. G. Baumgarten«: Alexander Gottlieb Baumgarten: Metaphysica, lat. EA Halle 1739; dt. EA Halle 1766. Kant benutzte Baumgartens »Metaphysik« als Kompendium für seine Metaphysik-Vorlesungen seit Sommersemester 1757.

»nach dem Handbuche des Hrs. Prof. Meier«: Georg Friedrich Meier (1718–1777), Baumgartens Schüler und Nachfolger an der Universität Halle. Autor der »Vernunftlehre«, Halle 1752.

»allgemeine praktische Weltweisheit und die Tugendlehre nach Baumgarten«: A. G. Baumgarten: »Ethica philosophica«, Halle 1751.

»Versuche des Shaftesbury, Hutcheson und Hume«: Anthony Ashley Cooper, Third Earl of Shaftesbury: »A Treatise of Human Nature«, EA London 1739/40; Shaftesbury gilt als Begründer der englischen »moral sense«-Philosophie; Francis Hutcheson gehört zur schottischen Schule der Moralphilosophie; besonders beeindruckt hat Kant das Werk des schottischen Philosophen David Hume (1711–1776): »A Treatise of Human Nature. Attempt to Introduce the Experimental Method of Reasoning into Moral Subjects«, EA London 1739/40.

»Physische Geographie«: Kant hat dieses Thema der Weltwissenschaft in die Universitätslehre eingeführt. 46 mal, von 1756 bis 1796, hielt er diese Vorlesung, jeweils im Sommersemester.

»Isokrates«: griechischer Rhetor (436–338 v. Chr.), eröffnete um 390 v. Chr. in Athen eine Schule für Redner.

»Mihi sic usus est: Tibi, quod opus est facto, face. Terentius«: Mir ist es so Bedürfnis: Du handle, wie du handeln musst. Die Sentenz entnahm Kant der Komödie »Heauton Timorumenos« (Der Selbstquäler) des afrikanischen, in Karthago geborenen Autors Publius Terentius Afer (Terenz), geschrieben 163 v. Chr.

VORLESUNG ANTHROPOLOGIE FRIEDLÄNDER. WINTERSEMESTER 1775/76.

Widmung: »Zum Geschenk für meinen lieben Bruder David Friedlander von seinem ergebenen Bruder Simon Friedlander Königsberg, den 29ten August 1782«. Die ministerielle Verpflichtung zu einer eigenständigen Pädagogik-Vorlesung erging am 13. Juni 1774. Kant hielt sie zum ersten Mal im Wintersemester 1776/77. Wichtige Gedanken zur Erziehungskunst hatte er bereits in der Anthropologie-Vorlesung WS 1775/76 vorgetragen.

»Die jetzigen Basedowschen Anstalten«: das Dessauer »Philanthropinum«, eine pädagogische Musteranstalt (1775 bis 1793), die ein Vorbild für ganz Europa werden sollte, gegründet von Johann Bernhard Basedow.

»Die Erziehung der Kinder kann in 4 Epochen eingetheilt werden«: Kant hat sie später begrifflich genauer bestimmt: Wartung und physische Erziehung (Entwicklung der Natur); Disziplinierung (Leitung der Freiheit); Kultivierung (Unterweisung des Verstandes); Moralisierung (Ausbildung der Vernunft und des Charakters).

»Rousseau, der ein feiner Diogenes ist«: Diogenes von Sinope, 4. Jhd. v. Chr., der auf den Marktplätzen in Athen und Korinth seine an natürlichen Bedürfnissen orientierte »kynische« Hunde-Philosophie auch schamlos vorlebte. Dagegen war Rousseaus Naturbegeisterung zivilisierter und kultivierter.

REZENSIONSARTIKEL: ERSTES STÜCK DES PHILANTHROPINISCHEN ARCHIVS. 1776.

Der Artikel erschien anonym am 28. März 1776 in »Königsbergische Gelehrte und Politische Zeitungen«, herausgegeben von Johann-Georg Hamann im Verlag von Friedrich Nicolovius. Es war ein Werbetext für das »Philanthropinum« (Schule der Menschenfreundschaft) in Dessau, das am 27. Dezember 1774 von dem Hamburger Pädagogen und Erziehungsschriftsteller Johann Bernhard Basedow (1724–1790) gegründet worden war.

»Philanthropinisches Archiv«: 1776 erschienen drei Stücke (Hefte) dieser Zeitschrift.

»von verbrüderten Jugendfreunden«: am 2. Januar 1776 bildeten Johann Bernhard Basedow, Christian Heinrich Wolke und die beiden jungen Elsässer Johann Friedrich Simon und Johann Schweighäuser diesen pädagogisch engagierten »Brüderbund«. Sie nahmen sich vor, gemeinsam an der Schulverbesserung zu arbeiten, im Dessauer Erziehungsinstitut keine hierarchische Administration anzuerkennen und nur solche Ehefrauen zu wählen, die sie in ihrer Arbeit unterstützen. 1776 gaben sie das Erste Stück des »Philanthropischen Archivs« heraus, »Mitgetheilt von verbrüderten Jugendfreunden an Vormünder der Menschheit, besonders welche eine Schulverbesserung wünschen und beginnen, auch an Väter und Mütter, welche Kinder ins Dessauische Philanthropin senden wollen.«

»Basedow'sche Schrift«: Für Cosmopoliten Etwas zu lesen, zu denken und zu thun. In Ansehung eines in Anhalt-Dessau errichteten Philanthropins oder Pädagogischen Seminars von ganz neuer Art, die schon alt sein sollte. (...) Mindestens zum Anlasse einiger Discurse aufgesetzt und wiederholt von Joh. Bern. Basedow, Fürsorger des Philanthropins in Dessau, Leipzig 1775.

»Der 13te Mai« (1776): an diesem Tag und den beiden folgenden Tagen fand eine öffentliche Prüfung der Schüler des Philanthropins statt, zu welcher Basedow im »Philanthropischen Archiv«, Erstes Stück, eingeladen hatte.

»(wie in der letzteren Zeitung gemeldet worden)«: Königsbergische Gelehrte und Politische Zeitungen, 25. März 1776.

»eine ansehnliche Beihülfe von hoher Hand«: Schenkung von Leopold III. Friedrich Franz, Herzog und Fürst von Anhalt-Dessau.

»in der Kanterschen Buchhandlung«: Johann Jakob Kanter, Buchhändler und Verleger, der auch mehrere Schriften Kants veröffentlichte. Sein Laden im Löbenichtschen Rathaus war Treffpunkt der Königsberger Gelehrten. Kant wohnte (etwa ab 1766) mehrere Jahre im Kanterschen Haus.

AN CHISTIAN HEINRICH WOLKE, 28. MÄRZ 1776.

Chr. H. Wolke (1741–1823) war seit 1770 Gehilfe bei der Herstellung von »Das Basedowsche Elementarwerk. Ein Vorrath der besten Erkenntnisse zum Lernen, Lehren, Wiederholen und Nachdenken, Leipzig 1774.« Vier Bände, mit Kupfertafeln von Daniel Chodowiecki u. a. Ab 1776 war Wolke Direktor des Philanthropins.

»Robert Motherby«: (1736–1801) Englischer Kaufmann schottischer Abstammung. Er kam 1754 nach Königsberg und wurde Geschäftspartner von Kants vertrautestem Freund Joseph Green. Er war mit Charlotte Toussaint verheiratet und hatte fünf Söhne und vier Töchter. Seine drei ältesten Söhne vertraute er zwischen 1776 und 1781 dem Philanthropin an, zuerst seinen ältesten Sohn George, der bereits 1799 starb, kurz vor seiner Hochzeit.

»Beiliegendes Blatt«: Königsbergische Gelehrte und Politische Zeitungen, Nr. 26, in der Kant das Erste Stück des »Philanthropischen Archivs« anzeigte.

AN FRIEDRICH WILHELM REGGE. 22. MÄRZ 1777.

Durch Unterstützung Kants war es Regge (1749–1778) möglich, das Philanthropin zu seiner Lehrerausbildung aufzusuchen.

»der junge Maclean, Neveu von Herrn Johann Simpson«: Sohn des schottischen Kaufmanns Archibald MacLean und Neffe von Johann Simpson (1737–1811), Großkaufmann in Memel.

»Pränumerationsgeschäft auf die pädagogischen Unterhandlungen«: Kant kümmerte sich um die Vorauszahlungen der Abonnenten. »Pädagogische Unterhandlungen«, Zeitschrift herausgegeben von Johann Bernhard Basedow und Joachim Heinrich Campe.

AN DAS GEMEINE WESEN, 27. MÄRZ 1777.

Kants zweiter Aufsatz, das Philanthropin betreffend. Zuerst in: »Königsbergische Gelehrte und Politische Zeitungen«, 27. März 1777, veranlasst durch die finanziellen Schwierigkeiten des Philanthropins, über die Campe Kant informiert hat. Unterzeichnet mit »K.« Wieder abgedruckt in den »Pädagogischen Unerhandlungen«, 25. Stück, Dessau 1777, S. 296–301, diesmal mit »Kant« signiert.

»Mangelsdorfische Schmähschrift«: Karl Ehregott Mangelsdorf, bis 1777 Lehrer am Philanthropin, richtete sehr polemisch das »Erste Wort an das Publicum, den königl. Dänischen Prof. Basedow betreffend«. Leipzig 1777.

»Büsching«: Anton Friedrich Büsching (1724–1793). Direktor des Gymnasiums zum Grauen Kloster in Berlin. Mitglied der Berliner »Gesellschaft von Freunden der Aufklärung«. Herausgeber der »Wöchentlichen Nachrichtern von neuen Landcharten, geographischen, statistischen und historischen Büchern und Schriften«, 1773–1787.

AN JOACHIM HEINRICH CAMPE, 26. AUGUST 1777.

Campe (1746–1818) war nach seinem Studium Hauslehrer bei der Familie Humboldt in Tegel und seit 1776 Direktor des Philanthropin.

»C. F. Johanzen«: Carl Friedrich Johannsen, Kaufmann in Königsberg.

»Herr Scherres«: Kammergerichtsrat Scherres brachte im April 1777 zwei Söhne in das Philanthropin, ließ sie aber schon Ende Mai zurückkommen, ebenso Johann Christian Dietrich.

AN WILHELM CRICHTON, 29. JULI 1778.

Wilhelm Crichton (1732–1805) war seit 1772 Hofprediger an der deutsch-reformierten Burgkirche in Königsberg. Er hatte die Redaktion der Kanterschen Zeitung »Königsbergische Gelehrte und Politische Zeitungen« 1777 übernommen und schrieb die meisten der Gelehrten Artikel.

»vom Philanthropin herausgegebene Nachrichten«: Pädagogische Unterhandlungen oder Philanthropisches Journal, Dessau 1777–1784.

»Versuche des F. v. Salis und die Bahrdtsche«: Carl Ulysses Freiherr von Salis (1728–1800) hatte 1775 in Marschlin ein Philanthropin eingerichtet, das bereits 1777 geschlossen wurde; auch das von Carl Friedrich Bahrdt 1777 gegründete Philanthropin wurde bereits 1779 wieder geschlossen.

AN CHRISTIAN HEINRICH WOLKE, 4. AUGUST 1778.

Wolke war zusammen mit Basedow im Dezember 1774 Gründer des Philanthropins, seit 1776 Direktor des Philanthropins.

PRAKTISCHE PHILOSOPHIE POWALSKI, 1777.

Gottlieb Bernhard Powalski, geb. 10.10.1759 in Johannisburg, begann sein Studium am 19. März 1777 an der Albertus-Universität in Königsberg.
Kant bezog sich in diesem Teil seiner Ethik-Vorlesung, Sommersemester 1777, auf Jean-Jacques Rousseau, vor allem auf dessen Ersten »Discours sur les sciences et les arts«, frz. EA 1750, dt. Leipzig 1752, in dem er die von der Akademie in Dijon gestellte Preisfrage beantwortet hat: »ob die Wiederherstellung der Wissenschaften und Künste zur Reinigung der Sitten beigetragen hat?« Rousseau gewann mit seiner Abhandlung den ersten Preis, was angesichts seiner scharfen Kulturkritik erstaunlich ist, die den »natürlichen«, ursprünglich guten Menschen in seinem Naturzustand aufwertete und gegen den kritisierten »künstlichen« Menschen der Moderne stellte. Je mehr der Mensch zivilisiert wurde und seine Lebensformen sich verfeinerten, desto mehr entglitt er sich und wurde sich selbst fremd und undurchschaubar. Rousseaus Problem wurde zu einer großen Herausforderung für

Kant, der die »bürgerliche Gesellschaft« als eine wichtige Etappe im Prozess der Aufklärung schätzte.

IDEE ZU EINER ALLGMEINEN GESCHICHTE IN WELTBÜRGERLICHER ABSICHT. NOVEMBER 1784.

Kants erster Beitrag für die »Berlinische Monatsschrift«, herausgegeben von Johann Erich Biester (Sekretär des Königlich Preußischen Staatsministers für Kirchen- und Unterrichtsangelegenheiten Karl-Abraham Freiherr von Zedlitz) und dem Schuldirektor Friedrich Gedike, die beide Mitglieder der 1783 gegründeten »Mittwochsgesellschaft« waren, doch schon bald als »Gesellschaft von Freunden der Aufklärung« auch publizistisch große öffentliche Aufmerksamkeit erregte. – Im Dezember 1784, einen Monat später, erschien in der »Berlinischen Monatsschrift« Kants »Beantwortung der Frage: Was ist Aufklärung?« In ihr hat er die gattungsgeschichtliche Perspektive auf die individuelle Entwicklungsmöglichkeit übertragen. Im Zeitalter der Aufklärung ist den Menschen das weite Feld geöffnet worden, auf dem sie mündig ihren eigenen Verstand, ohne vormundschaftliche Leitung durch Natur, Staat oder Kirche, gebrauchen können. – Von den fünfzehn Abhandlungen für das öffentliche Lesepublikum, die Kant von 1784 bis 1796 geschrieben hat, sind mit einer Ausnahme alle in der »Berlinischen Monatsschrift« erschienen, die 1796 eingestellt werden musste.

VORLESUNG ÜBER MORALPHILOSOPHIE COLLINS. WINTERSEMESTER 1784/85.

Der evangelische Geistliche Georg Ludwig Collins (1763–1814), der in Riga als Prediger wirkte, hatte in seiner Jugend an der Universität Königsberg Theologie studiert. In dieser Zeit besuchte er auch zwischen 1784 und 1785 die Vorlesungen von Immanuel Kant. In der von Collins angefertigten Vorlesungsmitschrift wird sichtbar, wie Kant der Erziehung ihren Platz zwischen der Anthropologie – die erst einmal erforscht wie der Mensch ist – und der Moralphilosophie – die dann beschreibt wie der Mensch als moralisches Wesen sein sollte – als eigenständiges Wissensgebiet zuweist. Die Aufgabe der Erziehung ist es, im Wissen um die offensichtlichen Unzulänglichkeiten des Menschen dennoch eine pädagogische Anleitung zum moralisch möglichst guten Verhalten zu geben.

»Spalding«: Der Berliner Konsistorialrat Johann Joachim Spalding (1714–1804) war einer der wichtigsten Vertreter und Begründer der als Neologie bekannten Aufklärungstheologie. Seine erstmals 1748 erschienene, hernach mehrfach überarbeitete und bis 1794 in insgesamt elf Auflagen erschienene Schrift »Die Bestimmung des Menschen« war sein populärestes und einflussreichstes Werk.

»Der Vorschlag des Abt von St. Pierre«: Charles Irénée Castel de Saint-Pierre, bekannt als Abbé de Saint-Pierre (1658–1743) war ein französischer Geistlicher, der schon früh im 18. Jahrhundert mit seinem »Projet pour rendre la paix perpétuelle en Europe (1712/1717)« einen Plan für einen dauerhaften Frieden in Europa vorlegte. Dieser Plan inspirierte in der Folge auch Kants Altersschrift »Zum ewigen Frieden« (EA 1795).

MUTMASSLICHER ANFANG DER MENSCHENGESCHICHTE. JANUAR 1786.

Zuerst erschienen in: Berlinische Monatsschrift.
Das war keine wissenschaftliche Vermutung über die Frühgeschichte der Menschheit, wie sie wirklich stattgefunden hat. Kant bezog sich auf die alttestamentarische Erzählung, wie sie im »Ersten Buch Mose« zu lesen war. Eigenwillig interpretierte er die Vertreibung des Menschen aus dem Paradies als »Entlassung aus dem Mutterschoße der Natur« und Übergang ins Reich der Freiheit. Etwas Besseres konnte dem Menschengeschlecht nicht zustoßen, auch wenn es seitdem in einer Welt von Sorgen, Mühe und unbekannten Übeln zurechtkommen muss.

»Behauptungen des berühmten J. J. Rousseau«:
(Erster) Diskurs über die Wissenschaften und Künste, frz. EA Genf 1750;
(Zweiter) Diskurs über den Ursprung und die Grundlagen der Ungleichheit unter den Menschen, frz. EA Amsterdam 1755;
Émile oder Über die Erziehung, frz. EA Den Haag 1762;
Vom Gesellschaftsvertrag, frz. EA Amsterdam 1762.

»Ars longa, vita brevis des Hippokrates«: Die Kunst ist lang und kurz das Leben. Hippokrates von Kos; berühmtester Arzt der Antike, geb. 460 v. Chr.

WAS HEISST; SICH IM DENKEN ORIENTIEREN? OKTOBER 1786.

Zuerst erschienen in »Berlinische Monatsschrift«. Anlass war der heftige Streit zwischen dem jüdischen Aufklärungsphilosoph Moses Mendelssohn (1728–1786) und dem christlichen Schwärmer Friedrich Heinrich Jacobi (1743–1819), der nach der Publikation von Mendelssohns »Morgenstunden oder

Vorlesungen über das Daseyn Gottes« (1785) ausgebrochen war. Kant nahm diese Auseinandersetzung zum Anlass, über die Grundprinzipien eines »reinen Vernunftglaubens« aufzuklären, der weder durch jüdische noch durch christliche Glaubensregeln bestimmt werde. »Der erweiterte und genauer bestimmte Begriff des Sich-Orientierens kann uns behülflich sein, die Maxime der gesunden Vernunft, in ihren Bearbeitungen zur Erkenntnis übersinnlicher Gegenstände, deutlich darzustellen.« (W 5, S. 168f.)

METHODENLEHRE DER REINEN PRAKTISCHEN VERNUNFT. 1788.

Zweiter Teil der »Kritik der praktischen Vernunft«, in dem Kant die pädagogischen Mittel der Moralisierung erläutert, die vor allem für die Erzieher der Jugend hilfreich sein können.

»(wie etwa Anna von Boleyn auf Anklage Heinrichs VIII. von England)«: Anne Boleyn war die zweite der sechs Ehefrauen König Heinrichs VIII. und von 1533 bis 1536 Königin von England. Weil sie keinen erhofften männlichen Thronfolger zur Welt brachte, fiel sie in Ungnade und wurde wegen vermeintlichen Ehebruchs und Hochverrats am 19. Mai 1536 enthauptet.

»Juvenal«: römischer Satiriker des 1./2. Jahrhunderts n. Chr. Die lateinisch zitierte Textpassage, ins Deutsche übersetzt: »Sei ein guter Soldat, ein guter Vormund, auch ein unbefangener Schiedsrichter; wirst du einmal in einer zweifelhaften und ungewissen Sache zum Zeugen gerufen, mag Phalaris dir auch befehlen zu lügen und vor dem herbeigeschleppten Stier einen Meineid gebieten: halte es für den äußersten Frevel, das Leben der Ehre vorzuziehen und um des Lebens willen den Grund des Lebens zu zerstören.« Phalaris war ein despotischer Herrscher von Agrigentum (Akragas) auf Sizilien, etwa von 570 bis 554 v. Chr., der wegen seiner exzessiven Grausamkeit berüchtigt war. Er benutzte einen künstlichen Stier als Foltergerät.

KRITIK DER URTEILSKRAFT. EINLEITUNG 1790.

Nach der »Kritik der reinen Vernunft« (1781) und der »Kritik der praktische Vernunft« (1788) die dritte Kritik, in denen Kant die Grundlagen vernünftiger Urteile über ästhetische Gegenstände und über natürliche Zweckmäßigkeiten klar zu machen versuchte.

DIE RELIGION INNERHALB DER GRENZEN DER BLOSSEN VERNUNFT. DAS RADIKAL BÖSE. 1792/93.

»Von der Einwohnung des bösen Prinzips neben dem guten« war zuerst als einzelner Beitrag in »Berlinische Monatsschrift«, April 1792, erschienen. Er griff auf das strittige Problem zurück, auf das Kant 1762 durch seine Rousseau-Lektüre gestoßen war: Ist der Mensch von Natur aus gut oder böse? Kant übernahm seinen Aufsatz dann als Erstes Stück in seine vierteilige Schrift »Die Religion innerhalb der Grenzen der bloßen Vernunft«, die 1793 bei Friedrich Nicolovius publiziert wurde und zu einem heftigen Konflikt mit der preußischen Zensurbehörde führte. Am 1. Oktober 1794 wurde ein königlicher Spezialbefehl an Kant gerichtet, der ihn aufforderte, in Zukunft sich nichts mehr in Religionsdingen zu Schulden kommen zu lassen. Bei fortgesetzter Renitenz habe er unfehlbar mit unangenehmen Verfügungen zu rechnen.

»Sanabilibus aegrotamus malis, ...: sagt Seneca«: An heilbaren Gebrechen kranken wir, und uns, die wir ins Rechte geboren sind, hilft die Natur, wenn wir geheilt werden wollen. Lucius Annaeus Seneca, um 4. v. Chr. in Cordoba geboren, beging 65 n. Chr. auf Befehl Neros Suizid. Philosoph und Dichter, der zu den späten Stoikern gehörte. Seine Schriften behandeln vor allem Fragen der praktischen Lebensführung, wobei Selbstvervollkommnung in sittlicher Hinsicht (virtus) im Mittelpunkt steht.

DIE METAPHYSIK DER SITTEN. RECHTSLEHRE. 1797.

»mündig (maiorennes)«: In seinen Überlegungen zur Mündigkeit des Menschen griff Kant auf das römische Rechtskonzept der »majorennitas« zurück. Es bezeichnete den Zustand, in dem das Kind sich aus der väterlichen Abhängigkeit und Unterstützung befreit hat und zur eigenen Selbsterhaltung fähig ist. Ins deutsche Recht übernommen, konnte die Vorstellung der Majorennität mit der germanischen »munt« verknüpft werden: Wer mündig ist, der benötigt weder die herrschaftliche Fürsorge noch den helfenden Schutz der häuslichen »munt« (Vormundschaft).

DIE METAPHYSIK DER SITTEN. TUGENDLEHRE. 1797.

Das Werk gehört zur dritten und letzten Schaffensperiode Kants, nach den vorkritischen Schriften (bis 1780) und der Begründung und Ausarbeitung seiner kritischen Erkenntnistheorie (seit der »Kritik der reinen Vernunft«, 1781). In ihr geht es um die Folgerungen, die daraus für das menschliche

Handeln gezogen werden können. Kants Tugendlehre basiert auf Gedanken, die er zuvor in der »Grundlegung zur Metaphysik der Sitten« (1785) und in der »Kritik der praktischen Vernunft« (1788) entwickelt hat. Bemerkenswert sind die pädagogisch-didaktischen Konsequenzen seiner Moralphilosophie, wobei er sich unausgesprochen auch gegen andere traditionsmächtige Philosophen abgrenzt.

1. Die »*doktrinale* Methode« (§§ 50–52) entwickelt systematisch, wie Moralität gelehrt werden kann. Sie ist »*katechetisch*«, wobei ein »moralischer Katechismus« den richtigen Weg weist. Er ist jedoch weder »*dogmatisch*« wie die Ethik des Aristoteles mit ihrem Zwang zur Regelbefolgung, noch »*dialogisch*« wie die sokratisch-platonische Lehrform, die voraussetzt, dass der Schüler selbst schon moralische Vorkenntnisse besitzt, die nur wie durch eine Hebamme herausgezogen werden müssen. Und sie auch kein »Religionskatechismus«, der auf eine gottgegebene Autorität hinweist, der Folge zu leisten ist. – Stattdessen vertraut die doktrinale Methode auf die allgemeine Menschenvernunft, durch die Menschen sich subjektive moralische Prinzipien (Maximen) zu eigen machen können, denen sie aus freiem Willen folgen wollen.

2. Die »*ethische Asketik*« (§ 53), in der es um die Kultivierung und Einübung des moralischen Willens und Handelns geht, um »den inneren Feind im Menschen« zu bekämpfen, grenzt Kant streng gegen mönchische Asketik und strenge Büßerhaltung ab. Bemerkenswert ist sein Rückverweis auf die antike praktische Philosophie, wobei die Stoiker und die Epikureer gemeinsam hervorgehoben werden, also nicht Systematiker wie Platon oder Aristoteles, sondern pragmatisch denkende Philosophen, denen es um Moral und Lebensweisheit geht.

»Wahlspruch der Stoiker: zufällige Lebensübel ertragen und überflüssige Ergötzlichkeiten entbehren«: der Stoizismus war 500 Jahre lang ein wirkungsmächtiges philosophisches Lehrgebäude, begründet um 300 v. Chr. von Zenon von Kition und bis zu den Vertretern der jüngeren Stoa reichend; Seneca, Epiktet und Mark Aurel. Er vertrat das Ideal der Gelassenheit und Seelenruhe (ataraxia) und versuchte die Regel zu befolgen: sich gegenüber Dingen, die nicht in deiner Macht liegen, gleichgültig verhalten.

»der tugendhafte Epikur«: griechischer Philosoph, 342 v. Chr. in Samos geboren, 271 v. Chr. in Athen gestorben. Ziel seiner Tugendlehre war das Glück seelischer Ausgeglichenheit und ein »fröhliches Herz«. In einprägsamen Sentenzen hat er seine Ethik in seinem Hauptwerk »Kyriai doxai« festgehalten, was »Hauptlehrsätze« bedeutet, aber besser mit »Katechismus« übersetzt werden sollte.

»hic murus aheneus esto etc. Horat.«: Dieser soll eine eherne Mauer sein, nichts Böses sich bewusst sein. Horaz (65–8 v. Chr.), römischer Dichter, berühmt waren seine Oden, seine Satiren und seine »Ars poetica« (Dichtkunst).

ANTHROPOLOGIE IN PRAGMATISCHER HINSICHT. DER CHARAKTER DER GATTUNG. 1798.

Dreißig Jahre lang hat Kant diese auf »Weltkenntnis« ausgerichtete Vorlesung gehalten, zum ersten Mal im Wintersemester 1772/73, zum letzten Mal im WS 1795/96. Anthropologische Weltkenntnis konzentriert sich auf den Menschen als Weltbürger. Im Unterschied zur *physiologischen* Menschenkenntnis, die erforscht, was die Natur aus dem Menschen macht, richtet sich die *pragmatische* Menschenkenntnis auf das, »was *er*, als freihandelndes Wesen, aus sich selber macht oder machen kann und soll«. Kant hat seiner »Anthropologie« 1796/97 die endgültige Fassung gegeben, 1798 wurde diese dann veröffentlicht. Der Abdruck folgt der von Wilhelm Weischedel herausgegebenen Werk-Ausgabe in sechs Bänden, Band VI, S. 672–685. Weischedel benutzte dazu den ersten Druck der zweiten Auflage (1800), der noch von Kant selbst überarbeitet und stilistisch geglättet worden war. Die in den Text mit * indizierten eingefügten Fußnoten sind Ergänzungen in einem späteren Druck der 2. Auflage, sofern sie von sachlichem Interesse sind. Dabei bezeichnen doppelte schräge Striche Absätze, gerade Klammern Durchstreichungen der Handschrift Kants, spitze Klammern enthalten Zusätze des Herausgebers. – Seine Schilderung des Charakters der Menschengattung ist als Schlusskapitel der *Anthropologischen Charakteristik* auch das letzte Kapitel des ganzen Buchs, für das noch immer Jean-Jacques Rousseau die wichtigsten Stichworte liefert.

»Moscati«: Dr. Peter Moscati, italienischer Professor der Anatomie. Kant publizierte anonym in »Königsbergische Gelehrte und Politische Zeitungen«, 23. August 1771, eine Rezension von Moscatis akademischer Rede »Von dem körperlichen wesentlichen Unterschiede zwischen der Struktur der Tiere und Menschen«, in der er Moscatis »Beweis, daß der aufrechter Gang des Menschen gezwungen, und widernatürlich sei«, zu widerlegen versuchte. In: W 12, S. 767–769.

»Camper«: Peter Camper (1722–1789), niederländischer Mediziner und Botaniker, der sich vor allem mit anatomischen und physiologischen Eigenarten tierischer, auch menschlicher Lebensformen beschäftigt hat.

»Linneus«, »Ritter Linné«: Carl von Linné (1707–1778), schwedischer Naturforscher, der mit seiner binären Nomenklatur die Grundlagen der modernen botanischen und zoologischen Klassifikationen entwickelte.

»Savoyardischer Vikar«: Das »Glaubensbekenntnis des savoyischen Vikars« hat J.-J. Rousseau ins vierte Buch seines Erziehungsromans »Émile« (1762) eingeschoben. Es ist ein entschiedenes Plädoyer für das Natürliche im Bereich des Glaubens und für eine Religion des Herzens, die gleichermaßen gegen einen dogmatisch-theologischen Gottesglauben und eine philosophisch-atheistische Gottverneinung gerichtet ist.

IMMANUEL KANT ÜBER PÄDAGOGIK. HERAUSGEGEBEN VON D. FRIEDRICH RINK, 1803.

»Nach einer älteren Verordnung«: am 13. Juni 1774 wurden die acht Professoren der Philosophischen Fakultät dazu verpflichtet, reihum regelmäßig Pädagogik-Vorlesungen anzubieten.

»das von dem Konsistorialrat D. Bock herausgegebene ›Lehrbuch der Erziehungskunst‹«: Friedrich Samuel Bock (1716–1785) wurde 1743 Privatdozent an der Albertina, 1754 zum Doktor theol. promoviert, zum ordentlichen Professor der griechischen Sprache ernannt und Aufseher der Schlossbibliothek. 1778 legte er alle Ämter nieder, um sich ganz seinen schriftlichen Arbeiten widmen zu können. Nach Basedows »Methodenbuch«, das Kant in seiner ersten Pädagogik-Vorlesung (Wintersemester 1776/77) benutzte, bezog er sich später auf das »Lehrbuch der Erziehungskunst zum Gebrauch für christliche Eltern und künftige Jugendlehrer von Friedrich Samuel Bock, Königsberg und Leipzig 1780«.

»Pestalozzi und Olivier«: Die beiden Schweizer Johann Heinrich Pestalozzi (1746–1827) und Ludwig Heinrich Ferdinand Olivier (1759–1815) galten an der Wende zum 19. Jahrhundert als zwei der besten Pädagogen ihrer Zeit, vgl. J. H. Pestalozzi: Wie Gertrud ihre Kinder lehrt, ein Versuch, den Müttern Anleitung zu geben, ihre Kinder selbst zu unterrichten in Briefen von Heinrich Pestalozzi, Bern u. Zürich 1801; L. H. F. Olivier: Ueber den Karakter und Werth guter natürlicher Unterrichtsmethoden, Leipzig 1802; L. H. F. Olivier: Nachtrag einiger wichtiger Zeugnisse über eine neue Methode Lesen und Rechtschreiben zu lehren, Leipzig 1802.

»meine Ausgabe der Kantischen physischen Geographie«: Gemeint ist hier die Ausgabe: Immanuel Kant's physische Geographie. Auf Veranlassung des Verfassers aus seiner Handschrift herausgegeben und zum Theil bearbeitet von D. Friedrich Theodor Rink. Erster Band, Königsberg 1802.

»mechanisch, ohne Plan, nach gegebenen Umständen geordnet, oder judiziös«: gegen eine mechanische Erziehung ohne Plan, die sich nur an den jeweils gegebenen Umständen orientiert, setzt Kant eine »judiziöse« (von lat. »iudicare«) Erziehungskunst, die planvoll entwickelt ist und auf begründeten Urteilen beruht.

»Normalschulen«: Der Begriff wurde erstmals im Jahr 1763 von dem Augustiner-Chorherren Johann Ignaz von Felbiger (1724–1788) für eine Schule in Sagan in Gebrauch genommen, die als Musterschule der Lehrerausbildung in Schlesien dienen sollte. In Österreich wurde die Einrichtung der Normalschule 1774 durch die Theresianische Schulordnung gesetzlich geregelt: in jeder Provinzhauptstadt sollte eine solche Normalschule als Vorbild für alle anderen Schulen im Land dienen.

»Otaheite«: Gemeint ist hier die Südseeinsel Tahiti, die seit den 1760er Jahren – nicht zuletzt durch die Entdeckungsfahrten von James Cook (1728–1779) und Georg Forster (1754–1794) – erstmals ins Blickfeld Europas geriet und seither als eine Welt paradiesisch-kindlicher Unschuld verklärt wurde.

»Die Waldtunguse«: Gemeint ist hier eine tungusische Völkerschaft im Gebiet der Mongolei.

»Der berühmte Franklin«: Benjamin Franklin (1706–1790), der Erfinder des Blitzableiters und nachmalige Gründervater der Vereinigten Staaten von Amerika, ermunterte seinen Bekannen Oliver Neave in einem schon in der Mitte des 18. Jahrhunderts verfassten Brief dazu, sich mit Wagemut und Lerneifer einfach ins Wasser zu werfen. Es sei niemals zu spät im Leben, um das Schwimmen zu erlernen. Seine Ratschläge an Neal wurden 1769 in einem Werk, in dem Franklin seine gesammelten naturwissenschaftlichen Einsichten veröffentlichte, in Form eines ausführlichen Essays in Druck gegeben. In diesem Aufsatz über die Kunst des Schwimmens riet er allen

Nichtschwimmern eindringlich, zunächst im Flachwasser das Tauchen zu üben. Bei diesen ungefährlichen Tauchversuchen werde auch der ängstlichste Mensch spüren, dass das Wasser ihn sogar gegen seinen Willen nach oben drückt – und dass man folglich gar nicht so leicht im Wasser versinken könne, wie viele schreckhafte Gemüter glaubten; wer aber einmal erfahren habe, wie sehr man der Kraft des Wassers vertrauen dürfe, erlerne das Schwimmen mit nur wenig Übung fast wie von selbst. Auf den statischen Auftrieb im Wasser sei als eine unumstößliche physikalische Gesetzmäßigkeit stets Verlass, vgl. Benjamin Franklin: Experiments and Observations on Electricity, London 1769.

»memoria localis«: Ortsgedächtnis

»So hat Segner eine Disputation vom Kreisel geschrieben«: Der aus Preßburg stammende Mathematiker, Physiker und Arzt Ján Andrej Segner (1704–1777) beschrieb als erster mit wissenschaftlicher Akkuratesse die Bewegungen und die Achse des Kreisels.

»Toby sagt im Tristram Shandy«: »Leben und Ansichten von Tristram Shandy, Gentleman«: Roman des englischen Schriftstellers Laurence Sterne, geschrieben zwischen 1759 und 1766; dt. EA 1769. Toby ist der Onkel von Tristram Shandy.

»Lichtenberg«: Georg Christoph Lichtenberg (1742–1799), Naturwissenschaftler, Mathematiker, Philosoph und Schriftsteller. 1775 zum ordentlichen Professor der Philosophie an der Universität Göttingen ernannt. Zusammen mit Georg Forster Herausgeber von »Göttingisches Magazin der Wissenschaften und Litteratur«.

»tantum scimus, quantum memoria tenemus«: wir wissen so viel, wie wir im Gedächtnis haben.

»in Rücksicht auf die futuram oblivionem«: auf zukünftiges Vergessen hin

»Orbis pictus«: Der tschechische Pädagoge Jan Amos Komenský (1592–1670) (Johann Amos Comenius) veröffentlichte 1658 das reich bebilderte Lehrwerk »Orbis sensualium pictus« und schuf damit ein literarisches Vorbild auch für viele andere Autoren.

»Schon Horaz sagt: Multa tulit, fecitque puer, sudavit et alsit«: der Knabe hat viel ertragen und getan, er hat geschwitzt und gefroren (um das Ziel zu erreichen). Zitat aus der »Ars Poetica« (Dichtkunst) des römischen Dichters Horaz 65–8 v. Chr.

»Sustine et absine«: ertrage und sei enthaltsam.

»festina lente«: eile mit Weile.

»Vir propositi tenax, sagt Horaz«: ein Mann, beharrlich in seinen Vorsätzen.

»Crugott«: Martin Crugott (1725–1790), deutscher evangelischer Geistlicher, der mehrere christliche Erbauungsschriften verfasst hat, u. a. »Das Wesentliche in der christlichen Glaubens- und Sittenlehre, aus der Heiligen Schrift und aus der Vernunft bewiesen. Für die Jugend«, Sagan 1775.

»merita fortunae«: Verdienst des Schicksals, Gunst des Zufalls

»Newton«: Der Physiker, Mathematiker und Astronom Sir Isaac Newton (1643–1726), einer der größten Naturwissenschaftler der Neuzeit, wurde von seinen Zeitgenossen auch wegen seiner profunden theologischen Einsichten geschätzt, die er unter anderem schon in seiner wohl berühmtesten Schrift »Philosophiae naturalis principia mathematica«, die 1687 in London erschien, in eindrücklicher Form ausformulierte.

»Nichts schwächet den Geist wie den Leib des Menschen mehr, als die Art der Wollust, die auf sich selbst gerichtet ist«: Es war der Schweizer Arzt Samuel Auguste Tissot (1728–1797), der in seiner 1760 veröffentlichten Schrift »De l'Onanisme« [im selben Jahr in deutscher Übersetzung erschienen unter dem Titel »Versuch von den Krankheiten, welche aus der Selbstbefleckung entstehen«] in einer heute absurd anmutenden Argumentationsweise behauptete, dass die Masturbation der Jugendlichen zu schweren Krankheiten und körperlicher Entkräftung führe. Tissots Behauptungen wurden allerdings von Rousseau, Kant und den meisten anderen pädagogisch interessierten Zeitgenossen vorbehaltlos akzeptiert, weil er als eine der führenden medizinischen Autoritäten seiner Zeit galt.

EDITORISCHE NOTIZ

Immanuel Kant hat seine philosphischen Gedanken und praxisbezogenen Überlegungen zu den herausfordernden Prozessen der Erziehung und den höchsten Zielen der Bildung über viele Jahrzehnte hinweg mit Gründlichkeit entfaltet und dabei beständig fortentwickelt. Von dem Zeitpunkt an, als er ab 1762 nach der Lektüre von Jean-Jacques Rousseaus Erziehungsroman *Émile ou de l'éducation* die Pädagogik als bedeutendes Forschungsfeld für sich entdeckte, bis zur Publikation der in seinem Auftrag von dem Freund und Kollegen Friedrich Theodor Rink im Jahr 1803 herausgegebenen Schrift *Immanuel Kant über Pädagogik* ist er der wissenschaftlichen Untersuchung der Erziehung – die er als »das größeste Problem« bezeichnete und »das schwerste, was dem Menschen kann aufgegeben werden« – beharrlich treu geblieben.

Entsprechend finden sich Beobachtungen und Reflexionen über Pädagogik in Kants Gesamtwerk verstreut an ganz unterschiedlichen und zum Teil auch recht unerwarteten Stellen. Manches Entscheidende zum Thema hat Kant etwa in solchen Passagen formuliert, die in erster Linie seinen Ausführungen zur Moralphilosophie, zur Anthropologie oder auch zum Schönen und Erhabenen verpflichtet waren. In diesen Werken beziehen sich dann treffende Nebensätze oder besonders gelungene

Seitenbemerkungen oftmals auch auf die Erziehungskunst, die Kant zu einer modernen Wissenschaft auf empirischer Grundlage ausbauen wollte. Die im vorliegenden Band zusammengestellten wichtigsten Aussagen Kants zur Erziehung und Bildung des Menschen sind vom Herausgeber mit Bedacht ausgewählt worden; sie geben einen aufschlussreichen Einblick in die Genese und systematische Ausgestaltung des pädagogischen Denkens eines Gelehrten, der inständig hoffte, dass der gut erzogene Mensch sich dereinst im Erwachsenenalter aus freien Stücken, mündig und mutig, fortwährend für das Weltbeste engagieren würde.

Es ist dem Herausgeber dabei durchaus bewusst, dass der Schlusstext des Bandes, *Immanuel Kant über Pädagogik*, von Kant nicht mehr im strengen Sinne autorisiert werden konnte, auch wenn er die Ausgabe noch selbst in Auftrag gab. Denn als die von Rink besorgte Schrift schließlich 1803 im Druck erschien, war der greise Königsberger Philosoph, der am 12. Februar 1804 verstarb, schon nicht mehr im Vollbesitz seiner geistigen Kräfte. In der Kant-Forschung ist denn auch der Einwand erhoben worden, dass diese von Rink edierte Pädagogik nicht im vollen Wortsinn als Werk des Königsberger Philosophen gelten darf. Misslich ist in diesem Zusammenhang auch, dass die von Rink bearbeiteten Materialien nahezu spurlos verschwunden sind. So ist heute nicht mehr mit Gewissheit aufzulösen, in welchem genauen Verhältnis der gedruckte Text zu den von Kant ursprünglich verfassten handschriftlichen Grundlagen der Edition steht. Dennoch: Trotz dieser hiermit deutlich ausgesprochenen Einschränkung lässt sich das, was dann unter dem Titel *Immanuel Kant über Pädagogik* in Druck gegangen ist, doch als eine sehr weitgehend Kants pädagogischem Denken entsprechende Abhandlung lesen, gerade auch im Vergleich zu seinen anderen Aussagen über Pädagogik, die im vorliegenden Band versammelt sind. Jeder Leser kann das nach eingehender Lektüre für sich selbst überprüfen und gut erkennen.

Nicht alle in diesem Band versammelten Schriften und Briefe wurden in voller Länge abgedruckt, doch sind die vorgenommenen Auslassungen allesamt als solche gekennzeichnet. In jedem Fall finden sich in der Auswahl aber die wichtigsten und sprechendsten Passagen aus Kants Werk versammelt, in denen seine unausgesetzte Beschäftigung mit den Problemen der Erziehung und den praktischen Lösungsansätzen einer an den Prinzipien der Aufklärung orientierten Pädagogik deutlich sichtbar wird.

Als Druckvorlage der in diesem Band wiedergegebenen Schriften dienten sowohl die in vier Abteilungen im Jahr 1900 begonnene Kant-Ausgabe der Königlich Preußischen (heute: Berlin-Brandenburgischen) Akademie der Wissenschaften als auch die von Wilhelm Weischedel auf dieser Grundlage zwischen 1956 und 1964 besorgte Werkausgabe in sechs Bänden. Beide Ausgaben sind in detaillierten Angaben im Literaturverzeichnis aufgeführt. Beibehalten wurden so – gemäß den editorischen Prinzipien der benutzten Druckvorlagen – auch zum Teil Kants mitunter vom heutigen Gebrauch abweichende Interpunktion und Orthographie.

LITERATURVERZEICHNIS

Immanuel Kant über Pädagogik. Herausgegeben von D. Friedrich Theodor Rink, Königsberg 1803.

Immanuel Kant: Werke in sechs Bänden, hg. von Wilhelm Weischedel (Insel-Ausgabe), Frankfurt am Main 1956–1964. (Seitenidentische stw-Ausgabe Suhrkamp-Taschenbuch-Wissenschaft in zwölf Bänden, Frankfurt am Main 1984).

Immanuel Kant: Gesammelte Schriften. (AA = Akademie-Ausgabe) Die Herausgabe in vier Abteilungen wurde 1900 begonnen von der Königlich Preußischen Akademie der Wissenschaften. I: Werke (1–9); II: Briefwechsel (10–13); III: Handschriftlicher Nachlass (14–23); Vorlesungen (24–29). Seit 2002 ist die Gesamtausgabe von Kants Schriften ein Vorhaben der Berlin-Brandenburgischen Akademie der Wissenschaften: Neuedition, Revision und Abschluss der Werke Immanuel Kants.

Immanuel Kant in Rede und Gespräch, herausgegeben und eingeleitet von Rudolf Malter, Hamburg 1990.

Johann Bernhard Basedow : Das Methodenbuch für Väter und Mütter der Familien und Völker, Altona/Bremen 1770 (Nachdruck Vaduz 1979).

Lewis White Beck: Essays on Kant and Hume, New Haven/London 1978 (darin das Kapitel »Kant and Education«, S. 188–204).

Georg Cavallar: Die Kultivierung von Freiheit trotz Zwang (Kant), in: Vierteljahrsschrift für wissenschaftliche Pädagogik 72 (1996), S. 87–95.

C. A. Dalbasco: Vom disziplinierten Zwang zur moralischen Verbindlichkeit. Zur Bedeutung und Rolle von Pädagogik bei Kant, in: Pädagogische Rundschau 58 (2004), S. 385–400.

Werner Euler: Kants Beitrag zur Schul- und Universitätsreform im ausgehenden 18. Jahrhundert, in: Reinhard Brandt und Werner Euler (Hrsg.):

Studien zur Entwicklung preußischer Universitäten, Wiesbaden 1999, S. 203–272.
Gerhard Funke: Kants Stichwort für unsere Aufgabe. Disziplinieren, Kultivieren, Zivilisieren, Moralisieren, in: Akten des 4. Internationalen Kant-Kongresses, Mainz, 6.–10. April 1974, Band III, Berlin u. a. 1974, S. 1–25.
Jörn Garber (Hrsg.): »Die Stammutter aller guten Schulen«. Das Dessauer Philanthropinum und der deutsche Philanthropismus 1774–1793, Tübingen 2008.
Manfred Geier: Kants Welt. Eine Biographie, Reinbek bei Hamburg 2003.
Manfred Geier: Aufklärung. Das europäische Projekt, Reinbek bei Hamburg 2012 (darin das Kant-Kapitel »Eine tröstende Aussicht in die Zukunft«, S. 231–306).
Manfred Geier: Philosophie der Rassen. Der Fall Immanuel Kant, Berlin 2022.
Hans-Hermann Groothoff (Hrsg.): Immanuel Kant. Ausgewählte Schriften zur Pädagogik und ihrer Begründung, Paderborn 1963.
Felix Groß (Hrsg.): Immanuel Kant. Sein Leben in Darstellungen von Zeitgenossen, Darmstadt 1993 (Neudruck der Ausgabe Berlin 1912).
Erwin Hufnagel: Kants pädagogische Theorie, in: Kant-Studien 79 (1988), S. 43–56.
Sandra Eleonor Johst: Kant als Lehrer der Aufklärung. Historische und systematische Verbindungen zum Pädagogischen, Paderborn 2022.
Peter Kauder und Wolfgang Fischer (Hrsg.): Immanuel Kant über Pädagogik. Sieben Studien, Baltmannsweiler 1999.
Lutz Koch: Kants ethische Didaktik, Würzburg 2003.
Lutz Koch und Christian Schönherr (Hrsg.): Kant: Pädagogik und Politik, Würzburg 2005.
Manfred Kühn: Kant. Eine Biographie, München 2003.
Michael Lausberg: Kant und die Erziehung, Marburg 2009.
Fulvia Leone: Immanuel Kant über Erziehung. Begründung und Aspekte der Pädagogik in Kants philosophischen Schriften, Tübingen 2019.
Robert B. Louden: Kant's Impure Ethics, New York/Oxford 2000 (darin das Kapitel 2: »Education«, S. 33–59).
Thomas Mikhail: Kant als Pädagoge, Paderborn 2017.
Felicitas G. Munzel: Kant's Conception of Pedagogy. Towards Education for Freedom, Evanston 2012.
Jürgen Overhoff: Immanuel Kant, die philanthropische Pädagogik und die Erziehung zur religiösen Toleranz, in: Diana Emundts (Hrsg.): Immanuel Kant und die Berliner Aufklärung, Wiesbaden 2000, S. 133–147.

Jürgen Overhoff: Johann Bernhard Basedow. Aufklärer, Pädagoge, Menschenfreund. Eine Biografie, Göttingen 2020.

Jürgen Overhoff: Ein menschengemachtes Wunderkind. Emilie Basedow und die Ambivalenzen der philanthropischen Aufklärungspädagogik, in: Das achtzehnte Jahrhundert. Zeitschrift der Deutschen Gesellschaft für die Erforschung des achtzehnten Jahrhunderts 45/1 (2021), S. 11–27.

Jürgen-Eckhardt Pleines (Hrsg.): Kant und die Pädagogik. Pädagogik und praktische Philosophie, Würzburg 1985.

Friedrich Theodor Rink : Ansichten aus Immanuel Kant's Leben, Königsberg 1805 (Nachdruck Brüssel 1973).

Klas Roth und Chris W. Surprenant (Hrsg.): Kant and Education. Interpretation and Commentary, New York/London 2012.

Werner Stark: Vorlesung – Nachlass – Druckschrift? Bemerkungen zu »Kant über Pädagogik«, in: Kant-Studien 91 (2000), S. 94–105.

Werner Stark: Immanuel Kant »Ueber Pädagogik«: Eine Vorlesung wie jede andere? In: Jahrbuch für Historische Bildungsforschung 18 (2012), S. 147–168.

Heinz-Elmar Tenorth: Kant in der Pädagogik, in: Jahrbuch für Historische Bildungsforschung 10 (2004), S. 337–346.

Peter Vogel: Zur Wirkungsgeschichte Kants in der Pädagogik, Hagen 1993.

Traugott Weisskopf: Immanuel Kant und die Pädagogik. Beiträge zu einer Monographie, Zürich 1970.

Theo Winkels: Kants Forderung nach Konstitution einer Erziehungswissenschaft, München 1984.

REGISTER

H

I

J

K

L

M

N

O

P

R

S

www.klett-cotta.de

Wilhelm Humboldt,
Jürgen Overhoff (Hg.)
Bildungstrieb und Freiheitsdrang
Über die Erziehung zur Mündigkeit
336 Seiten, broschiert, mit Abbildungen
ISBN 978-3-608-98670-9

Humboldts zeitlose Anleitungen zur charakterlichen und geistigen Mündigkeit

Wilhelm von Humboldt gilt als einer der wichtigsten Bildungsphilosophen. Seine Ideen zur Mündigkeit, zum Selbstdenken und zur Selbstbildung sind wegweisend. Diese Auswahl aus seinen Schriften gibt Humboldts eigenen Bildungsprozess wieder. So wird die Dramatik seines Denkens und Lebens nachvollziehbar, die bis in die gegenwärtige Auseinandersetzung über Wirksamkeit seiner Bildungsidee nachwirkt.